本书系国家自然科学基金面上项目（项目编号：71872024）、教育部人文社会科学基金青年项目（项目编号：17YJC630066）、重庆市教委科学技术研究青年项目（项目编号：KJQN201901119）、重庆市教委人文社科研究一般项目（项目编号：19SKGH137）的阶段性研究成果。

本书同时献给重庆理工大学八十周年校庆。

RESEARCH ON
THE BUSINESS MODEL
INNOVATION OF

INTERNET

FINANCIAL ENTERPRISES

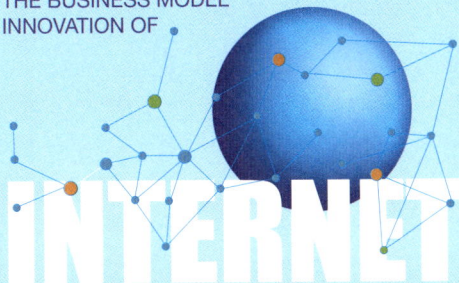

互联网金融企业
商业模式创新研究

李巍 著

社会科学文献出版社
SOCIAL SCIENCES ACADEMIC PRESS (CHINA)

前　言

　　自 2013 年"互联网金融元年"起，短短几年时间，互联网金融在中国兴起并蓬勃发展，甚至成为互联网时代金融变革进程中独特的"中国现象"。无论是各级政府，还是民间力量，都对互联网金融给予极大的关注，并对其发展给予足够的包容，使其成为互联网产业中增长最迅速的板块之一。互联网金融在中国兴起并快速发展，虽然与此相关的理论问题已经得到研究关注，但是互联网金融的相关研究仍处于初始阶段，研究焦点缺乏，理论脉络不够清晰，大量研究议题缺乏相应探讨。

　　本书在中国互联网金融迅速发展的社会经济背景之下，聚焦中观层面即企业管理层面，围绕互联网金融企业商业模式创新议题展开系列研究，主要研究目的包括：（1）界定互联网金融企业商业模式创新的内涵，并开发测量工具。结合互联网金融行业及企业实践现状，借鉴商业模式及其创新，以及创新行为的研究结论，在界定并划分互联网金融企业商业模式创新的内涵及类型的基础上，开发并检验符合互联网金融行业特性的商业模式创新测量工具。（2）构建互联网金融企业商业模式创新的形成机制。遵循"特质—能力—行为"的分析框架，从高管团队视角，区分高管团队专业异质性和经验异质性，以及机会识别能力和风险感知能力，探究互联网金融企业商业模式创新的形成机制。（3）构建互联网金融企业商业模式创新的作用机制。围绕"行为—资产—优势"的分析框架，以顾客资产为中介变量，考察商业模式创新对竞争优势的驱动机制，进而构建基于顾客资产中介效应的互联网金融企业商业模式创新作用机制。（4）提出优化互联网金融企业商业模式创新的管理建议。在理论研究及结论的基础上，从高管团队及市场管理两个主要层面出发，提出有效促进和利用互联网金融企业商业模式创新的管理建议，为中国互联网金融的发展提供企业层面的管理启示。

围绕上述研究目的，本书以成渝地区互联网金融企业为主要分析对象，以"质化＋量化"的混合研究方法设计，以四个相互关联但独立进行的系列研究为实施载体，开展互联网金融企业商业模式创新的理论和实证研究。

研究一：互联网金融企业商业模式创新内涵及测度研究。

本子研究聚焦互联网金融企业商业模式及其创新的基本理论脉络，结合互联网金融行业的基本特征，将互联网金融企业商业模式创新界定为：互联网金融企业针对互联网金融服务（如第三方支付、P2P、众筹等）的商业模式关键构成要素及其组合，实施的系列渐进性或突破性变革活动。这些变革活动既包括对互联网金融行业已有商业模式的革新，也包括对互联网金融企业现有商业模式的改进，涵盖互联网金融商业模式的各个要素。本子研究借鉴颠覆性商业模式创新的理论观点，将互联网金融企业商业模式创新解构为开发式和探索式两种基本类型。

研究二：高管团队视角下的互联网金融企业商业模式创新形成机制研究。

本子研究基于高阶理论，从高管团队异质性和认知能力视角，遵循"特质—能力—行为"的分析框架，探究互联网金融企业商业模式创新的形成机制。首先区分高管团队的专业异质性和经验异质性，其次区分高管团队的两类认知能力，即机会识别能力和风险感知能力，最后研究异质性、认知能力和商业模式创新之间的逻辑关系，从高管团队视角构建互联网金融企业商业模式创新的形成机制。

研究三：基于顾客资产的互联网金融企业商业模式创新作用机制研究。

本子研究基于顾客资产及价值共创的理论观点，从互联网金融企业的市场管理及创新视角，将顾客资产区分为价值资产、关系资产和品牌资产三类，并基于"行为—资产—优势"的分析框架，在探讨顾客资产中介角色的基础上，系统梳理和研究互联网金融企业商业模式创新驱动低成本优势和差异化优势的内在机理。

研究四：典型案例研究，马上金融商业模式创新。

本子研究围绕马上金融在"科技 + 金融"领域进行的持续革新，以推动商业模式创新的典型案例，结合商业模式创新的表现及特色、高管团队与商业模式创新关系，以及商业模式创新驱动竞争优势三方面，对马上金融的案例素材进行分析和讨论，以回应、拓展和深化定量研究所验证的理论框架及模型。

通过上述系列研究，本书在互联网金融的研究情境下，围绕"商业模式创新"议题，将商业模式创新、高管团队、顾客资产和竞争优势等相关理论及概念有机整合，形成了涵盖互联网金融企业商业模式创新的概念及测量、形成及作用机制的整体研究架构，在一定程度上弥补了互联网金融研究领域中企业层面研究的缺憾，具有一定的理论新意和研究贡献。

首先，深化了商业模式创新的内涵及测量研究。有别于技术创新、战略创新和营销创新的分析视角，本书从颠覆式创新的本质切入，结合互联网金融的行业特征和企业特点，将互联网金融企业商业模式创新划分为探索式和开发式两个方面；进而借鉴商业模式创新，以及探索式和开发式创新的测量工具，开发并检验互联网金融企业商业模式创新的测量工具，从实证的角度丰富了商业模式创新类型及测度研究，并为后续研究提供了测量工具。

其次，拓展了商业模式创新的形成机制的内容。遵循"团队特质→认知能力→创新行为"的分析框架，本书从高管团队视角丰富探究互联网金融企业商业模式创新的形成机制，丰富了商业模式创新的驱动机制研究。鉴于现有互联网金融模式创新的研究大多基于技术创新、风险防范等分析视角，以理论分析和案例研究为主，相关研究结论缺乏大样本数据实证支持的现实，本书将互联网金融企业商业模式创新解构为探索式和开发式商业模式创新，并对其进行测量；同时运用大样本数据，从高管团队视角对互联网金融企业商业模式创新进行实证研究，相关测量工具的运用及研究结论的推导进一步丰富和拓展了互联网金融企业商业模式创新研究的内容。

最后，丰富了商业模式作用机制的研究内容。本书将顾客资产视为重要的中介变量，考察互联网金融企业商业模式创新影响竞争优势的作用机制。相关研究及成果具有一定的理论价值，主要表现在：第一，从模式分类及效用机制两方面丰富了商业模式创新研究。本书从颠覆性创新视角出发将互联网金融企业商业模式创新分为探索式和开发式两类，拓展了人们对商业模式创新的理论认知。同时现有商业模式创新绩效输出研究，大多探讨其对经营绩效，如对市场和财务绩效的影响；而本研究通过对低成本和差异化竞争优势影响的考察，丰富了商业模式创新的绩效结果研究。第二，从价值、关系和品牌三个层面理解顾客资产，并将其作为中介变量，与企业战略层面绩效进行联结，探讨互联网金融企业商业模式创新驱动竞争优势的作用机制，既契合服务型企业经营实践特征，又深化了商业模式创新效用机制研究。第三，从前置因素与绩效结果两方面拓展了顾客资产的相关研究。一方面，不同于以往营销管理层面的探讨，将商业模式创新作为顾客资产构建的重要前置因素，丰富了对顾客资产关键影响因素的研究；另一方面，将顾客资产与竞争优势进行有效联结，有别于以往聚焦经营绩效，特别是市场绩效的顾客资产效用研究，拓展了顾客资产效用类型及实现机制研究。

同时，本书立足中国互联网金融企业实践，围绕高管团队、顾客资产、竞争优势等关键议题开展商业模式创新研究，使研究相关结论能够为中国互联网金融企业的管理实践提供启示。这些启示主要表现在以下方面。

第一，在商业模式创新的形成机制方面。首先，高管团队异质性是推动商业模式创新的重要条件。企业应该从专业异质性和经验异质性两方面合理组建高管团队，为企业创新活动奠定行动基础。其次，高管团队专业异质性与机会感知和风险识别两类能力密切关联，并且培育高管团队认知能力的重要性高于经验异质性。因此，构建高管团队异质性的路径应该是优先强调高管团队成员专业异质性，再追求经验异质性。最后，探索式与开发式商业模式创新需要不同的认知能力与其匹配。实施开发式商业模式创新的企业，培养机会识别能力及绩效风险感知能力尤为重要，而市场机会识别能力与合法性风险感知能力的培育则有助于探索式商业模式创新活动的开展。

第二，在商业模式创新的作用机制方面。一方面，顾客资产是由价值、关系和品牌多种关键要素构成的，不同要素受到探索式与开发式商业模式创新的影响也存在差异。除了价值资产受到两类商业模式创新活动的影响外，关系资产构建更需要开发式商业模式创新，即更强调对现有服务产品的价值补充和功能延伸，针对现有服务产品发掘新的顾客群体等；而品牌资产累积更依赖探索式商业模式创新，即更加聚焦对新顾客价值主张的发掘、新服务产品的设计与开发等。另一方面，企业竞争优势构建的目标不同，对顾客资产各关键维度的关注也应该存在差异。立足于塑造低成本竞争优势的互联网金融企业，应该聚焦价值资产和关系资产的累积；而致力于获取差异化竞争优势的企业，价值资产和品牌资产的构建则显得尤为重要。尤其需要注意的是，无论选择何种商业模式创新，还是构造何种竞争优势，价值资产都在其中扮演关键角色。聚焦顾客价值应当是互联网金融企业实施商业模式创新、构建竞争优势最重要的思考方向。

虽然互联网金融在中国正以星火之势蓬勃发展，但由于商业模式、法律监管、社会文化等多方面因素的影响，互联网金融企业的成长面临着机遇与挑战并存的现实情境。坚持以合规为前提、以模式为主导、以科技为基础的迭代创新，是互联网金融企业在新的社会经济及技术环境下实现可持续发展的必然之道。

目　录

第一章
绪　论

互联网金融作为一种近年出现的社会经济及技术现象，无论从实践角度，还是从理论角度，均有重要的探讨价值。本书在互联网金融的研究情境下，从商业模式创新切入，探究互联网金融企业的模式变革。本章主要讨论研究背景、研究目的与内容、研究方法及技术路线等内容。

第一节　研究背景

作为"科技金融""普惠金融"的重要践行力量，互联网金融在"互联网＋"时代快速兴起并蓬勃发展。新兴的业务形态给互联网金融行业的管理及运营实践带来了诸多挑战，也为经济、管理及法律等领域的理论研究带来了诸多议题和研究契机。

一　现实背景

2015年3月，国务院总理李克强在第十二届全国人民代表大会第三次会议上提出了制定"互联网＋"行动计划。随后，"互联网＋"

开始渗透到中国经济社会的各行各业，一方面，基于互联网的新兴行业加快向传统行业渗透；另一方面，面对互联网企业的跨界竞争，传统行业及企业也结合行业特点与企业特征积极进行互联网创新。事实上，在"互联网＋"国家战略提出之前，金融行业的互联网化尝试便已经开始了，互联网金融与金融互联网仍然存在一些差异（见表1-1）。

表1-1 互联网金融与金融互联网的比较

互联网金融	金融互联网
●以美国 Lending Club 为代表的依托大数据运行支撑的 P2P 借贷 ●以阿里小贷为代表的网络微贷 ●以花旗银行为代表的利用大数据挖掘改进的传统网上银行业务	●传统银行的网上银行业务 ●缺乏大数据和互联网技术支撑的纯网络银行（物理形态化的银行） ●网络证券或证券业网络化 ●网络保险或保险业网络化 ●众筹融资 ●大多数平台类 P2P 借贷 ●互联网理财 ●互联网支付

资料来源：芮晓武、刘烈宏主编《中国互联网金融发展报告（2013）》，社会科学文献出版社，2014，第7页。

在2012年4月的"金融四十人年会"上，中国互联网金融领域专家和学者谢平、邹传伟等人首次提出"互联网金融"的概念，因而2013年被称为"互联网金融元年"。自2013年开始，各大商业银行为了应对互联网的冲击，开始积极地求新求变。例如，招商银行推出"手机钱包"服务。同时，国内领先的互联网企业也开始推出自己的互联网金融服务产品，例如阿里巴巴集团旗下的支付宝推出"余额宝"项目。这都意味着传统金融行业企业与新兴互联网企业之间在互联网金融领域开始了直接的竞争。

近几年蓬勃发展的互联网金融领域既取得了丰硕成果，也面临着潜在挑战。无论从法律监管，还是风险控制，抑或技术创新等视角看，互联网金融均呈现新的行业特点和发展趋势。从互联网金融商业模式的视角看，当前中国互联网金融发展呈现的特点包括以下方面。

（一）互联网金融业务类型繁多，商业模式差异较大

互联网金融是"互联网＋金融"的新兴商业形态，是互联网金融企业运用互联网技术与思维对传统金融服务进行的全面革新。作为一种新兴金融服务商业模式，互联网金融通过网络技术极大地拓展了传统金融的覆盖范围，以标准化、简单化和显性化的服务方式践行"普惠金融"理念。它既可以是传统金融机构的"互联网化"，也可以是互联网企业的"金融化"。

从业务形态看，互联网金融有第三方支付、众筹、P2P信贷（Peer-to-Peer Lending，点对点信贷）、电商信贷、互联网理财服务等多种业务类型，不同的业务类型其商业模式差异巨大，且发展水平相差较大。例如，在支付领域，2019年9月，中国银行保险监督管理委员会、中国人民银行发布的《2019年中国普惠金融发展报告》显示，中国电子支付普及率持续提升，非银行支付机构网络支付业务量增长迅速；2018年，全国使用电子支付的成年人比例高达82.39%，农村地区使用电子支付的成年人比例也超过七成。而在P2P借贷领域，近年来有关P2P平台"暴雷"的新闻时常出现，由于投资人投资意愿波动，行业资金出现紧张局面，P2P行业出现系统性流动风险，不少中小平台无法对抗风险，出现了问题。

（二）互联网金融与金融互联网逐渐融合

从广义上讲，互联网金融既包括传统金融机构，如银行、基金及证券公司等机构的互联网化，即金融互联网；又包括新兴互联网企业，如电商企业、互联网支付企业、互联网银行等机构开展的金融服务业务。随着互联网金融行业的不断发展，互联网企业与传统金融机构不断"跨界"融合，推动互联网金融行业深入参与实体经济。

金融互联网与互联网金融的不断融合，催生了新的金融服务类型和经营模式。在互联网企业领域，以 BAT（百度、阿里巴巴、腾讯）为头部企业的大量互联网领导企业或平台企业，不断深化互联网与金融场景的融合，进而尝试满足用户对更便捷化在线金融服务的需求。同时，互联网金融的本质还是金融服务，互联网只是手段、工具和场景。对传统金融企业而言，如何用好互联网这个工具，为其现有业务找到新突破点、开拓新蓝海就成为其互联网化和互联网转型的关键。因此，传统金融企业需要运用互联网工具开发新的业务类型，构建新的商业模式。

（三）互联网金融的商业模式创新面临诸多限制与监管

自 2013 年互联网金融在中国正式诞生以来，行业规范与监管经历了从无到有、从零散到系统的发展过程。如今，互联网金融行业可以说在"戴着脚镣跳舞"，企业既要遵循国家及地方政府的相应法律法规、行业规范，又要在面临激烈市场竞争时，在服务及流程方面推陈出新，创造性地开展企业经营及管理活动。

随着 2015 年 7 月 18 日中国人民银行等十部门联合发布《关于促进互联网金融健康发展的指导意见》，网络小贷紧急刹车，互联网金融行业进入整顿、规范发展阶段。在第三方支付方面，作为我国互联网金融发展较成熟的业务领域，在经历几年的快速扩张后，市场增速逐渐放缓，发展正步入正规化轨道，但是仍然面临一些风险，针对安全、流动性、洗钱和法律等风险，相关主体采取了相应的整治措施。在 P2P 业务方面，2017 年 12 月，P2P 网络借贷风险专项整治工作领导小组办公室下发了《关于做好 P2P 网络借贷风险专项整治整改验收工作的通知》，明确要求各地应在 2018 年 4 月底前完成辖内主要 P2P 机构的备案登记工作，并对债权转让、风险备付金、资金存管等关键性问题做出进一步的解释说明。在众筹业务方面，2016 年出台的《互联网金融风险专项整治工作实施方案》和《股权众筹风险专项整治工作实施方案》加强了对股权融资的风险监控，进一步明确了监管政策。在互联网理财方面，保监会依据《互联网保险风险专项整治工作实施方案》展开了整治工作，要求各地保监局对网络互助平台进行逐一比对、网上核验、实地认证。在消费金融方面，2018 年 8 月，中国银保监会办公厅发布了《关于进一步做好信贷工作提升服务实体经济质效的通知》，提出要积极发展消费金融，增强消费对经济的拉动作用，同时创新金融服务方式，积极满足旅游、教育、文化、健康、养老等升级型消费的金融需求；2018 年 9 月，中共中央、国务院印发《关于完善促进消费体制机制进一步激发居民消费潜力的若干意见》，提出要顺应居民消费升级趋势，切实满足基本消费，持续提升传统消费，大力培育新兴消费，不断激发潜在消费。

事实上，随着监管政策相继落地，互联网金融行业进入了强监管阶段，也进入了洗牌阶段。对于互联网金融来说，监管与合规成为主旋律。同时，数据驱动、科技金融、消费金融等领域迎来新的发展机遇——金融科技。金融科技已然成为互联网金融整治下的突破口，金融科技更强调用互联网思维、互联网技术由外及内地改变传统金融服务业，而不是简单的"互联网＋金融"模式。金融科技并不是互联网金融的简单变体，而是从外延到内涵都有着本质的突破与创新，为互联网金融企业加速赋能传统金融业、形成互联网金融新业务形态和商业模式提供了重要方向。

二 理论背景

随着互联网金融在中国的快速发展及其在社会经济生活各方面产生的重大影响，有关互联网金融的理论研究也逐步开展起来。但是，由于互联网金融发展的时间较短，且是率先在中国出现的商业现象和理论概念，因此，有关互联网金融的研究大多是国内学者展开的，国外的研究文献相对较少。通过对为数不多的互联网金融行业及企业的研究回顾，可以发现，当前我国互联网金融行业及企业的研究具有以下特点。

（一）互联网金融研究大多集中在宏观领域

通过对中国知网（CNKI）等数据库搜索发现，有关互联网金融的研究快速增长是从 2013 年开始的，2014 年至 2015 年研究文献数量有爆发式增长，这符合互联网金融实践的发展轨迹。正如陈一稀（2013）所指出的那样，随着以搜索引擎、移动支付、云计算、社会化网络和数据挖掘为代表的互联网技术的飞速发展，互联网企业相继"贴金"，金融机构频频"触网"。实践的丰富要求理论的升华，因而对互联网金融发展的探讨引起了理论界的关注。

互联网金融的相关研究以国内学者为主。在国内近 7 年的互联网金融相关研究中，研究议题涵盖了发展模式、发展理念、运行机制、风险管理、政策监管，以及互联网金融的外部效应，如对传统商业银行的影响、对中小企业的影响等方面。这些议题大多聚集宏观层面，即从政府管理、政策制定、行业发展等角度来探讨互联网金融，缺乏基于微观（用户）和中观（企业）层面的互联网金融研究。事实上，近年来已开始有围绕人口统计学特征（如年龄、性别、学历等）与互联网金融用户行为的影响关系、互联网金融服务及风险认知（如金融产品风险感知、借贷意愿），决策及用户行为（如违约行为、羊群行为、歧视行为）等方面的理论研究，并取得了比较显著的成果（李悦雷等，2013；Yang，2014；岳中刚等，2016）。

（二） 针对互联网金融企业的研究焦点比较分散

自2015年起，理论界针对互联网金融企业的探讨逐渐增加。经过近几年的理论探索，以互联网金融企业为对象或议题的理论研究虽然数量不多，但是增加极快。这表明，互联网金融企业已经开始成为互联网金融领域研究的重要方向。

在针对互联网金融企业的为数不多的研究中，研究焦点涵盖运营模式、发展战略、组织并购、竞争合作、内控体系、审计风险、财务风险、社会责任、成本管理、技术应用、人才培养、品牌形象、顾客保留等诸多方面。例如，王千（2014）对互联网金融企业的分类研究，乔均（2016）对互联网金融企业的品牌形象建设研究，傅为忠和曹新蓉（2017）对互联网金融上市公司经营风险水平的指标体系构建及评价研究，蒋少颜和颜晓燕（2017）构建了P2P互联网金融企业的审计监管模式等。

总之，对互联网金融企业的相关研究文献非常分散，没有明确的理论基础，且各研究彼此的关联性不高，致使对互联网金融企业的探讨缺乏明确的研究焦点，无法形成清晰的理论脉络和研究流派。

（三） 互联网金融企业商业模式研究还比较缺乏

模式研究一直伴随着互联网金融的相关研究，但是现有的模式研究大多从发展模式、业务模式、经营模式等方向展开，且大多是基于经济、法律、政策等宏观层面的探讨，主要面向风险控制、法律监管、运行机制等研究议题，缺乏基于企业层面的符合企业管理基本内涵的互联网金融模式研究。

目前，商业模式及其创新的研究经过多年发展已经取得了丰富的成果，形成了鲜明的理论流派和研究脉络（Foss & Saebi，2017）。有关商业模式及创新的探讨对象已经扩展到制造型企业、服务型企业、科技型企业、电子商务企业，甚至新能源企业等多种分析主体（田庆锋等，2018）。但是，由于互联网金融作为新兴商业现象，发展时间较短，发展道路比较曲折，因此，理论界对互联网金融企业商业模式的研究还处于起步阶段。

在新社会经济及科学技术环境下，互联网金融继承第三次科技革命的伟大成就，并汲取新一代技术革命带来的范式突破，运用信息技术、大数据及人工智能等复合技术给传统金融带来模式变革。伴随着新兴互联网企业的"贴金"和传统金融机构的"触网"，互联网金融逐渐成为一种独特的新兴金融服务商业模式，它以"科技金融"为基本内涵，运用个性化、智能化、便捷化的服务方式践行"普惠金融"理念，成为中国经济社会的新生力量。因此，相应的理论研究应该紧跟实践步伐，总结经验、提炼观点进而引领实践发展。

第二节　研究目的与内容

本节从研究目的和研究内容两方面进行论述。首先详细阐述本书需要达到的多重目的；其次围绕研究目的构建本书的基本理论模型，并对理论模型涵盖的各项研究内容进行论述；最后构建本书的基本内容框架。

一　研究目的

互联网金融正在中国蓬勃发展，而相关的理论研究却比较缺乏和滞后。因此，本书试图在中国互联网金融行业发展的现实情境之下，将研究问题聚焦企业层面，探究互联网金融企业商业模式创新的相关议题，主要研究目的包括以下方面。

第一，界定互联网金融企业商业模式创新的内涵，并开发测量工具。结合中国互联网金融行业及企业的实践现状，借鉴商业模式及创新，以及创新行为的相关研究观点和实证工具，在界定并划分互联网金融企业商业模式创新的内涵及类型的基础上，开发并检验符合互联网金融行业特性的商业模式创新测量工具，为后续实证研究提供工具基础。

第二，构建互联网金融企业商业模式创新的形成机制。从高管团队视角，遵循"特质—能力—行为"的分析框架，在区分高管团队专业异质性和经验异质性、机会识别能力和风险感知能力的基础上，探究互联网金融企业商业模式创新的形成机制。

第三，构建互联网金融企业商业模式创新的作用机制。基于对竞争优势驱动效应的考察，以顾客资产为中介变量，围绕"行为—资产—优势"的分析框架，考察商业模式创新、顾客资产和竞争优势三者之间的逻辑关系，进而构建基于顾客资产中介效应的互联网金融企业商业模式创新的作用机制。

第四，提出优化互联网金融企业商业模式创新的管理建议。在理论研究及结论的基础上，从高管团队及市场管理两个主要层面出发，提出有效促进和利用互联网金融企业商业模式创新的管理建议，为中国互联网金融的发展提供企业层面的管理启示。

二　研究内容

本书以中国互联网金融行业为基本研究背景，以成渝地区互联网金融企业为主要分析对象，深入探讨互联网金融企业商业模式创新概念的内涵及测度，并构建其形成及作用机制，提出相关管理建议。依据对研究问题的界定以及上述研究构想形成了本书的基本理论模型（见图1-1）；理论模型充分阐明了本书所要探讨的主要内容。从研究内容上看，本书在理论架构层面可以分为四个基本模块。

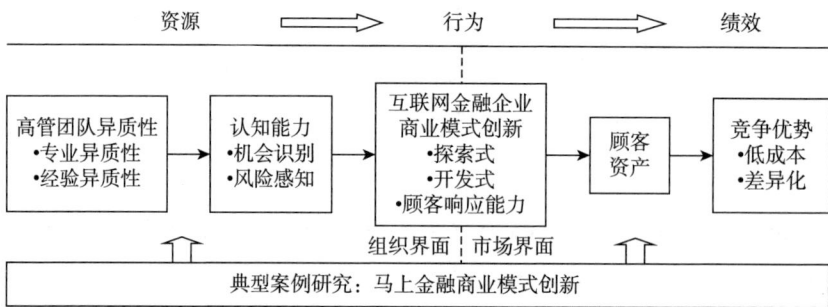

图 1-1 研究理论模型

模块一：互联网金融企业商业模式创新内涵及测度研究。

本模块聚焦互联网金融企业商业模式及其创新的基本理论脉络，结合互联网金融行业的基本特征，将互联网金融企业商业模式创新界定为：互联网金融企业针对互联网金融服务（如第三方支付、P2P、众筹等）的商业模式关键构成要素及其组合，实施的系列渐进性或突破性变革活动。这些变革活动既包括对互联网金融行业已有商业模式的革新，也包括对互联网金融企业现有商业模式的改进，涵盖互联网金融商业模式的各个要素。本模块借鉴颠覆性商业模式创新的理论观点，将互联网金融企业商业模式创新解构为开发式和探索式两种基本类型。

模块二：高管团队视角下的互联网金融企业商业模式创新形成机制研究。

本模块基于高阶理论，从高管团队异质性和认知能力视角，遵循

"特质—能力—行为"的分析框架，探究互联网金融企业商业模式创新的形成机制。首先区分高管团队的专业异质性和经验异质性；其次区分高管团队的两类认知能力，即机会识别能力和风险感知能力；最后研究异质性、认知能力和商业模式创新之间的逻辑关系，从高管团队视角构建互联网金融企业商业模式创新的形成机制。

模块三：基于顾客资产的互联网金融企业商业模式创新作用机制研究。

本模块基于顾客资产及价值共创的理论观点，从互联网金融企业的市场管理及创新视角，将顾客资产区分为价值资产、关系资产和品牌资产三类，并基于"行为—资产—优势"的分析框架，在探讨顾客资产中介角色的基础上，系统梳理和研究互联网金融企业商业模式创新驱动竞争优势（低成本优势和差异化优势）的内在机理。

模块四：典型案例研究，马上金融商业模式创新。

本模块聚焦马上金融在"科技＋金融"领域进行的持续革新，以推动商业模式创新的典型案例，分别结合商业模式创新的特色表现、高管团队与商业模式创新关系，以及商业模式创新驱动竞争优势三方面，对马上金融的案例素材进行分析和讨论，以回应、拓展和深化定量研究所验证的理论模型及框架。案例研究旨在对理论研究和量化研究的理论框架及结论进行阐释、深化和修正。

第三节　研究方法及技术路线

研究目的及内容决定了研究方法的选择和技术路线的设计。在明确本书的研究目的及内容后，根据研究的核心问题、主要概念和理论模型，选择适合的研究方法和技术路线。考虑到本书内容的复合性，因此选择混合方法的研究设计并以此构建技术路线。

一　研究方法

决定采用何种研究方法的第一个条件也是最重要的条件，就是厘清研究要回答何种类型的问题。本书聚焦探索互联网金融企业商业模式创新的内涵及测度、形成和作用机制、属于"什么事"和"怎么样"的探索性研究议题。因此，在综合分析以上研究方法特征的基础上，根据主要研究内容以及互联网金融企业商业模式创新概念的复杂性和多维性，借鉴克雷斯威尔（2007），以及塔沙克里和特德莱（2010）的研究建议，将文献研究与实证研究（量化与质化研究）相结合，运用混合方法（定量方法与定性方法相结合）的研究设计探讨和分析所提出的问题。在研究的不同环节和阶段综合运用不同研究方法，以期更有效地实现研究目标。本书运用的主要研究方法包括以下方面。

（一）文献分析法

文献分析法（Literature Analysis）主要指收集、鉴别、整理文献，并通过对文献的研究，形成对事实科学认识的方法。对核心研究概念的确定是文献分析的基本前提和首要步骤，通过界定研究所涉及关键概念可以划定基础文献的分析范围和重点（哈里斯，2010）。基于此，商业模式创新是本书的核心概念，围绕这一核心概念，本书涉及互联网金融、商业模式、商业模式创新等方面的相关文献。通过对这些研究文献的归纳和梳理，确保互联网金融企业商业模式创新概念的内涵界定、类型划分以及测量工具开发是建立在对现有研究文献系统整理和全面分析的基础之上。

在确定文献范围后，文献搜索工作便得以展开。本书利用中国知网（CNKI）、维普数据库（VIP），EBSCO、SpringerLink、JSTOR、PQDD、Elsevier、Emerald 等中外文期刊数据库，重点从我国中文社会科学引文索引（CSSCI）来源期刊，特别是国家自然科学基金委（NS-FC）指定的重要管理学期刊，以及国外 SMJ、ASQ、AMR、JIBS、OS、JOM、JM、JMR、JIM 等管理学和营销学期刊中，使用"互联网金融""商业模式""商业模式创新""高管团队""团队异质性""团队认知能力""顾客资产""竞争优势"等中英文关键词搜索相关文献，并将所收集的文献按照主题进行归类和编号。

针对基础文献，本书运用定性的综合分析方法（相对于元分析等定量的文献综合分析方法）对相关文献进行梳理和归类，主要依据以下整理标准。（1）将基础理论相同的文献进行梳理和归类。对于运用相同理论基础的文献，例如资源基础观、动态能力观、制度理论等研究文献进行统一的归类和整理。（2）将相同主题的研究文献按照特定的指标进行归类整理。以动态能力研究主题的相关文献为例，将有关动态能力按照内涵、结构维度、前置影响因素、与绩效的关系等标准进行分类整理。通过全面和系统的文献梳理寻找理论空白点和研究结合点，并逐步进行研究构思，确定研究议题和分析框架。

（二）问卷调查法

问卷调查法（Questionnaire Survey）也称问卷法，它是研究者运用统一设计的问卷（或量表）向通过抽样方法选取的被研究对象了解情况或征询意见的调查方法。研究者将所要研究的问题编制成问题表格，以邮寄方式、当面作答或者追踪访问方式填答，从而了解被调查者对某一现象或问题的看法和意见。问卷调查的关键在于调查问卷的编制、被调查对象的甄选以及调研数据的检验与分析。

在调查问卷的编制方面，本书所进行的工作主要包括以下几个方面。（1）通过专家小组讨论、企业管理者访谈等手段，向理论界和实践界的各类专家进行探测性访谈和调研，就相关议题征求意见，进一步明晰研究议题和分析框架。（2）根据研究框架和核心概念，挖掘和分析后续测量工具，建立对本书核心概念进行测量的问项库；依据对关键概念的概念化设计测量所用问项，形成调查问卷初稿；通过向专家和企业管理者征求意见，最终形成预调研问卷。（3）通过发放预调研问卷进行预调研，并根据预调研的过程反馈和结果分析修正预调研问卷，最终形成研究所用的正式调研问卷。

在调研问卷所获得的研究数据分析方面，主要运用探索性因子分析（Exploratory Factor Analysis，EFA）、验证性因子分析（Confirmatory Factor Analysis，CFA）、多元线性回归分析（Multiple Linear Regression，MLR）和结构方程模型（Structural Equation Model，SEM）等分析工具对研究数据的信效度、核心概念的结构模型以及若干研究假设进行实证检验。

（三）案例研究法

案例研究（Case Study）包括单案例研究和多案例（或跨案例）研究两种。本书选择单案例的研究方法。运用单案例研究方法具有较大的价值。首先，案例研究方法有助于在组织背景下，对商业模式创新这一多元而相异的复杂活动或现象进行整体分析。这种分析需要从多重证据源收集丰富的数据（Bhagat et al.，2007）。而案例研究方法适用于组织流程的研究，因为其提供了镶嵌于企业组织结构中的文化现象前后逻辑关系的深度信息（Eisenhardt & Graebner，2007）。其次，选择单案例是基于 Dyer 和 Wilkins（1991）的方法，他们认为，单一深度案例是案例研究的最佳形式；李飞等（2010）也指出使用单案例研究方法能更加深入地进行案例调研和分析，更容易把"是什么"和"怎么样"说清楚。因此，针对商业模式问题，也可以运用单案例研究方法。

案例研究的功能主要体现在解释、描述、列示、探索和进行元评估五个方面（罗伯特，2004）。本书的案例研究主要体现了其解释和描述功能：运用定性研究方法（案例研究）解释、拓展和深化定量研究的结论，并描述定量研究所验证的理论模型在互联网金融行业的实践情况；通过对理论模型的实践复现，加深对理论模型的理解，或拓展或修正研究结论。

（四）专家访谈与焦点小组访谈法

在专家访谈法（Expert Interview Method）中，对不同行业、区域和发展阶段的企业负责人、各级政府分管部门（中小企业局、工商联、经信委等）负责人、不同行业专家等进行结构化和非结构化深度访谈，掌握有关高管团队、业务运营、市场开发及管理等方面的信息和资料。访谈综合面访、电话采访和邮件访谈等多种形式。

在焦点小组（Focus Group）访谈法方面，本书无论是研究框架的搭建，还是对相关概念的测量，以及对互联网金融企业商业模式创新内涵及类型的探索，都基于翔实、科学的文献分析，并且以项目组成员为主体，邀请与本书研究领域相关的外部专家（企业管理者、专业研究者、行业管理者等）组成焦点小组进行研讨，以确保研究框架、分析路径的科学性和可行性。

综上所述，本书试图通过混合研究方法（量化研究＋质化研究）深化对互联网金融企业商业模式创新形成与作用机制的理解；同时，使研究问题与研究方法相匹配，增强本书最终模型的解释力、科学性和普适性。

二 研究技术路线

此外，科学、合理的技术路线是研究方法得以有效发挥作用的基础保障。技术路线是指研究者为探索研究问题，并实现最终研究目的而准备采取的基本研究路径。它具体包括研究方法、具体实现步骤，以及解决关键问题的具体方法与技术等。根据上述研究内容的界定和主要研究方法的选择，本书设计了包含五个基本步骤的技术路线。这五个步骤是研究主题凝练、分析单元界定、研究工具设计、研究数据收集和研究数据分析，每个步骤中所要开展的具体工作和所运用的研究方法或分析技术如图 1 - 2 所示。

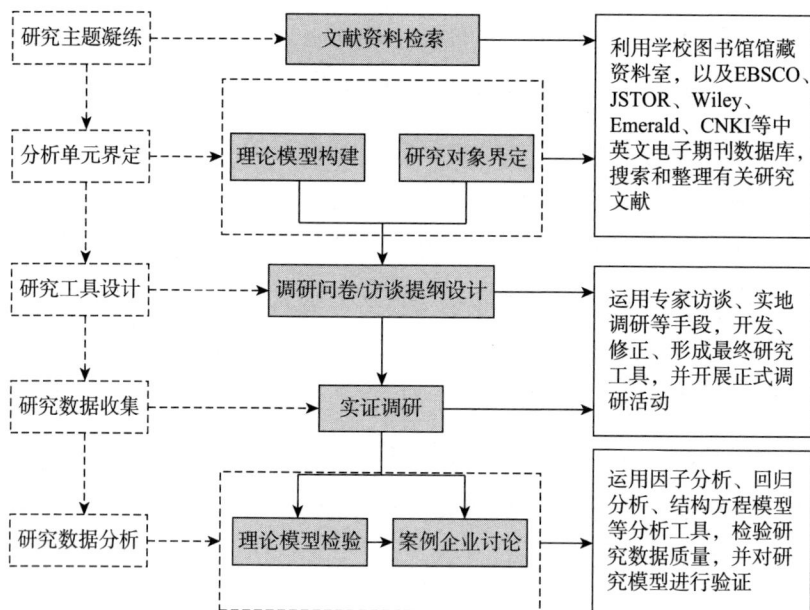

图 1 - 2　本书的技术路线

三 本书结构框架

根据上述研究目的、研究内容、研究方法和技术路线，本书的结构框架见图 1 – 3。

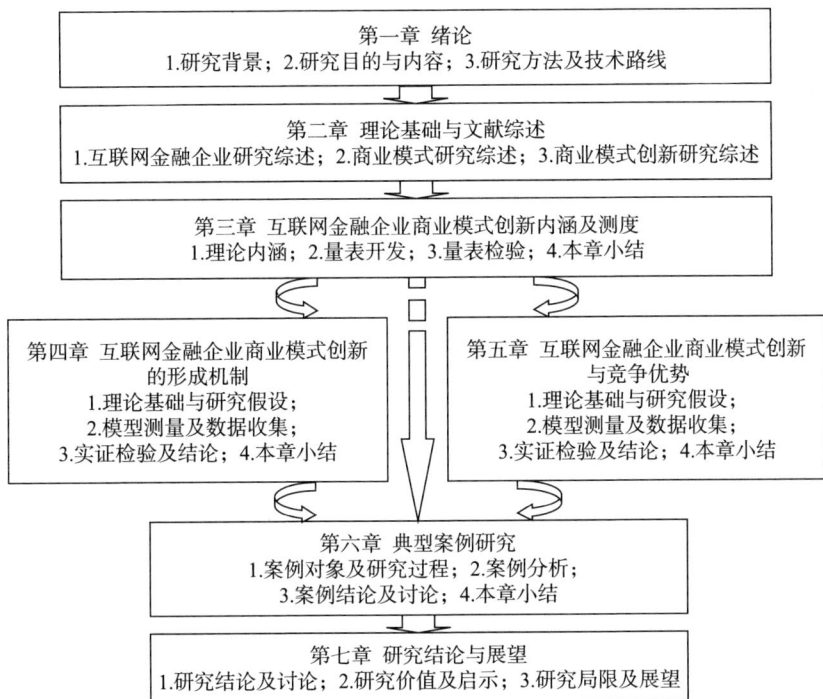

```
┌─────────────────────────────────────────────────────┐
│              第一章 绪论                               │
│  1.研究背景；2.研究目的与内容；3.研究方法及技术路线      │
└─────────────────────────────────────────────────────┘
┌─────────────────────────────────────────────────────┐
│            第二章 理论基础与文献综述                    │
│ 1.互联网金融企业研究综述；2.商业模式研究综述；3.商业模式创新研究综述 │
└─────────────────────────────────────────────────────┘
┌─────────────────────────────────────────────────────┐
│        第三章 互联网金融企业商业模式创新内涵及测度        │
│    1.理论内涵；2.量表开发；3.量表检验；4.本章小结         │
└─────────────────────────────────────────────────────┘

┌──────────────────────────┐    ┌──────────────────────────┐
│ 第四章 互联网金融企业商业模式创新 │    │ 第五章 互联网金融企业商业模式创新 │
│        的形成机制          │    │        与竞争优势          │
│  1.理论基础与研究假设；      │    │  1.理论基础与研究假设；      │
│  2.模型测量及数据收集；      │    │  2.模型测量及数据收集；      │
│  3.实证检验及结论；4.本章小结 │    │  3.实证检验及结论；4.本章小结 │
└──────────────────────────┘    └──────────────────────────┘

┌─────────────────────────────────────────────────────┐
│              第六章 典型案例研究                       │
│  1.案例对象及研究过程；2.案例分析；                     │
│      3.案例结论及讨论；4.本章小结                       │
└─────────────────────────────────────────────────────┘
┌─────────────────────────────────────────────────────┐
│              第七章 研究结论与展望                      │
│ 1.研究结论及讨论；2.研究价值及启示；3.研究局限及展望      │
└─────────────────────────────────────────────────────┘
```

图 1 – 3 本书的结构框架

第一章，绪论。本章首先从现实和理论两个层面对本书的研究背景进行阐述，然后对研究问题进行界定，并分析对这些问题进行深入研究的目的与意义；其次依据研究问题，对研究的主要内容进行阐述；最后汇报研究所用方法及技术路线，以及本书的基本框架。

第二章，理论基础与文献综述。本章以本书主题所涉及的基本理论方向为指引，从三个方面进行相关文献综述：一是对互联网金融行业及企业的相关研究文献进行综述，二是对商业模式的现有研究进行回顾和总结，三是对商业模式创新的相关理论及文献进行梳理和总结。在文献综述中，重点对相关文献进行评述，特别强调和详细阐述现有理论观点与研究结论对本书内容的借鉴与启示。

第三章，互联网金融企业商业模式创新内涵及测度。本章主要从概念内涵与测量工具两方面入手，探讨从商业模式到商业模式创新，从互联网金融商业形态类型到互联网金融企业商业模式创新的系列议题，旨在深化对互联网金融企业商业模式创新的理论解释，并为实证研究提供工具基础。

第四章，互联网金融企业商业模式创新的形成机制。本章首先基于商业模式创新、高管团队异质性和认知能力的相关研究观点和结论，构建本子研究的理论模型，进而基于理论模型开展系统的研究假设发展分析；其次梳理和整理本子研究所涉及的核心概念的测量工具，开发并修正本书所使用的调查问卷，完成数据收集，进而运用大样本数据对本子研究概念测量的信效度水平，以及相关研究假设进行检验，确认研究假设的证实和证伪情况；最后从结论及讨论、研究价值及启示两方面分别对互联网金融企业商业模式创新的形成机制进行总结。

第五章，互联网金融企业商业模式创新与竞争优势。本章首先基于商业模式创新、顾客资产和竞争优势的相关研究观点和结论，构建本子研究的理论模型，进而基于理论模型开展系统的研究假设发展分析；其次梳理和整理本子研究所涉及的核心概念的测量工具，开发并修正本书所使用的调查问卷，完成数据收集，进而运用大样本数据对本子研究概念测量的信效度水平，以及相关研究假设进行实证检验，确认研究假设的证实和证伪情况；最后从研究结论及讨论、研究价值及启示两方面分别对互联网金融企业商业模式创新的作用机制进行总结。

第六章，典型案例研究。本章运用单案例研究方法，以实证研究的理论模型和研究结论为分析框架，对马上金融商业模式创新实践的典型案例进行分析，旨在通过典型案例研究，聚焦高管团队与竞争优势两方面，探究商业模式创新的影响因素和作用机制，进而对大样本数据证实的理论假设进行解释、深化和修正，以实现研究结论的"三角验证"，增强理论结论的实践性和普适性。

第七章，研究结论与展望。本章首先对本书的主要结论进行梳理、总结和讨论；其次从理论和实践两个层面阐述本书相关结论的价值，并探讨研究可能的创新之处；最后指出研究的一些局限性，并提出后续研究的努力方向。

第二章
理论基础与文献综述

本章围绕互联网金融企业、商业模式及其创新三部分进行文献梳理和总结，以期为研究提供基本的理论支持和必要的文献基础。在互联网金融企业方面，遵循从行业到企业的分析逻辑，分别对互联网金融行业及企业的相关研究进行综述；在商业模式方面，分别从理论渊源、内涵和构成维度三方面进行综述；在商业模式创新方面，分别从含义、类型和前置因素三方面进行综述。

第一节　互联网金融企业研究综述

本节从行业与企业两个层面，对互联网金融行业及企业的相关文献进行梳理，掌握互联网金融企业研究的基本现状，明确关键概念的核心内涵，为互联网金融企业商业模式及创新的后续理论探讨和实证研究提供方向指引和文献基础。

一　互联网金融行业的发展研究

互联网金融是"互联网＋"时代金融行业的新兴商业形态，是金融服务企业运用互联网思维和技术手段对传统金融服务进行颠覆性革新。作为一种新兴金融服务商业模式，互联网金融通过互联网、大数据等技术范式极大地拓展了传统金融的覆盖范围，以标准化、简单化和显性化的服务方式践行"普惠金融"理念；互联网金融运用人工智能、云计算等技术，提升金融服务的效率、针对性和价值，极大地革新了传统金融服务形态。因此，互联网金融作为一种率先兴起于中国并具有颠覆性特征的商业模式创新，对传统金融行业带来极大冲击与挑战，并受到理论界的高度关注。

（一）互联网金融的发展概览

新的重大经济现象往往催生新的理论概念，而"互联网金融"这一概念正是在互联网时代的浪潮下应运而生的。2012 年 8 月 24 日，中国平安董事长马明哲在其中期业绩发布会上证实正在与阿里巴巴的马云、腾讯的马化腾筹划成立互联网金融公司，从此引发互联网金融概念的热议（董昀、李鑫，2014）。随后，2012 年底，以阿里小贷为代表的网络借贷兴起，以及 2013 年 6 月的"钱荒"事件，催生余额宝等互联网货币基金的出现，互联网金融迅速崛起。此后，中国人民银行发布的《2013 年第二季度中国货币政策执行报告》中首次在官方文献中使用"互联网金融"一词；2014 年 3 月的第十二届全国人民代表大会第二次会议，首次将互联网金融写入政府工作报告；2015 年 3 月政府工作报告首次提出并制定了"互联网 +"的行动计划，互联网金融发展正式纳入国家发展规划（刘忠璐，2016）。通过多年发展，互联网金融已经逐渐形成具有行业及技术特征的发展模式，其主要模式见表 2 - 1。

表 2 - 1　互联网金融的几种主要模式

金融功能		主要模式
资金融通	直接融资	众筹融资：FundersClub，Kickstarter 等
	间接融资	P2P 借贷：Lending Club，Prosper，Zopa，Smava 等
		网络银行：First Internet Bank，日本乐天银行等
		非存款类放贷机构的网络微贷：阿里小贷等
		非传统银行网上银行提供的网络贷款等
金融服务		第三方支付：PayPal，支付宝等
		网络证券：E * Trade，Charles Schwab 等
		网络保险：Insurance 3 Zebra，Comparafinanza 等
		网络理财：Credit Karma，Personal Capital 等
		其他：传统银行网上银行账户查询、转账，手机银行等服务

资料来源：芮晓武、刘烈宏主编《中国互联网金融发展报告（2013）》，社会科学文献出版社，2014，第 8 页。

艾媒咨询（II Media Research）研究报告指出，截至 2018 年 6 月，我国网络支付用户规模达到 5.69 亿人，较 2017 年末增加 3783 万人，半年增长率为 7.1%，使用比例由 68.8% 提升至 71.0%。网络支付已成为我国网民使用比例较高的应用之一。其中，手机支付用户规模增长迅速，达到 5.66 亿人，半年增长率为 7.4%，使用比例由 70.0% 提升至 71.9%。这些数据意味着，包含第三方支付、P2P、互联网理财等业务在内的互联网金融企业，在中国发展虽不到 10 年，但已经呈现欣欣向荣之势。

（二）互联网金融行业的发展阶段

虽然互联网金融的快速发展不到 10 年的时间，但是互联网与金融的结合在互联网时代初期便初见端倪。在互联网高速发展的 20 多年里，互联网对传统金融行业的影响和变革最终促使"互联网金融"概念在中国提出，互联网金融对传统金融在经营理念、金融基本制度、金融产品渠道和创新产生重要影响。结合互联网金融发展的特征，中国互联网金融的发展大致可以分为三个阶段。

1. 萌芽阶段（1997～2005 年）

萌芽阶段的主要特征是传统金融机构的互联网化，其典型的表现便是网上银行、掌上银行、手机银行的持续涌现。1997 年，招商银行率先推出"一网通"业务，首次开设网上银行业务，将线下的业务向线上转移，以网上银行作为物理网点的有效补充，标志着信息化金融机构发展起步。随后，中国银行、中国建设银行、中国工商银行、中国农业银行等各大商业银行也陆续推出网上银行业务。继而，各大信息化金融机构开始利用通信网络与通信设备，开发出电话银行和手机银行（掌上银行）业务。至此，商业银行在整个金融行业内建立起了一整套电子银行服务系统，包括电话银行、手机银行、网上银行和自助银行。虽然萌芽阶段更多地体现传统金融的互联网化，与当前所谈及的互联网金融还存在本质区别，但这一阶段为互联网思维及技术与金融服务结合奠定了重要基础。

2. 兴起阶段（2005～2011 年）

兴起阶段的主要特征是互联网金融公司的不断出现，即互联网企业的金融化。虽然中国首家互联网金融公司——上海环迅电子商务有限公司于 2001 年成立，但互联网企业跨入金融服务行业是以 2005 年支付宝的出现为标志的，这预示着互联网时代的新兴电子商务企业带着互联网思维、技术以及海量用户"闯入"金融行业。随着支付宝的出现，第三方支付平台开始全面应用，并成为电子商务发展的新趋势，伴随着电子商务的发展规模迅速扩大。同时，随着我国利率市场化改革深化及互联网金融的快速发展，众筹融资平台的数量也快速增长。2011 年 5 月，我国首家众筹融资平台"点名时间"在北京成立，发展至今已成为比较成熟的众筹平台，也是国内最大的众筹网络平台之一。

3. 深化阶段（2011 年至今）

深化阶段的主要特征是互联网企业全面向金融业渗透。新兴的互联网企业，特别是拥有海量数据的电商企业（如阿里巴巴、京东等）以其庞大的用户数据为基础，凭借快速获取信息的能力，利用云计算技术和数据优势开展金融业务。阿里巴巴通过对接淘宝、天猫、支付宝等平台，积累了大量交易数据，通过对这些交易数据的分析和挖掘，了解客户的真实需求和信用水平，并对客户信用进行科学评价。此后，在 2010 年及 2011 年先后成立了浙江阿里巴巴小额贷款股份有限公司及重庆市阿里巴巴小额贷款有限公司。2013 年底百度开始推出互联网金融服务，借助百度关键技术，如人脸识别、语音识别，利用百度搜索平台和各种网络场景闭环打造，力求为百度业务圈内的企业及个人提供金融服务。2013 年 10 月，京东金融开始进行独立运营，为银行、保险、资管等各类金融机构提供数字化服务，助力金融机构更好地为企业和个人用户提供信贷、财富管理、保险保障、支付等科技服务。

（三）互联网金融的主要特点

互联网金融自诞生以来就具有与传统金融不同的特点，并契合互联网时代的信息、技术等特征，经过多年发展，形成了自身的特点，这些特点主要包括以下方面。

1. 普惠金融

普惠金融是互联网金融的价值特征。中国自改革开放以来，已经建立了庞大的金融体系，形成了银行、证券、保险及信托等完备的金融机构和多层次金融服务体系，但是仍然存在金融资源供需在结构和总量上的失衡现象。个体创业者、中小企业等"草根"金融需求时常被大型金融机构忽视，同时金融市场缺乏竞争性金融资源供给，导致资金利用效率较低。互联网金融天生带有"开放、平等、协作、分享"的精神特质,能够打破金融行业的高门槛,以灵活性、便捷性和可得性等特征,为传统金融行业的"长尾市场"(个体及中小用户群的资金需求)提供资金资源,能够为"草根一族"提供普惠金融服务。

2. 平台金融

平台金融是互联网金融的形态特征。互联网金融企业大多为平台型企业,主要源于互联网平台能够大大缩短资金供需双方的时间和空间距离,形成一种全新的金融生态环境。作为传统金融机构运行机制的重要革新,互联网平台实现了资金流、信息流和物流"三流合一",成为用户便捷地获得互联网金融服务的入口。在移动互联网时代,金融的发展趋势是去中心化,相对于传统金融行业,平台型的金融企业具有经营边际成本低、开放程度高、规模经济(网络效应)显著等特点,能够在降低金融服务成本,提升金融服务效率,降低资金风险,优化金融服务体验等方面为传统金融行业带来冲击和启示。

3. 数字金融

数字金融是互联网金融的技术特征。大数据、云计算、人工智能、区块链等新兴技术已经渗透到社交、商务、生活等社会经济各个方面,技术对包括金融行业在内的产业带来了革命性影响。数字化技术为金融企业提供了海量的结构化和非结构化信息和数据,包括历史交易记录、用户特征及交互行为、用户违约支付概率等重要信息资产。科技化、智能化等数字特征,使互联网金融具备挖掘、识别、整理和利用大量数据的功能,形成金融领域可利用的信息资源。互联网平台信息广度、深度的不断拓展,促使数字化技术不断取得突破,使互联网金融在用户锁定、风险识别和服务定价等过程中具有高度的智能化特色,也能够为互联网金融的精准化、个性化营销及服务提供数据支持。

二 互联网金融企业的相关研究

互联网金融企业是互联网行业的重要构成之一，是互联网金融服务的具体提供者和创新力量。随着理论界对互联网金融议题的探讨，宏观层面的研究主要围绕金融体系及制度、法律监管及风险、合法性与规范构建等方面展开（张斌，2017；邢会强，2017）；同时，在微观层面，互联网金融研究主要围绕人口统计学特征（如年龄、性别、学历等）与互联网金融用户行为的影响关系（李悦雷等，2013），互联网金融服务及风险认知（如金融产品风险感知、借贷意愿）（Yang，2014），决策及用户行为（如违约行为、羊群行为、歧视行为）（岳中刚等，2016）等方面进行探讨。在中观层面，互联网金融研究则聚焦互联网金融企业的相关议题，主要包括以下几个方面。

（一）互联网金融企业的类型研究

在互联网金融企业的类型方面，实践界和理论界大多依据业务类型将互联网金融企业分为筹集类、融通类、第三方支付类以及货币类四大类互联网金融服务平台。但这种分类方法并没有很好地体现互联网金融与传统金融的区别。同时，部分研究有别于传统分类方法，从新的视角对互联网金融企业进行类型划分，具有代表性的观点有以下几个。

王千（2014）从商业模式角度把互联网金融企业分为三大类：第一类是金融互联网企业，即传统金融机构利用互联网来拓宽销售渠道、提高运营效率所提供的金融互联网化服务。例如，银行开创 B2B 平台、互联网基金销售平台等。第二类是互联网金融企业，即互联网企业通过利用现有用户资源开展的延伸或拓展金融服务。例如，阿里巴巴的支付宝、余额宝，京东金融等。第三类是新创互联网金融企业，即新创的互联网金融服务机构，例如人人贷、马上金融、点名时间、宜人贷等。

熊莉媛（2017）根据业务性质将互联网金融企业划分为四类：第一类是资金筹集型金融企业，主要指通过法定程序，从各种不同的来源，用各种不同的方式筹措其所需资金的金融新兴企业；第二类是资金融通型金融企业，主要指充当专业化的资金融通媒介的新兴金融企业；第三类是货币支付型互联网金融企业，主要指开展互联网支付业务的第三方企业；第四类是货币发行型互联网金融企业，主要指发行虚拟货币的金融企业。

（二）互联网金融企业与传统银行的关系研究

随着互联网金融的爆发式增长，互联网金融呈现运行成本低、满足金融需求"大众化"等特点，因而对传统银行业，尤其是商业银行的发展造成极大冲击。因此，大量研究着力探讨互联网金融企业对商业银行的影响，以及其与传统金融机构的互动关系。重要的研究观点包括以下方面。

郭品和沈悦（2015）指出，互联网金融通过分流活期存款抬高资金成本，并通过提升技术水平提高工作效率、降低管理费用，进而加重商业银行的风险承担；刘忠璐（2016）从风险管理、经营效率、赢利水平和风险传染四个维度，利用 143 家商业银行数据，剖析了互联网金融对商业银行风险承担的影响机制；邹静和王洪卫（2017）则运用主成分分析法测算出我国商业银行的系统性风险，并采用突变分析和 SVAR 模型实证检验出互联网金融对我国商业银行系统性风险的影响机制；刘晔等（2018）通过交叉相关函数的信息溢出检验方法探讨了我国互联网金融与银行两个板块之间的风险溢出效应。可见，互联网金融在革新传统金融业发展模式的同时，给商业银行的发展造成了一定冲击和挑战。

（三） 互联网金融企业的风险管理研究

高度的风险特征是金融行业的共性，无论是传统金融机构还是互联网金融企业，风险识别与控制等管理活动对企业的生存和发展都具有重要意义。现有互联网金融风险的研究大多基于行业层面，更多从政策制定视角来进行研究，企业管理层面的互联网金融风险研究相对较少，从互联网金融企业的风险评估和风险防控方面进行探讨的研究有以下两个。

傅为忠和曹新蓉（2017）利用文献挖掘法构建互联网金融上市公司经营风险水平的评价指标体系，然后引入平均差、相关系数的绝对值改进 CRITIC 客观赋值法并对指标赋权，最后运用 GRAP 模型对 2015 年中国 90 家互联网金融上市公司的经营风险水平进行评价。

黎宁（2018）对互联网金融企业的消费金融信贷大数据风控技术进行研究，研究结合信贷风控大纲、信用评分卡筛选出与信用评分卡强相关的特征变量，采用统计分析算法进行信用评分卡模型开发，从而帮助互联网金融企业掌握不同城市、不同金融产品风控流程环节点的风险规律，进而制定相应措施降低被欺诈、法律、政策等风险。

（四） 互联网金融企业的市场管理研究

随着互联网金融行业竞争的加剧，市场环境开始成为互联网金融企业经营所必须考虑的方面。目前，理论界较少从互联网金融企业市场管理层面进行系统研究，已有研究大多没有形成明确的研究领域和方向。有关互联网金融企业品牌建设和顾客关系管理的理论研究主要有以下两个。

乔均（2016）认为互联网金融企业品牌形象不仅要加强建设，而且需要建立科学的度量体系，并结合行业特性构建了互联网金融企业品牌形象的服务、响应、安全、信誉及网站形象五大指标体系，以互联网金融企业为例对品牌形象各项指标进行比较分析。

赵红和丁茹（2018）通过对一家互联网金融公司的用户数据，包含基本信息、交易信息和日志行为信息，进行分析，使用 RFM（Recency Frequency Monetary，RFM）和 TFPD（Time Frequency Plane Domain，TFPD）法提取用户行为特征和交易特征，最后使用逻辑回归、随机森林和支持向量机等方法建立流失预测模型。

（五）互联网金融企业的财税管理研究

通过对现有文献的梳理发现，互联网金融企业的财务、税收及审计问题也是重要的研究方向，但是相关研究仍非常零散，缺乏理论主线和关键领域，也没有形成一些具有代表性的研究成果或观点。梳理的文献中，部分研究从特定的视角和情境对互联网金融企业的财税管理问题进行研究。

王菊仙等（2016）认为，互联网金融是传统金融保险机构以互联网为平台或与互联网企业相结合实现融资、投资和支付的新型金融业务模式，并对互联网金融企业税收负担现状及原因进行分析，就"营改增"后的税负进行了前瞻性预测。

蒋少颜和颜晓燕（2017）基于 P2P 行业发展历程及现状，从信用风险、流动性风险、非法集资风险、操作风险以及网络安全风险等方面分析 P2P 互联网金融企业的风险特点，然后从审计监管主体角度构建 P2P 互联网金融企业审计监管模式，并提出要采取具体有效的审计策略以形成保障机制。

综上所述，虽然互联网金融行业相关研究已经比较丰富，但以"互联网金融企业"为关键词对 CNKI 进行搜索便可以发现，针对互联网金融企业的研究还相对较少，且研究层次不高，研究方法单一。互联网金融企业是互联网金融行业的中观力量，对互联网金融企业的探讨能够为互联网金融行业的健康发展提供重要启示。

第二节　商业模式研究综述

本节从商业模式研究的起源、商业模式的概念和内涵结构方面对商业模式研究进行理论综述，并对相关研究进行总结和评价，以构建本书的文献基础和理论基石，并为本书形成创新性和前沿性观点提供理论切入点。

一　商业模式理论溯源

商业模式（Business Model），又称业务模式或商业模型，这一概念最早于1957年开始出现（Sosna et al.，2010）。20世纪90年代，随着互联网时代的来临，特别是大量新兴互联网企业的兴起，商业模式一词逐渐开始流行，并被理论界和实践界所接受。经过短短20多年的发展，商业模式的价值已经得到广泛认同，但对于商业模式的理论研究并没有形成较为一致的框架和观点（Ghaziani & Ventresca，2015）。

商业模式最初被用来描述新兴企业，特别是互联网企业经营和获利的基本商业逻辑。随着互联网对社会经济生活的影响程度不断加深，商业模式的概念逐渐被各行各业，以及不同专业背景的研究者所接受。20世纪90年代末期，商业模式的管理实践和理论研究已经流行起来，呈现蓬勃发展的趋势，并在战略管理领域占据重要地位（Zott et al.，2011）。商业模式方面的国内外研究大致可以分为三个阶段。

（一）思想孕育阶段（2002 年以前）

在一些商业期刊（如《哈佛商业评论》《斯隆管理评论》《商业评论》等）上开始出现零星商业模式词语，它被视为引导企业转型升级、实施互联网化的重要手段，从而得到实践界的广泛认同；但是，此阶段商业模式仅仅是一种新的商业现象，并没有成为一种较普遍的商业语言，有关商业模式的理论探讨和对企业的案例分析都还没有得到经济学、管理学及相关领域的关注。

（二）概念构建阶段（2003～2008 年）

在互联网经济环境条件下，国外研究学者针对早期互联网企业（如雅虎、搜狐等）的探讨，引入了有关商业模式的议题，特别是互联网对企业商业模式的影响。此时，商业模式开始得到经济学和管理学研究领域的关注，并展开了系列的理论和实证研究。但是，此阶段的研究大多聚焦对商业模式的概念构建、维度理解、类型划分等基础阶段，焦点集中于"如何通过商业模式设计实现价值创造"的方法论探讨和理论逻辑阐释，对商业模式内在机理、形成机制等的研究还比较缺乏。

（三）关系扩散阶段（2009 年至今）

从 2009 年至今，特别是在后金融危机时代，模式转变成为社会经济的重要议题。商业模式研究在关注度和数量方面呈"井喷"状态，研究成果得到极大丰富。研究者不仅关注商业模式本身的价值，还将其应用在更广泛的领域，试图总结出企业如何通过商业模式创新实现持续赢利的方法。此时，商业模式获得了实践界和理论界的广泛关注，大量商业模式相关研究论文在商业和学术类期刊上发表，商业模式也成为各类商业和学术会议的重要议题。

尽管商业模式理论发展至今还没有哪个领域能够将其作为一门系统科学全面地阐述清楚，理论界也未能建立起对商业模式进行理论研究的具体方法和框架，但与商业模式有关的研究在近20年内仍然积累了丰富成果，为后续研究提供了良好文献支撑，同时，商业模式研究与具体行业的结合度还不足，这些都为本书提供了重要的方向指引。

二　商业模式的内涵研究

尽管商业模式研究热度很高，但由于来自不同领域的研究普遍会根据各自的研究目的和议题采用不同的商业模式概念，这使得理论界对商业模式的解释存在显著差异，始终缺乏较为一致性的理解。迄今为止理论界也还未提出一个被广泛接受的商业模式的概念，所以研究者只能从不同的视角来检测商业模式概念的有效性（Zott et al.，2011）。

由于理论基础与分析视角的不同，商业模式既被等同于企业赢利模式，又被认为是企业与利益相关方构成的交易模式或交易结构，还被认为是企业构建的综合性价值创造系统（Downing，2005；Amit et al.，2001；Osterwalder et al.，2005）。不同研究均从各自的理论基础和分析视角对商业模式概念进行界定（见表 2 – 2）。

表 2 – 2　国内外学者对商业模式的界定汇总

研究者	概念界定
Timmers（1998）	商业模式是包含产品、服务和信息流的一个体系架构，包括说明各种不同的参与者以及他们的角色，各种参与者的潜在利益，以及企业收入的来源
Amit 和 Zott（2001）	商业模式描述了交易的内容、结构和规制，用以通过开发商业机会创造价值

续表

研究者	概念界定
Magretta（2002）	商业模式是用以说明企业如何运营的概念，它必须回答管理者关心的一些基本问题：谁是顾客，顾客价值何在，如何在这个领域中获得收入，以及如何以适合的成本为顾客提供价值
Voelpel 等（2004）	商业模式表现为一定的业务领域中的顾客核心价值主张和价值网络配置，囊括企业的领导能力和价值网络其他成员（战略联盟及合作者）的能力，以及对这些能力的领导和管理，以持续不断地改造自己来满足包括股东在内的各种利益相关者的多重目的
Seddon 和 Lewis（2004）	商业模式是对一组活动在组织单位中的配置，这些单位通过在企业内部和外部的活动在特定的产品市场上创造价值
翁君奕（2004）	商业模式为各要素形态的一种有意义的组合，其中的要素形态包括顾客界面、内部构造和伙伴界面等核心界面要素
Osterwalder 等（2005）	商业模式是一个概念性工具，它借助一组要素以及要素之间的联系，用以说明一个企业的商业逻辑。它描述了企业向一个或多个顾客群提供的价值，企业为产生持续的营利性收入所建立的架构，以及移交价值所运用的合作网络关系与关系资本
罗珉等（2005）	商业模式被视为一个组织在明确外部假设条件、内部能力和资源的前提下，通过整合组织本身、供应链伙伴、员工、顾客、股东或利益相关者，从而获取超额利润的一种战略创新意图、可实现的结构体系以及制度安排的集合
Shafer 等（2005）	商业模式是企业在一个价值网络中创造和获取价值的潜在核心逻辑和战略选择
Zott 和 Amit（2007）	商业模式是以超越核心企业为目的，并跨越其边界的一系列相互依存的运营系统
原磊（2007）	商业模式的本质实际上是一种价值创造逻辑，其中企业价值创造逻辑、顾客价值创造逻辑和伙伴价值创造逻辑是其主要的构成部分
Teece（2010）	商业模式阐述了支撑顾客价值主张、收入结构可行性与价值传递成本的逻辑原因、数据与其他根据。简言之，商业模式即企业如何向顾客传递价值，并从中获取收益
Yunus 等（2010）	商业模式是一幅能创造利润的持续的、系统的"画布"，传统商业模式包括价值主张、价值系统与赢利模式
Wirtz 等（2010）	商业模式是企业运营与输出系统，如企业识别商机与创造价值的系统。它包括多个子系统：供应、价值创造与产生、分销与利润
Smith 等（2010）	商业模式是组织将特定战略（市场、顾客、价值主张）转化为价值的设计，利用某个特定组织结构（人、能力、过程等）创造价值

续表

研究者	概念界定
Casadesus-Masanell 和 Ricart（2011）	商业模式是由一系列管理选择和这些选择的结果所构成的一种因果关系
Esslinger（2011）	可持续的商业模式将顾客视为有着复杂需求的个体，企业仅能部分满足顾客需求
Day（2011）	商业模式描述了企业如何创造价值并获取利润的过程。它从由顾客、供应商和合作伙伴构成的网络结构中获取资源与信息
Serrat（2012）	商业模式是使组织通过满足明确或隐性的需求，在捕捉、创造、传递顾客价值的同时，获取企业利润的一种设计逻辑
魏江等（2012）	商业模式是描述客户价值主张、价值创造和价值获取等活动连接的架构，该架构涵盖了企业为满足客户价值主张而创造价值，最终获取价值的概念化模式
Charles Baden-Fuller 和 Stefan Haefliger（2013）	商业模式作为一个系统，解决了识别谁是客户，并满足他们的需求，提供满意度和货币价值的问题
宋春光和李长云（2013）	商业模式是一个包括多主体参与的从事生产经营活动的复杂网络，是企业通过协调方式利用分布式的异质资源，实现企业内部利益、企业与外部利益相关者以及企业与顾客之间利益的相对均衡
Markides & Sosa（2013）	商业模式是相互关联的活动系统，如价值链活动、顾客的选择与产品或服务的选择
Al-Aali 和 Teece（2013）	商业模式是满足顾客的产品价值，并解决企业创造利润的方式
王雪冬和董大海（2013）	商业模式应该以顾客为中心，一切经营活动要围绕顾客价值这个中心议题展开，涉及洞察价值、创造价值、传递价值和获取价值四个步骤
Bohnsack 等（2014）	商业模式由价值主张（产品、服务和细分市场）、价值网络（产品开发、生产与销售）、赢利模式（成本与财务）构成
Saebi 和 Foss（2015）	商业模式包含公司内部和它的外部合作者之间的内容、结构和交易的治理，支撑着公司创造、传递和捕捉价值
Osiyevskyy 和 Jim（2015）	商业模式是一个由关联价值、交易结构和资源结构组成的三维度构念
Berends 等（2016）	商业模式包括价值主张、组织行为、资源、交易伙伴和成本结构；其中顾客细分、顾客关系、分销渠道和利润流描述价值创造过程
Kulins 等（2016）	商业模式是通过商业机会的识别，以创造顾客价值为目的的交易内容、交易结构与交易治理的设计

研究者	概念界定
朱明洋等 （2017，2018）	商业模式是基于广泛的企业利益相关者网络或多重关系网络的资源能力整合机制，它描述了企业如何利用内外部资源在为其利益相关者，特别是目标顾客创造价值的同时获取自身价值
李鸿磊（2018）	商业模式是指为实现价值共创、共享、合作共赢，生产者、消费者、合作伙伴三方利益相关者，在研发生产、营销交易和服务体验三大环节中，基于资源能力所形成的互补性组合及相应的交易结构、赢利模式利模式和收支方式
Teece（2018）	商业模式描述了公司所采用的价值创造、交付和捕获机制的设计或架构。商业模式的本质在于定义企业为客户提供价值的方式，吸引客户支付价值，并将这些支付转化为利润

通过上述总结可以发现，商业模式的内涵研究还处于"百家争鸣"的阶段，对其理解因认知因理论基础、分析框架和研究议题的差异而存在不同。这表明，对商业模式的研究需要遵循既定理论视角和研究情境，形成针对具体研究对象和分析问题的理论观点。

三 商业模式的构成研究

目前，在商业模式的文献研究中，有很大一部分聚焦于商业模式构成要素的识别与辨析研究，来自不同领域的研究者根据不同的划分标准，对组成商业模式的结构要素进行划分（见表 2－3）。商业模式各要素相互作用，构成一个有机整体，以更具体的表现方式形成了企业商业模式的具体形态。

表 2－3 国内外学者对商业模式构成要素的分类

研究者	概念界定
Horowitz（1996）	价格、产品、分销、组织特征、技术
Viscio 等（1996）	全球核心、管制、业务单位、服务、连接

研究者	概念界定
Timmers（1998）	产品/服务/信息流结构、参与者利益、收入来源
Markides（1999）	产品创新、客户关系、基础管理、财务因素
Donath（1999）	理解顾客、市场策略、公司治理、内部和外部能力
Chesbrough 等（2000）	价值主张、内部价值链结构、成本结构和利润模式、价值网络、竞争战略
Linder 和 Cantrell（2000）	定价模式、收入模式、渠道模式、商业流程模式、互联网商业关系、组织结构、价值主张
Afua 和 Tucci（2001）	顾客价值、范围、定价、收入来源、关联活动、实施、能力、持续性
Gordijn 等（2001）	参与者、价值目标、价值端口、价值提供、价值界面、价值交换、目标顾客
Linder 等（2001）	定价模式、收入模式、渠道模式、商业流程模式、以互联网为基础的商业关系、组织形式、价值主张
Hamel（2001）	核心战略、战略资源、价值网络、顾客界面
Dubosson-Torbay（2001）	产品、顾客关系、伙伴基础与网络、财务方面
Petrovic 等（2001）	价值模式、资源模式、生产模式、顾客关系模式、收入模式、资本模式、市场模式
Betz（2002）	资源、销售、利润和资金
Chesbrough 和 Rosenbaum（2002）	价值主张、市场分割、价值链结构、成本结构、利润潜力、价值网络、竞争战略
翁君奕（2004）	客户界面、内部结构、伙伴界面
Osterwalder（2004）	产品/服务、顾客关系、基础结构、财务状况
朱武祥和魏炜（2007）	定位、业务系统、资源能力分布、赢利模式、自由现金流结构
Johnson 等（2008）	顾客价值主张、利润公司、关键资源和关键流程
曾涛（2008）	顾客、供货商、股东
Jassen 等（2008）	商业逻辑、价值主张、顾客、当前或未来的商业
Doganova 等（2009）	价值主张、价值构建、收入模式
Mason 等（2009）	技术、网络构建、市场提供物
Mutaz（2010）	价值主张、价值构建、价值网络、价值财务
Ming-Hone Tsai 等（2011）	基础架构层、价值网络平台层、服务层

续表

研究者	概念界定
王雪冬和董大海（2012）	顾客、企业价值、伙伴价值、顾客价值、价值模式、运营模式、营销模式、赢利模式
魏江等（2012）	价值主张、价值创造、价值获取、价值网、战略抉择
方志远（2012）	业务模块（产品价值模式、战略模式、市场模式）、运作模块（营销策略、管理模式、资源整合模式）、赢利模块（资本运作模式、成本模式、营收模式）
吕鸿江等（2012）	交易主体、交易关系、交易规则
Weill 和 Vitale（2013）	战略目标、价值主张、收入来源、成功要素、渠道、核心竞争力、顾客细分、IT 结构
程愚和孙建国（2013）	开发性决策、资源和能力、利用性决策、价值成果
Berends 等（2016）	价值主张、组织行为、资源、交易伙伴和成本结构
Spieth 和 Schneider（2016）	价值主张（获取企业和目标顾客的价值主张）、价值创造系统（利用组织核心优势、交易结构、分销物流）
罗兴武（2018）	顾客价值、市场定位、价值网络、资源禀赋、收入模式与成本结构
李鸿磊（2018）	价值创造基础（资源能力、价值主张和利益相关方）、价值创造逻辑（互补性组合）、价值创造锁定（交易结构、赢利模式和收支方式）和价值创造实现（企业价值）
Øystein 等（2018）	客户、价值主张、产品/服务产品、价值创造机制和价值分配机制
Teece（2018）	价值主张、收入模型、成本模型

根据表 2－3 的梳理和总结可知，国内外研究者从创新管理、战略管理、组织行为学以及市场营销等视角对商业模式的基本构成进行探讨。不同的研究因理论基础、分析视角和研究议题的不同，对商业模式的构成维度也有各自的分类，呈现"百花齐放"的理论观点和研究结论。不同观点之间存在差异，但是又内在关联，紧密围绕交易网络、价值创造、利润获取的关键问题进行讨论。虽然对商业模式构成要素的理解存在不同观点，但是对这些要素的归纳和总结有助于更好地理解商业模式，以明确各个要素在商业模式中的作用及定位。

第三节　商业模式创新研究综述

本节对商业模式创新的内涵、类型以及驱动因素等方面的国内外研究进行系统梳理和总结，旨在明确研究现状，为本书发现理论缺口提供研究方向指引，并为互联网金融企业商业模式创新的内涵及类型研究奠定理论基础。

一　商业模式创新的内涵研究

因为对商业模式内涵理解的不同，商业模式创新成为"众口一词、莫衷一是"的术语。根据王雪冬和董大海（2013）的观点，现有研究对商业模式创新的探讨可以分为技术、战略和营销三个主要视角。

（一）技术创新视角

技术创新视角的研究将理解"商业模式创新"概念的重点放在"创新"上。自 Schumpeter（1934）提出"创新"概念并把创新分为产品创新、技术创新、市场创新、资源配置创新、组织创新五种创新以来，技术创新研究一直把注意力聚焦产品创新和技术创新管理等领域。但是，随着互联网和信息技术的不断普及，以 Chesbrough（2010）为代表的技术创新研究学者开始逐渐认识到技术本身并没有特定的客观价值，技术的潜在经济价值必须通过商业模式创新来实现，于是把注意力转向产品和技术领域以外的商业领域创新，即商业模式创新。

Tidd 和 Bessant（2009）从创新概念出发，将创新重新分为产品创新、流程创新、定位创新和范式创新四种类型，并指出商业模式创新与产品创新、流程创新等传统类型的创新不同，它是一种全新的范式创新。范式创新反映的是影响企业业务的潜在思维方式变化，源于新进入者对问题和游戏规则的重新定义和重构。Tse（2012）认为，创新从本质上可以分为科技创新和商业创新两大类，其中科技创新是指有关自然规律的新发现，他把这种创新称为"始创新"，而把商业创新理解为"创造新价值"，商业创新又进一步细分为"流创新"和"源创新"，并且认为商业模式（商业模型）创新属于"源创新"。商业模式创新的意义不在于创造新科技、新产品或新服务，而在于创造新价值，即通过实施新的理念来推动对人们日常生活或工作有价值的活动。新的理念可以由新产品或新科技（始创新）所催生，也可以通过组合现有资源来实现（谢德荪，2012）。

总之，技术创新视角下的商业模式创新研究普遍将商业模式创新定义为一种全新的创新，并强调商业模式创新对于技术创新的重要性，技术创新必须与商业模式创新进行有效的结合，才能更好地实现其自身的商业化。商业模式创新的源头在于新理念的提出或产生，或者是对问题和游戏规则的重新定义和重构。

（二）战略创新视角

战略创新视角下的商业模式创新研究主要从变革视角来认识和理解商业模式创新，并将商业模式创新理解为企业的一种变革方式，强调其具备的颠覆性特征和组织变革过程特性，并重点关注企业如何改变自己的商业模式以及这种改变所带来的结果。

Hamel 和 Trudel（2001）把商业模式创新理解为一种战略创新，并且认为商业模式创新就是为了打乱竞争对手的阵脚，为顾客创造新价值并为利益相关者创造新财富而重构行业现行商业模式。这种创新有助于企业事半功倍地分享产业所创造的价值。Markides（2006）则认为，商业模式创新就是"为了引入可赢利商业模式而打破既有游戏规则"，也就是说，商业模式创新会颠覆既有商业规则，并引入新的商业规则。对既有规则的颠覆可通过重新确定顾客细分标准、顾客需求、产品生产与交付方式或者开发新产品等手段来实现。Bock 和 Gerard（2010）把商业模式创新看作一种不同于其他类型组织创新的全新变革过程，一种企业层面开发利用新机会的过程，并且认为一旦渐进式变革和产品创新滞后于外生不连续性，组织管理层就会利用商业模式创新来面对层次更高、为期更长的挑战。商业模式创新是一种不同于其他类型组织创新的新颖变革过程，因而可能是一种非常规的特殊创新。

综上所述，战略创新视角认为，商业模式创新是一种企业层次的战略变革行为，变革层次远高于一般的产品创新、渠道变革、品牌塑造等业务层次。同时，商业模式创新具有很强的颠覆性，是对行业既有假设和思维定势的颠覆。此外，商业模式创新是一种组织变革过程，是组织为应对外生不连续性而进行的一种非常规的激进式组织变革过程。

（三）营销创新视角

从营销管理的视角来看，市场与顾客是企业关注的焦点。任何企业的不同商业模式均是要面向顾客、面向市场的，必须要通过市场的检验才能证明其商业模式的有效性。营销创新视角下的商业模式创新研究，则是从商业模式的基础市场和顾客角度来理解和探究商业模式创新的内涵。

Eisenmann 等（2008）认为双边市场是商业模式创新的重要特征之一，从顾客的角度探讨了双边市场问题；他强调商业模式创新要求企业同时面对两类截然不同的用户，通过双边市场来对他们的不同需求进行匹配。在网络效应的作用下，这个需求匹配过程需遵循规模递增和赢家通吃的规则。Aspara 等（2010）将商业模式创新定义为"一种重塑既有市场结构，面向消费者潜在需求、实现顾客价值跳跃式增长、设计独一无二的业务系统、开发新渠道或者彻底改变竞争规则的创新"，强调商业模式创新是企业基于既有市场结构，并面向顾客潜在需求，通过设计独特的业务系统、开发新渠道或彻底改变竞争规则，实现顾客价值持续增长的业务创新。

总之，营销创新视角的研究主要从商业模式创新的前端来研究或界定商业模式创新，进而揭示商业模式创新的前因特征；同时，又从导向视角来凸显商业模式创新的主动性市场导向特点，并且强调了企业在发掘潜在需求方面发挥主观能动性的重要性以及商业模式创新的双边市场特征。

综上所述，现有研究无论从技术、战略，还是营销视角对商业模式创新进行理解，都对商业模式创新的内涵及本质进行了探讨，并形成具有共识性的理论观点。但是不同视角因其视域的限制，也会存在一些不足（见表2-4）。

表2-4　不同视角下商业模式创新概念的比较

视角	主要观点	不足
技术创新视角	· 商业模式创新是一种不同于技术和产品等传统创新的全新创新，通过与技术创新进行比较阐述了商业模式创新的特点 · 商业模式创新的源头在于新理念的提出，或者是对问题和游戏规则的重新定义和重构	· 认为商业模式创新仅仅是技术商业化的一种手段，将商业模式创新看作一种新的创新方式，偏重于从技术角度来阐述技术商业化问题
战略创新视角	· 商业模式创新是一种企业层次的战略变革行为，在层次上远高于一般的产品创新、渠道变革、品牌塑造等业务层次上的变革行为 · 商业模式创新具有较强的颠覆性，是对行业既有假设的突破，是对行业思维定势的颠覆 · 商业模式创新不仅是一种简单的变革行为，更是一种组织为应对外生不连续性而做出的非常规、激进式变革过程	· 认为商业模式创新仅仅是企业进行战略规划的一种工具 · 认为商业模式创新是竞争导向型的，而忽略了商业模式创新特有的"竞合"属性 · 注重商业模式创新的表现形式及其可能产生的结果，而忽视了顾客和消费者这个商业模式创新的基本源头

视角	主要观点	不足
营销创新 视角	·商业模式创新的起点是顾客，是企业对顾客和顾客价值主张的重新理解和定义 ·商业模式创新是一种主动性市场导向型创新，双边市场是商业模式创新的一个重要特征	·比较关注商业模式创新的开始端，而忽略了商业模式创新的过程性和结果性特征

资料来源：王雪冬、董大海：《商业模式创新概念研究述评与展望》，《外国经济与管理》2013 年第 11 期。有修改。

二 商业模式创新的类型研究

目前，国内外研究对商业模式创新的分类标准及类别划分还没有达成较为一致的认识，研究者依据不同的分析情景和理论基础对商业模式创新的类型进行探讨，具有代表性的商业模式分类研究包括以下几种。

第一，Linder 和 Cantrell（2000）根据企业固有商业模式改变的程度将商业模式创新分为四种类型：（1）实现模式，是指以不改变企业自身商业模式本质为前提，以实现利润最大化为目的，努力发掘现有商业模式潜力的一种新尝试。（2）更新模式，主要是通过技术基础、成本结构、产品或服务平台以及品牌来调整企业的核心技能。（3）扩张模式，是将企业独有的商业逻辑扩展到新领域的一种模式。（4）旅行模式，指通过采用全新的商业模式来帮助企业引入全新商业逻辑，该模式与上述扩张模式的区别在于不是对企业原有商业模式的补充，而是替代。

第二，Giesen 等（2007）提出了三种商业模式创新分类：（1）产业模式创新，即通过进入新的产业、重新定义已有产业、创造全新产业或者识别及利用独特的资产等方法在产业价值链上进行创新的模式。（2）收入模式创新，即对产生收入的方式进行创新，例如通过对产品—服务价值组合进行重新配置或者采用新的定价模式。（3）企业模式创新，即改变企业在价值链中的角色，通常包括企业边界的扩展及对供应商、员工、顾客和其他利益相关者所在网络的改变，也包括能力—资产的重新配置。该研究进一步指出与其他类型的创新相比，商业模式创新与企业毛利增长的相关性最高。企业模式创新被认为是在所有商业模式创新类型中对企业成功最重要的类型，而其他两类之间没有显著的绩效差异。

第三，Zott 和 Amit（2007）基于产业生态系统视角，提出了效率型和新颖型商业模式创新的类别观点，并开发了测量工具。效率型商业模式创新是指企业在产业生态系统中创造性实施能够获取交易效率的各项活动；新颖型商业模式创新是指企业在产业生态系统中开发全新价值主张、构建新型交易方式的创造性活动。商业模式本质上是企业与利益相关方（如顾客、供应商以及其他合作伙伴）形成的交易网络，涵盖交易内容、结构和治理方式。因而，从产业生态系统视角理解商业模式创新，更能够反映商业模式的本质内涵（Zott & Amit，2008）。效率型与新颖型商业模式创新类别观点，因具有可测量的量表检验得到后续研究的大量支持和检验（李巍、丁超，2017）。

第四，Lindgardt 等（2009）将商业模式创新主要分为三类，分别是价值主张、运营模式和商业系统结构，每一种商业模式创新内部会有很多变化。他们进一步指出，一个商业模式本体中至少两个及以上要素发生了较大变化，才能被视为商业模式创新。这种分类更强调从商业模式内在结构视角来理解商业模式创新，即商业模式要素的变革是商业模式创新的集中表现。

第五，Pigneur 和 Clark（2009）根据创新集中点的不同将商业模式创新分为四种类型：（1）资源驱动型创新，该创新起源于一个组织现有的基础设施，抑或合作关系拓展，抑或转变现有商业模式。（2）产品/

服务型创新，它是以建立新的价值主张的方式来影响其他商业模式构造块。（3）顾客驱动型创新，这种类型的创新以顾客需求、降低获取成本和提供便利性为基础，它就像所有从单一集中点所引发的创新一样，影响商业模式的各个结构要素。（4）财务驱动型创新，它是通过创新赢利模式来影响整个商业模式的构造块，从而引发企业的商业模式创新，具体的驱动要素是企业的定价机制、收入来源和成本结构网。

第六，Foss 和 Saebi（2017）在对近 15 年商业模式创新研究进行综述时，根据模式创新的范围程度（Scope）和新颖水平（Novelty），将商业模式创新划分为四种基本类型（见图 2 - 1）：（1）渐进型商业模式创新，是指企业商业模式单个要素发生的自发性或偶发性微调；（2）适应型商业模式创新，它包含整个商业模式的改变，这种变革相对企业而言是全新的，但在行业内并不新颖；（3）聚焦型商业模式创新，是指企业为颠覆现有行业格局，在当前商业模式中进行针对单个要素的模块化变革；（4）复合型商业模式创新，则反映了企业为颠覆当前行业格局，对商业模式进行结构性变革过程。

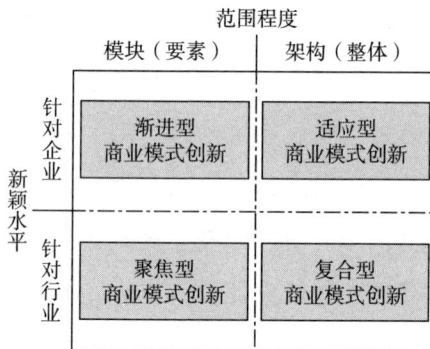

图 2 - 1　商业模式创新的类型学

资料来源：Foss, N. & Saebi, T. , "Fifteen Years of Research on Business Model Innovation: How Far Have We Come, and Where Should We Go?" *Journal of Management* 43 (2017): pp. 200 - 227.

综上所述，现有研究对商业模式创新内涵的探讨分别是从维度、性质、职能、表象等视角展开的，因而形成不同的类型学观点。这意味着，拓展商业模式创新类型的研究，需要寻求新的理论视角和分析框架，以扩展相关理论认识。

三　商业模式创新的前置因素研究

目前，商业模式研究聚焦商业模式的变化与演化、创新、设计、执行、控制与操作，但很少有研究聚焦商业模式的前因（吴晓波、赵子溢，2017）。哪些因素驱动企业进行商业模式创新，商业模式创新的过程如何，依然不够清晰。一种观点认为，商业模式创新是一种外部驱动内部的过程：在外部环境不断变化的背景下，企业需要通过试验不断改进从而形成新的商业模式（Wirtz et al. , 2016）。这一观点从动态的角度将商业模式创新定义为一种"尝试—试错—调整"的结果，是一个被动的应激改变过程。而另一种观点则将商业模式创新作为一种内部驱动的过程，认为商业模式创新始于企业高管团队的认知，通过企业决策层不断地进行类比推理和概念组合从而实现创新，是企业主动做出提前调整的结果（Martins et al. , 2015）。因此，可以从外部和内部两个视角对商业模式创新的前置因素进行梳理和总结（见表 2 - 5）。

表 2 - 5　商业模式创新前因分类及相关代表性文献分布

前因 作者	外部驱动因素				内部驱动因素			
	技术 范式	环境 因素	市场 机会	其他合 作伙伴	高层 管理者	组织资源 与能力	组织结构 和机制	赢利 模式
Sheehan 和 Stabell（2007）				竞争对 手对标	组织 定位		组织 类型	

续表

前因作者	外部驱动因素				内部驱动因素			
	技术范式	环境因素	市场机会	其他合作伙伴	高层管理者	组织资源与能力	组织结构和机制	赢利模式
Giesen 等（2007）	行业模型创新			价值网络中的新位置				赢利模式创新
Zott 和 Huy（2007）		获取合法性				获取资源		
Augier 和 Teece（2009）			新的市场机会			动态能力		
DeReuver 等（2009）	技术驱动	制度驱动	市场驱动					
Johnson 等（2010）	技术变化	政府政策制度						
Demil 和 Lecoq（2010）		应激变化			刻意变化	动态一致性		利润/成本模型改变
Dunford 等（2010）		本地化情境		商业模式复制			试验、同化	
Teece（2010）		制度冲击				动态能力		
McGrath（2010）	技术进步	社会变化	市场机会		管理认知		试错学习	
Williamson（2010）	技术进步	新兴国家市场						成本创新
Svejenova 等（2010）					领导认知	个人能力		
Casadesus-Masanell 和 Ricart（2010）					互动战术决策		组织战略决策	
Doz 和 Kosonen（2010）					高管认知模式	资源灵活性	战略敏感度	
Smith 等（2010）		不一致与冲突			领导能力	动态能力	目标与学习	

续表

前因作者	外部驱动因素				内部驱动因素			
	技术范式	环境因素	市场机会	其他合作伙伴	高层管理者	组织资源与能力	组织结构和机制	赢利模式
Itami 和 Nishino (2010)		环境动态性		组织外学习		核心无形资产	组织内学习	
Kley 等 (2011)	核心技术进步	资源情境		互补技术进步		资源整合		
Cavalcante 等 (2011)			市场机会		个体认知	识别变化的能力	组织学习	
Casadesus-Masanell 和 Zhu (2013)				在位企业的战略反应			战略决策	
Onetti 等 (2012)		国际化情境						
Zott 和 Amit (2013)		制约因素		在位企业模版			组织目标	
Sinkovics 等 (2014)		应对制约	社会目标				组织目标	
Frankenberger 等 (2014)	技术趋同	情境冲突		合作经验与新进入者		企业经验		价值需求
Bohnsack 等 (2014)		权变事件		互补资产	认知惯性	资源依赖	组织惯性	
Mezger (2014)					感知能力	高管经验/资源池	组织结构与系统设计	
Øiestad 和 Bugge (2014)	技术范式转变	政策制度与产业环境					组织变革	
Osiyevskyy 和 Dewald (2015)	破坏式创新			竞争对手	管理认知	管理经验	管理决策	
Ghezzi 等 (2015)	技术创新	制度变化	消费者变化	竞争对手		新资源/竞争力	组织研发	

续表

前因作者	外部驱动因素				内部驱动因素			
	技术范式	环境因素	市场机会	其他合作伙伴	高层管理者	组织资源与能力	组织结构和机制	赢利模式
Winterhalter 等 (2015)		资源制约	低价需求			二元能力		低成本模式
Velu (2015)				企业联盟			跨部门协同	
李巍和丁超 (2016)					企业家精神			
Schneckenberg 等 (2016)			客户中心性	生态系统		能力进化		适应性定价
Hock 等 (2016)						商业模式创新能力	组织文化	
Velu 和 Jacob (2016)				产业竞争环境	领导者			
李巍等 (2018)						企业家社会资本		
周飞等 (2019)						资源拼凑		

资料来源：吴晓波、赵子溢：《商业模式创新的前因问题：研究综述与展望》，《外国经济与管理》2017 年第 1 期。有修改。

（一）外部驱动因素

随着外部环境的变化，企业的商业模式需要进一步地适应环境，以获取和维持竞争优势。因此，企业外部的各类因素也是驱动商业模式创新的重要力量。这些因素包括行业技术变革、制度环境变迁、市场机会与威胁，以及客户关系的深化与拓展等方面（Teece，2010；Demil et al.，2010）。根据吴晓波和赵子溢（2017）的观点，驱动商业模式创新的外部因素可以分为四类。

1. 技术范式

技术范式的变革影响着商业模式的创新（Øiestad & Bugge，2014）。技术创新和商业模式创新之间存在相互促进的关系：技术创新创造了把技术推向市场的要求以及满足消费者潜在需求的机会，技术本身的特点还会影响后续商业模式创新以及商业模式的成本结构；同时，新技术的商业化必须有合适的商业模式来配合，否则技术创新将无法给企业带来利益，所以商业模式创新也会反过来促进企业进一步研发新技术。

2. 环境因素

企业所在市场的情境因素会制约商业模式原型的有效性。环境的不确定性、政策的模糊性、市场设施的不完备、竞争环境的变化、整体经济环境的变化与商业模式原型发生冲突，为实现可持续发展，企业必须进行商业模式创新从而应对可能的冲突。另外，随着经济全球化的发展，新兴市场成为发达国家企业的关注热点，越来越多在发达国家取得成功的企业将其商业模式从发达国家移植至新兴国家，而商业模式创新能够帮助这些企业适应新的市场环境并取得较好的经济效益。

3. 市场机会

企业所有的市场机会也驱动着其进行商业模式创新。顾客界面是商业模式中不可或缺的一环，顾客的消费习惯和需求推动着企业不断地反思自身的商业模式。企业需要思考如何将自己创造的价值传递到客户手上，也需要思考如何针对客户创造出新需求。当发达国家企业试图移植其商业模式进入新兴国家市场或者发展中国家市场时，不仅需要考虑新兴市场顾客的差异性，还需要考虑原有商业模式是否符合当地客户的需求，能否实现企业的经济目标及社会目标。因此，企业的商业模式创新也必然受到市场需求的影响。

4. 其他合作伙伴

企业的商业模式会受到其价值网络中其他参与者的影响（Velu，2015）。上游供应商、互补者的商业模式可以使企业从价值网络中获得经验，实现资产互补。当互补资产的价值主张发生变化时，企业自身的价值创造模式和价值主张也会随之改变。另外，当企业竞争对手的商业模式发生改变时，企业会对竞争对手的成功商业模式进行学习和模仿。所以，根据价值网络中其他参与者商业模式的变化以及其他参与者相互间关系的变化，企业会做出相应调整，改变其价值创造和价值传递的方式，以适应整个价值网络，从而实现商业模式创新。

（二）内部驱动因素

商业模式创新作为组织创新活动及行为的重要表现形式，必然受到组织内部因素的影响。无论是从资源基础观视角，还是从高阶理论视角，来自组织内的各类因素都被视为驱动商业模式创新的重要内部力量（Evans et al.，2017）。这些驱动力量大致包括以下方面。

1. 高层管理者

企业高层管理者对外部环境的认知可以影响组织对外部威胁的解读以及组织针对外部威胁做出的反应（Doz & Kosonen，2010），这些直接决定着企业是否会针对外部环境的变化加速做出商业模式创新的决策。但是如果外部环境不具有动态性，组织领导者和高层管理人员的认知就会起到至关重要的作用，如果企业高层管理者能够在模糊环境条件下判断下一个技术范式所需要的商业模式，并及时做出调整，那么该企业就能够借助商业模式创新占据发展先机。

2. 组织资源与能力

企业资源和能力对于商业模式创新的影响至关重要。商业模式创新基本上来讲是技术、市场、商业模式相关知识的系统性设计和有机整合，因此，企业所具备的资源与能力状况对商业模式创新具有重要的基础作用。新的资源、资产、能力能够帮助企业拓宽交易的边界和实现资本增值，从而为企业的商业模式创新提供可能。企业资源和资产的灵活性以及整合能力，决定了企业是否能够在发展商业模式原型的同时进行商业模式创新；另外，Augier 和 Teece（2009）认为，面对动态的环境，特定的动态能力能够帮助企业实现商业模式创新，包括识别外部变化的能力、预测能力、整合能力、吸收能力等。另外，Casadesus-Masanell 和 Zhu（2013）还强调，企业的动态一致性是实现商业模式创新的重要前提，它意味着企业有能力在维持自身可持续发展的同时进行商业模式创新。

3. 组织结构和机制

企业的组织结构和组织活动影响着商业模式创新的形成。从战略角度来看，商业模式创新是企业不断做出决策的过程（Casadesus-Masanell & Zhu，2013）。组织目标会驱动企业朝向某个特定方向的商业模式进行创新；企业的组织结构调整能力能够帮助企业增强战略敏感性和战略灵活性，决定了企业是否能够及时对外部冲击做出迅速反应；组织学习可以影响企业对外部环境的认知以及对外部资源的内部化，企业通过组织学习能够借鉴吸收成功商业模式的经验，规避风险，不断在实践中改进自身的治理结构，吸纳专业人才，构建无形资产，从而实现自身商业模式的创新。

4. 赢利模式

从商业模式架构的角度来说，企业商业模式原型中赢利模式的变化驱动着企业价值创造和价值获取模式的改变。一旦原有商业模式的赢利模式边际利润下滑至不足以支撑企业持续的现金流时，企业就会更新其利润模型，从而实现商业模式创新。这种类型商业模式创新的目的多是迎合新的市场需求以及新的客户群体等。虽然企业的商业模式原型能够为企业资源和能力的积累做出贡献，但过度依赖商业模式原型则会制约商业模式创新。

第三章
互联网金融企业商业模式创新内涵及测度

在互联网金融行业中，作为服务型企业的互联网金融企业（Internet Financial Enterprises，IFEs）在业务形态、商业逻辑等方面具有哪些显著特征？互联网金融企业商业模式及创新与其他类型企业的商业模式创新有何异同？应该如何对互联网金融企业进行理论认知和科学测量？本章聚焦以上关键议题，围绕互联网金融企业商业模式创新的内涵及测度进行系统研究，旨在深化对互联网金融企业商业模式创新的理论解释，并为实证研究提供工具。

第一节 IFEs 商业模式创新的理论内涵

本节基于商业模式主导逻辑，从互联网金融企业的基本商业形态入手，依据从个性到共性、从表象到本质的分析逻辑，将对商业模式的理解从具体业务类型或经营方式中抽离出来，进而对互联网金融企业商业模式及其创新的内涵进行界定，为后续的类型探讨和测量工具开发奠定理论基础。

一　商业模式的主导逻辑

价值创造是商业模式的核心，是企业生存和发展的基础。价值创造不仅包括顾客价值创造，还包括企业价值创造；从根本上讲企业价值创造是建立在顾客价值创造之上，或是以实现顾客价值创造为基本前提的。因此，顾客价值创造逻辑是商业模式的主导逻辑，由顾客价值发掘、顾客价值匹配和顾客价值传递三方面构成（见图3－1）。

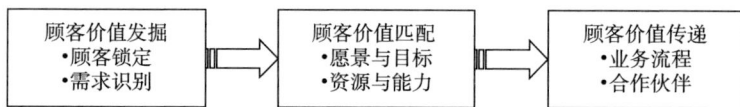

图3－1　商业模式的主导逻辑

资料来源：李巍、黄磊：《大学生创业基础》，中国人民大学出版社，2017，第108页。

（一）顾客价值发掘

顾客价值发掘的首要工作是锁定目标顾客群体，这是市场机会识别的进一步延伸。新兴的互联网金融企业资源与能力有限、市场经验与阅历不足，不具备覆盖大多数目标顾客群体的现实条件；寻找细分市场，通过满足差异化服务需求的产品和服务设计，构建相对竞争优势，是企业实现生存和发展的重要法宝。因此，锁定目标顾客，选择相对狭窄但有利可图的目标顾客群体，是商业模式设计的关键点。

锁定特定目标顾客群体的另一益处是：可以集中精力和资源，深度理解顾客行为与需求特征，从而建立对细分市场的深刻认知。从精益创业视角看，"单点突破"是包括互联网金融企业在内的新兴企业在激烈竞争中站稳脚跟，并实现快速扩张的法宝；聚焦特定目标顾客群体，符合企业运用有限资源和能力，集中发力并获取成长的创业逻辑。从市场营销角度看，"需求产生价值"的观点意味着，无论互联网金融企业拥有多么领先的技术专利和多么显著的技术优势，这些重要的资源产生价值都必须建立在满足顾客需求的基础上。无论多么优良的产品、多么周到的服务，一旦没有顾客需求，都毫无商业价值。因此，通过锁定目标顾客群体，集中资源和精力深度理解顾客需求，实现顾客价值发掘是商业模式思考与设计的逻辑起点。

（二）顾客价值匹配

随着当前互联网金融行业竞争的不断加剧，金融服务产品空前丰富，用户从以往的"无可选择"走到如今的"无从选择"。不同顾客群体的需求千差万别，即使是相同的顾客群体，其需求也是多种多样的。"如何创造那些企业期望提供，且能够提供的顾客价值"是互联网金融企业在顾客价值匹配环节需要回答的关键问题。

互联网金融企业的顾客价值匹配环节涉及两方面问题。一方面是愿景与目标。互联网金融企业的愿景和行动目标反映企业基本价值观，决定其资源配置与行动方向。当目标顾客群体存在多重需求时，愿景与目标将直接决定需求选择和资源配置。例如，在互联网理财服务市场上，中高收入水平的用户群体对资产保值增值、配置多样化等存在需求。但是企业在进入该市场初期，基本不具有资源和能力满足目标顾客群体的全部需求，因此企业必须进行取舍，以决定商业模式设计的核心顾客价值。

另一方面是资源与能力。资源法则是企业经营必须遵守的行动准则。互联网金融企业满足目标顾客群体的需求是建立在自身所具备的资源与能力基础之上的，核心资源与能力决定了顾客价值匹配方案的独特性和竞争力。企业的核心资源与能力源于两方面：一是自身所掌握的资源能力条件，如企业拥有的技术专利、市场经验、团队人员、政策许可等。二是企业通过外部网络获取的资源与能力。一般而言，因时间、资金、技术和政策等方面的限制，企业不可能拥有满足顾客需求的所有资源与能力。互联网金融企业为了在机会窗口内取得先发优势，必然与其他企业建立合作或联盟关系，例如市场联盟或技术联盟，借用和整合外部资源，实现商业模式的有效运作。

（三）顾客价值传递

顾客价值的最终实现是由互联网金融企业的顾客价值传递体系决定的。企业发现了有价值的细分市场和顾客需求，也开发了具有竞争力和吸引力的金融服务产品，剩下的关键环节就是"如何高效地向目标顾客传递价值"。

顾客价值传递包含内外两方面因素：（1）业务流程。互联网金融企业的业务流程设计围绕顾客价值传递展开，通过企业职能部门和员工关键业务活动的设计，确保顾客价值的最终实现。（2）合作伙伴。互联网金融企业能否最终实现顾客价值传递，除了依赖组织内因素，外部重要合作伙伴同样扮演着关键角色。例如，消费金融企业会把百度等平台企业作为其市场伙伴，为其"市场引流"提供渠道通路支持，也会把各类商城作为其合作伙伴，为用户创造金融服务的消费场景。

二 互联网金融企业商业模式创新的概念界定

（一）互联网金融的基本商业形态

当前，互联网金融已经超越初期阶段的"互联网＋金融"的业务范式，进入数字化、智能化时代，从而构建"互联网＋金融＋人工智能＋大数据"的多样化全新业务形态。经过近10年的发展，中国的互联网金融服务既借鉴了欧美，特别是美国金融服务众多特色及优点，又结合了中国互联网及电商发展的特点及趋势，形成了具有自身特征的互联网金融业态（欧阳日辉等，2018）。一般认为互联网金融的基本商业形态包括以下方面。

1. 第三方支付

从狭义上讲，第三方支付也可以称为互联网支付，它是指具备一定实力和信誉保障的非银行机构，借助通信、计算机和信息安全技术，采用与各大银行签约的方式，在用户与银行支付结算系统间建立连接的电子支付模式。

但是，根据中国人民银行 2010 年颁布的《非金融机构支付服务管理办法》对非金融机构支付服务的界定，广义上的第三方支付是指非金融机构作为收、付款人的支付中介所提供的网络支付、预付卡、银行卡收单以及中国人民银行确定的其他支付服务。这表明，第三方支付已不仅仅局限于最初的互联网支付，而成为全面覆盖线上线下，应用场景丰富的综合性支付工具。

目前，中国具有代表性的第三方支付机构包括中国银联、支付宝、财付通、快钱支付、易宝支付、汇付天下等。从发展路径与用户积累途径来看，第三方支付机构的运营模式大致可以归为两类：一类是以支付宝、财付通为代表的，依托自身 B2C、C2C 电子商务网站，提供担保功能的第三方支付模式；另一类就是以快钱为典型代表的独立第三方支付模式。

2. P2P 信贷

P2P（Peer-to-Peer Lending）即点对点信贷。P2P 信贷是指通过第三方互联网平台进行资金借、贷双方的匹配，平台帮助需要借贷的资金需求方匹配到有出借能力并且愿意基于一定条件出借的资金提供方，并帮助分散的资金需求方共同分担借款额度来分散风险，同时也帮助资金需求方在充分的资金信息中选择有吸引力的利率条件。

目前，由于 P2P 信贷进入门槛较低，缺乏比较完善的行业标准和机构监管，因而 P2P 信贷并没有形成比较定型的业务模式。但是，根据对当前 P2P 信贷服务的梳理，大致可以将其分为两种业务模式。一是纯线上模式，典型平台有拍拍贷、合力贷、人人贷（部分业务）等，其特点是资金借贷活动都通过线上进行，不结合线下的审核。对资金需求方资质审核的措施通常包括视频认证、查看银行流水账单、身份认证等。二是线上线下结合模式，以翼龙贷为典型代表。资金需求方在线上提交借款申请后，P2P 信贷机构通过所在城市的代理商采取入户调查的方式审核借款人的资信、还款能力等。

P2P 信贷机构的赢利主要是向资金需求方收取一次性费用，以及向资金提供方收取评估和管理费用。贷款利率大多由资金提供方竞标确定，或者由 P2P 信贷机构根据资金需求方信誉情况和银行的利率水平来提供参考利率。

3. 众筹

众筹（Crowd Funding）是指项目发起人通过利用互联网和社交网络服务（Social Networking Services，SNS）传播的特性，发动公众的力量，集中公众的资金、能力和渠道，为小企业、艺术家或个人进行某项活动或某个项目或创办企业提供必要的资金援助的一种融资方式。

相较于传统融资方式，众筹的特色在于小额和大量。众筹融资门槛低且不再以是否拥有商业价值作为唯一的评判标准，这为中小企业及创业企业融资开辟了新的路径，使其融资渠道不再局限于银行、私募股权融资（Private Equity，PE）和风险投资（Venture Capital，VC）等传统资金来源。众筹项目种类繁多，不仅包括新产品研发、新公司成立等商业项目，还包括科学研究、民生工程、赈灾、艺术设计、政治运动等项目。经过近年的迅速发展，众筹已经逐步形成奖励制众筹、股份制众筹、募捐制众筹和借贷制众筹等多种运营模式，典型平台包括点名时间、人人赞、众筹融资等。

4. 电商信贷

电商信贷是指诸如阿里巴巴、苏宁、京东等电子商务企业利用其自身电商平台优势直接向平台上的供应商和消费者提供借贷的一种经济活动。从狭义角度看，电商信贷也可以被称为消费金融和供应链金融，是互联网金融对传统银行信贷的革新。

目前，中国的电商信贷主要分为电商系和银行系。其中，电商系在电商信贷中占据绝对优势，其运营模式大致可以分为两类。第一是自建小贷公司。将信贷资产进行资产证券化向外融资，加上自有资金通过小贷公司或者担保公司对外提供贷款。第二是与银行合作完成信贷。电商利用网络平台对资金需求方进行审核，后提交给银行，由银行进行放贷。

银行系的运营模式主要有三种。第一是自建电商平台，这种模式主要是国有银行，如交行的"交博汇"、建行的"善融商务"等。自建电商平台模式的优势在于有品牌、有实力，但由于银行系电商的流量不足，基于大数据分析的模式很难做大做强。第二是银行与电商企业合作，利用电商企业掌握的大数据作为网上贷款风险审核的信息。但是，该模式过多依赖电商会导致业务独立性大大降低，而双方合作的目标和动机存在差异，使业务运营效率及有效性大打折扣。第三是与第三方数据提供机构合作，利用第三方机构掌握的电商运营数据，包括电商 ERP、资金支付、物流、交易平台数据等链条环节数据，企业不仅能较好掌握用户终端需求信息，还能深入了解电商的运营规则，因而可能成为银行系电商信贷的未来发展方向。

5. 互联网理财服务

互联网理财服务既不是理财产品发行公司直销的产品，又不是其他金融机构，如证券、银行代销的理财产品销售服务，主要指各类基金产品。目前，在理财产品销售代理中，代销理财产品较多的机构包括蚂蚁聚宝、天天基金、好买基金等。

从事互联网理财服务的公司必须经过证监会批准才可以从事规定范围内的金融产品服务。以互联网基金销售服务为例，根据国家相关规定，申请互联网基金销售资格需要具备以下条件：（1）为依法设立的有限责任公司、合伙企业或者符合中国证监会规定的其他形式；（2）有符合规定的组织名称、组织机构和经营范围；（3）注册资本或者出资不低于 2000 万元人民币，且必须为实缴货币资本；（4）有限责任公司股东或者合伙企业合伙人符合本办法规定；（5）没有发生已经影响或者可能影响机构正常运作的重大变更事项，或者诉讼、仲裁等其他重大事项；（6）高级管理人员已取得基金从业资格，熟悉基金销售业务，并具备从事基金业务两年以上或者在其他金融相关机构 5 年以上的工作经历；（7）取得基金从业资格的人员不少于 10 人。

6. 互联网金融门户

互联网金融门户是指利用互联网进行金融产品销售以及为金融产品销售提供第三方服务的网络平台。它的核心是"搜索＋比价"模式，采用金融产品垂直比价的方式，将不同金融机构的服务产品在平台进行展示，用户通过对比挑选合适的金融产品。互联网金融门户多元化创新发展，形成了提供高端理财投资服务和理财产品的第三方理财机构，以及提供保险产品咨询、比价、购买服务的保险门户网站等。

此外，互联网金融门户又可以根据汇集的金融产品、金融信息种类，进一步细分为 P2P 类门户、信贷类门户、保险类门户、理财类门户以及综合类门户五个子类。这些模式相对而言不存在太多政策风险，因为其平台既不负责金融产品的实际销售，也不承担任何不良风险，同时资金也完全不通过中间平台，它们仅仅是提供平台的信息及交易服务。

（二）互联网金融企业商业模式的基本内涵

对互联网金融服务商业形态或业务模式的梳理表明，互联网金融企业的商业模式因业务领域和业务形态的不同，而存在巨大差异。例如，第三方支付机构与互联网金融门户、P2P 信贷服务的商业模式的表现方面存在巨大差异。因此，本书需要对互联网金融企业商业模式进行从个性到共性、从表象到本质的抽象化和理论化梳理，以为后续科学研究提供基础。

从一般意义上讲，商业模式可以被视为实现用户、企业、投资者或股东等利益相关方共生共赢的价值创造系统（李巍等，2018）。对互联网金融企业而言，商业模式是运用互联网理念和手段，满足用户金融需求的金融服务价值创造系统，这个系统协调和配置组织的各种资源，如技术、品牌、人力、知识产权、组织流程等，形成满足用户特定金融服务需求的金融服务产品。通过系统的文献综述已经证实，对商业模式内涵的理解存在诸多相异的理论观点和阐释，不同观点之间存在理论视角、分析框架的差异。综合对现有商业模式内涵的理解，本书赞同商业模式"九维度"观点。Osterwalder 和 Pigneur（2010）认为，商业模式包含九个基本要素：顾客细分、价值主张、渠道通路、顾客关系、收入来源、核心资源、关键业务、重要伙伴、成本结构，即"商业模式画布"（见图 3 - 2）。

重要伙伴	关键业务	价值主张	顾客关系	顾客细分
	核心资源		渠道通路	
成本结构			收入来源	

图 3 - 2　商业模式画布

资料来源：Osterwalder, A. & Pigneur, Y. , *Business Model Generation*: *A Handbook for Visionaries*, *Game Changers*, *and Challengers* (NJ: John Wiley & Sons, 2010), p. 97.

1. 顾客细分

顾客是任何商业模式的核心，没有顾客企业就无法长久存活。顾客细分用来描绘一个企业想要接触和服务的不同人群或组织。为了更好地满足顾客需求，企业可以把顾客分成不同的细分区隔，每个细分区隔中的顾客具有共同需求和共同行为，以及其他共同属性。

顾客细分群体存在不同的类型，大致可以分为以下几种。（1）大众市场：价值主张、渠道通路和顾客关系全部聚集于一个大范围的顾客群组，顾客具有大致相同的需求和问题；（2）利基市场：价值主张、渠道通路和顾客关系都针对利基市场的特定市场需求定制，常可在供应商—采购商的关系中找到；（3）区隔化市场：顾客需求略有不同，细分群体之间的市场区隔有所不同，所提供的价值主张也略有不同；（4）多元化市场：经营业务多样化，以完全不同的价值主张迎合完全不同需求的顾客细分群体；（5）多边平台或多边市场：服务于两个或更多相互依存的顾客细分群体。

2. 价值主张

价值主张用来描绘为特定顾客创造价值的系列产品和服务，它是顾客转向一个企业而非另一个企业的原因，它解决了顾客困扰或者满足了顾客需求。从价值输出角度来看，顾客价值主张是企业提供给顾客的受益集合或受益系列。价值主张通过满足细分群体需求的独特组合来创造价值。

价值可以是定量的（如价格、服务速度等），也可以是定性的（如顾客体验、品牌形象等），有效的价值主要包括：（1）新颖：产品或服务满足顾客从未感受和体验过的全新需求；（2）性能：改善产品和服务性能是传统意义上创造价值的普遍方法；（3）定制化：以满足个别顾客或顾客细分群体的特定需求来创造价值；（4）把事情做好：可通过帮顾客把某些事情做好而简单地创造价值；（5）设计：产品因优秀的设计脱颖而出；（6）品牌、身份地位：顾客可以通过使用和显示某一特定品牌而发现价值；（7）价格：以更低的价格提供同质化的价值，满足价格敏感顾客的需求；（8）成本削减：帮助顾客削减成本是创造价值的重要方法；（9）风险抑制：帮助顾客抑制风险也可以创造客户价值；（10）可达性：把产品和服务提供给以前接触不到的顾客；（11）便利性、可用性：使事情更方便或易于使用以创造顾客所需的价值。

3. 渠道通路

渠道通路用来描绘企业如何沟通、接触其细分顾客而传递其价值主张。沟通、分销和销售这些渠道构成了企业相对顾客的接口界面。渠道通路是顾客接触点，它在顾客体验中扮演着重要角色。

在把价值主张推向市场期间，发现如何接触顾客的正确渠道组合是至关重要的。企业可以选择通过自有渠道、合作渠道或两者混合来接触客户。其中，自有渠道可以是直销的（如内部销售团队或网站），也可以是间接的（如零售商店）；合作渠道是间接的（如分销批发、零售等）。

4. 顾客关系

顾客关系用来描绘企业与特定顾客细分群体建立的关系类型。商业模式所要求的顾客关系深刻地影响着顾客体验。一般来说，可以将顾客关系分为以下 6 种类型。（1）个人助理：基于人与人之间的互动，可以通过呼叫中心、电子邮件与其他销售方式等个人自助手段进行；（2）专用个人助理：企业为单一顾客安排专门的销售代表，它是层次最深、最亲密的关系类型，通常是向高净值个人顾客提供服务；（3）自助服务：企业与顾客不存在直接关系，而是为顾客提供自助服务所需要的所有条件；（4）自助化服务：整合了更加精细的自动化过程，可以识别不同顾客及其特点，并提供与顾客订单或交易相关的服务；（5）社区：利用用户社区或潜在顾客建立更深入的联系；（6）共同创造：与顾客共同创造价值，鼓励顾客参与企业产品改进和新产品设计。

5. 收入来源

收入来源用来描绘企业从每个顾客群体中获取的现金收入（需要从收入中扣除成本），它决定企业的赢利能力。面对不同的顾客群体，企业收入来源的定价机制有所差异。

一般来说，收入来源可分为 7 种类型。（1）资产销售：销售实体产品的所有权；（2）使用收费：通过特定的服务收费；（3）订阅收费：销售重复使用的服务；（4）租赁收费：针对某个特定资产在固定时间内的暂时性排他使用权的授权；（5）授权收费：将受保护的知识产权授权给顾客使用，并换取授权费用；（6）经济收费：为双方或多方之间的利益所提供的中介服务而收取的佣金；（7）广告收费：为特定产品、服务或品牌提供广告宣传的服务收入。

6. 核心资源

核心资源用来描绘让企业商业模式有效运转所必需的最重要因素。

每个商业模式都需要核心资源，这些资源使得企业能够创造和提供价值主张、接触市场、与顾客细分群体建立关系并赚取收入。

不同的商业模式所需的核心资源不同，核心资源可以分为以下几类。（1）实体资源：包括实体的资产，如生产设备、不动产、机器、销售网点和分销网络等；（2）知识产权：包括品牌、专有知识、合作关系、顾客数据库、专利和版权。（3）人力资源：包括研发团队、销售队伍等，在知识密集型产业和创意产业中人力资源至关重要。（4）金融资产：包括金融资源或财务担保，如现金、信贷额度或股票期权池。

7. 关键业务

关键业务用来描绘企业为确保其商业模式可行，而必须做的最重要的事情。任何商业模式都需要多种关键业务活动，这些业务是企业得以成功运营所必须实施的重要组织行为，它是企业创造和提供价值主张、接触市场、维系顾客关系并获取收益的基础。

关键业务因商业模式的差异而有所不同，大致包含以下几类。（1）制造产品：涉及生产一定数量或满足一定质量的产品，与设计、制造及交付产品有关，是企业商业模式的核心；（2）问题解决：为个别顾客面临的问题提供新的解决方案，需要知识管理和持续培训等业务。（3）平台/网络：网络服务、交易平台、软件甚至品牌都可看成平台，关键业务与平台管理、服务提供和平台推广相关。

8. 重要伙伴

重要伙伴用来描述让企业商业模式有效运作所需的供应商与合作伙伴的网络。企业会基于多种原因打造合作关系，合作关系正日益成为许多商业模式的基础。创业企业也通过建立联盟来优化其商业模式、降低风险或获取资源。一般来说，重要合作伙伴可以分为 4 种类型。

（1）在非竞争者之间的战略联盟关系；（2）在竞争者之间的战略合作关系；（3）为开发新业务而构建的合资关系；（4）为确保可靠供应的购买方—供应商关系。

9. 成本结构

成本结构用来描述运营一个商业模式所引发的所有成本。企业在创建价值、提供价值、维系顾客关系，以及实施业务活动中都会产生成本，而成本水平及结构是评价商业模式有效性的重要指标。一般来说，商业模式都应该追求成本最小化，但最低成本结构并不是对每个商业模式都具有相同的价值。企业对低成本结构的追求因商业模式的差异而不同。商业模式的成本结构可以分为两种类型。（1）成本驱动：创造和维持最经济的成本结构，采用低价的价值主张，最大限度自动化和广泛外包；（2）价值驱动：专注于创造价值，增值型的价值主张和高度个性化服务通常是以价值驱动型商业模式为特征。

通过对商业模式及其构成维度的理解，我们可以"跳出"互联网金融具体商业形态或业务类型的"个性"和"表象"，探究各类业务之间的"共性"和"本质"，为从理论视角理解商业模式创新提供基础。因此，互联网金融企业商业模式，可以视为互联网企业的金融化和金融企业的互联网化，是企业运用互联网的思维和技术手段来提供金融产品、创造金融服务价值的系统。它具有去中心化、便捷化、低成本化的特征，是对传统金融模式的革新，也是对传统金融系统运行体系的类型补充和价值强化。

（三）互联网金融企业商业模式创新的含义

创新是在新的社会经济环境、新的竞争条件下，企业寻求自我突破和优势保持的必然选择。商业模式创新是企业创新行为的重要表现形式之一，是企业践行"创新驱动发展"战略的重要着力点。

目前，国内外研究对商业模式创新内涵的理解存在几个不同视角。战略视角下的研究认为，商业模式创新是一种组织战略行为，是企业在竞争中使用颠覆性的手段改变竞争规则和性质，重塑竞争格局（Schlegelmilch，2003）。技术视角下的研究则强调技术在商业模式创新中的关键角色，因为企业要想突破既有规则的限制必须开创性引入新的盈利商业模式，通过满足新的顾客需求、开发新产品，或者创新产品生产和交付方式等手段以颠覆现有游戏规则（Markides & Sosa，2013）。营销视角的研究则认为，商业模式创新是企业以最合适的方式提供给顾客产品或服务，并将顾客不满意或不需要的东西剔除出去；该过程可以发生在顾客服务、市场营销、广告或顾客关系管理等经营环节（Mitchell，2003）。可见，从不同理论视角出发会形成对商业模式创新的不同理论认知和概念界定。

本书从要素视角出发认为互联网金融企业商业模式创新是互联网金融企业针对互联网金融服务（如第三方支付、P2P、众筹等）的商业模式关键构成要素及其组合，实施的系列渐进性或突破性变革活动。这些变革活动既包括对互联网金融企业已有商业模式的革新，也包括对互联网金融企业现有商业模式的改进，涵盖互联网金融商业模式的各个要素。这意味着，商业模式创新既可能发生在战略层面，也可能发生在技术和市场层面。对互联网金融企业商业模式创新的理解包含如下要点。

1. 商业模式关键构成要素的变革是商业模式创新的焦点

经营不同互联网金融业务的企业具有不同的商业模式，其商业模式构成的关键要素也存在差别。例如，P2P 信贷业务的企业与第三方支付的企业在价值主张、目标顾客、成本结构、收入来源等要素方面存在巨大差异。但是，任何在互联网金融企业商业模式的关键构成要素，如价值主张、目标顾客、关键资源、合作伙伴等方面进行的创造性变革活动，都可以被视为互联网金融企业商业模式创新。

这意味着，互联网金融企业商业模式创新既可以是技术革新带来的新的服务价值主张（例如，虹膜识别技术、眨眼完成支付技术），也可以是进入新的细分市场，锁定新的目标顾客群体（例如，马上金融以刚进入职场的年轻群体为目标市场），还可以是运用新的技术手段变革企业联系顾客的渠道通路（例如，人人贷的大数据获客）。

2. 商业模式创新本质上是具有计划性和系统性的变革活动

任何看似突然或随机的互联网金融企业商业模式创新并不是无意的组织行为，都兼具计划性和系统性。互联网金融的商业模式创新虽然表现方式各样，市场反应也各有不同，但企业对现有商业模式实施变革活动要达到预期效果，必须运用特定的管理方法，遵循一定的行动路径。对方法与路径的匹配运用需要事先进行谋划，并坚持综合协调的原则。

互联网金融企业商业模式创新的计划性意味着变革活动有特定目标，具体行动路径和行动方案，以及对变革活动效果检测的指标体系，变革过程中的各类预警及控制措施。例如，随着国家政策及法律监管的不断完善，互联网金融企业必须在资质、技术及运营合规方面进行系统的提升，以适应新的政治、经济及社会环境。

互联网金融企业商业模式创新的系统性要求企业实施商业模式创新活动，从"点子思维"转向"系统思维"。点子思维实质上是传统经营中的"一招鲜，吃遍天"，即企业追求在技术、产品、品牌、渠道等方面单一亮点来实现企业生存发展。商业模式本身蕴含着系统思维，它由不同要素构成；而互联网金融企业商业模式创新则是在系统思维指导下的一系列综合性变革活动，它以系统演化和持续优化的方式提升企业在新经济和技术环境下的竞争力。例如，人工智能技术的广泛运用可以带来金融服务的快捷化和人性化，也可以创造新的金融服务产品，识别和接触新的服务市场，这使互联网金融企业商业模式会发生整体上的变化，而不是局部的修正。

3. 商业模式创新兼具渐进性和突破性

通过对互联网金融商业形态的总结可以发现，与传统金融服务相比，有的互联网金融服务具有高度的突破性，如电商信贷、P2P、众筹等，与以往信贷及筹资方式相比发生了根本性变化，是一种突破性的商业模式创新。同样，有的互联网金融服务则是对传统金融服务的提升和优化，例如，互联网金融产品销售主要是将金融产品销售互联网化、平台化和集中化，具有渐进性变革的特征。

总体而言，互联网金融企业商业模式创新随着服务技术的持续革新、用户习惯的持续改变、管制法规的逐步完善，将互联网金融企业与传统金融机构进行融合、匹配。因此，互联网金融企业商业模式创新并不是一蹴而就的，而要经过不断试错和迭代。

三 互联网金融企业商业模式创新的基本类型

在互联网金融企业商业模式创新过程中，"互联网＋金融"的特殊性质，使技术与市场的互动成为理解互联网金融企业推动商业模式创新的钥匙。事实上，开放式创新理论强调，企业构建商业模式必须立足于核心技术的市场匹配，商业模式创新可以视为企业深度挖掘其核心技术潜在经济价值的启发式过程（Chesbrough，2010）。

在"互联网＋"时代，商业模式创新是企业实现创新驱动发展战略的重要行动路径，通过将新兴技术与潜在市场需求进行创造性配置，可以实现对传统业务的改造，甚至是创造全新市场（罗珉、李亮宇，

2015）。互联网金融是以云计算、大数据等新兴技术为支撑的新型金融服务商业模式，它有效地克服了传统金融服务响应速度慢、业务针对性差、市场渗透有限等缺点，运用网络技术为投融资等金融服务需求群体提供高效、透明和低成本服务。虽然互联网金融企业既可以是金融互联网企业，即传统金融机构利用互联网手段提升运营效率，拓展市场范围；又可以是互联网金融企业，即互联网企业面向已有顾客群体提供金融服务；还可以是新创互联网金融企业，即新兴的互联网金融服务机构（王千，2014）；但是，无论是哪种企业类型，相较于传统金融服务，互联网金融企业的商业模式都具有颠覆性特征。因此，可以认为，颠覆性是互联网金融企业商业模式创新的本质特性。

毫无疑问，互联网金融的出现颠覆了传统金融服务模式和业务流程，是一种颠覆性的模式创造。颠覆性商业模式创新是企业将商业活动与颠覆性技术相匹配，从顾客价值创造出发，发掘有别于传统金融企业的顾客需求和顾客群体，构建新的交易模式或交易网络（Karimi & Walter，2016）。Osiyevskyy 和 Dewald（2015）指出企业在面临行业内出现颠覆性商业模式创新时，可以运用探索与开发两种方式主动响应：一是探索新的发展战略，如开发不同产品或服务，再造业务流程，重新配置企业价值创造方式等；二是开发现有商业模式，如优化现有产品或增加服务附加值，面向不同顾客群体进行市场开发等。互联网金融企业兼具了探索与开发的路径，这为理解其商业模式创新提供了新的理论方向。

综上所述，互联网金融企业商业模式创新是运用互联网等新兴技术对传统金融行业进行革命性重构，是新的价值思维和技术手段对传统金融行业进行颠覆性创新的产物，包括渐进性改变和革命性变革两种方式。因此，本书借鉴有关颠覆性商业模式创新的理论观点，将互联网金融企业商业模式创新解构为开发式和探索式两种基本类型。

开发式商业模式创新是互联网金融企业对传统金融服务产品进行优化和补充，或者以现有金融服务产品面向传统金融企业并未涉及或重视的新兴顾客群体；它是组织渐进性创新活动在互联网商业形态领域的体现，包括对现有金融服务的升级和优化、对新市场的发掘等。例如，电商信贷将人群锁定为传统银行忽略或不愿意涉足的市场（年轻消费族群）；互联网理财产品销售平台通过网络进行包括基金在内的金融服务产品销售，以弥补单个机构销售渠道的不足。

探索式商业模式创新是指互联网金融企业提供有别于传统金融企业的服务产品，为目标顾客群体创造与传递全新的价值；它是组织变革性创新活动在互联网金融商业形态中的体现，包括对新兴金融服务产品的研发，新兴业务模式的探索和推广等。例如，第三方支付机构的网络金融服务革新了传统支付及交易服务模式，对传统银行的资金零售服务带来了革命性冲击。

第二节 IFEs 商业模式创新的量表开发

结合互联网金融所具备的颠覆性创新特征，本书从纷繁多样的互联网金融业务类型中抽离出来，立足于商业模式创新的本质，从开发式和探索式两方面对互联网金融企业商业模式创新进行探讨，以为科学测量提供理论基础和现实可行性。在明确互联网金融企业商业模式创新的基本内涵和类型后，本书将遵循科学、严谨的量表开发流程，开发测量工具。

一 初始量表开发

本书通过借鉴和改编已有开发式与探索式商业模式创新的相关测量问项，形成本书对互联网金融企业商业模式创新的测量工具。一方面，借鉴已有成熟量表可以确保测量问项的来源有规可依，为保障测量工具的效度水平奠定基础，使测量具备科学性和普适性；另一方面，结合分析情境和预调研反馈对测量工具进行改编，能够保证对核心概念的测量很好地契合研究主题，从而使测量具有针对性和可操作性。

（一）商业模式创新

Zott 和 Amit（2007）在运用设计思维探讨创业企业商业模式设计及其绩效问题时，从跨界合作交易（Boundary-spanning Transactions）的视角将商业模式设计分为效率型（Efficiency-centered）商业模式设计和新颖型（Novelty-centered）商业模式设计，开发了包含 26 个测量问项的工具对两类商业模式设计进行测量（见表 3-1）。

表 3-1　Zott 和 Amit（2007）对商业模式设计的测量问项

序号	类型	问项	Cronbach's α
1	效率型商业模式设计	降低了商业模式参与各方的库存水平（SA/A/D/SD）	0.69
2		从用户的角度看，交易非常简单	
3		商业模式能容许在交易过程中出现些许错误	
4		除了已提及的商业模式参与各方成本外，其他成本也得到降低，例如营销及销售成本、业务处理成本、沟通成本等。	
5		商业模式具有弹性，例如可以同时处理大量或少量的交易事务	
6		商业模式使参与各方能够做出最优的决策	
7		交易是透明的，信息、服务、商品的流动和使用都可以被核实	

续表

序号	类型	问项	Cronbach's α
8	效率型商业模式设计	作为交易的一部分，有关产品品质及质量的信息被提供给参与各方，以降低信息的不对称水平	0.69
9		作为交易的一部分，向所有商业模式参与者提供彼此的信息	
10		商业模式中其他参与者、信息、产品、服务等相关资讯都是容易获得的	
11		商业模式支持需求的集聚（Y/N）	
12		商业模式支持快速交易	
13		总的来说，这种商业模式提高了交易效率	
1	新颖型商业模式设计	商业模式提供了产品、服务及信息的新组合	0.72
2		商业模式将新的参与方集聚在一起	
3		在交易中为参与各方提供的激励措施很新颖	
4		商业模式提供了前所未有的多样性以及参与方或产品的数量	
5		商业模式以新的方式将参与方与业务联结起来	
6		商业模式参与方之间联结的质量和深度非常新颖	
7		核心企业能够从商业模式中获益的专利数量（0/1-2/3-4/>4）	
8		商业模式依赖商业机密和知识产权的程度（R/S/B/N）	
9		核心企业是否宣传其是商业模式的领先者（Y/N）	
10		核心企业不断在商业模式方面进行创新	
11		有一些竞争性的商业模式可能超越企业现有的商业模式	
12		有其他重要的方面使商业模式变得更新颖	
13		总之，企业的商业模式是非常新颖的	

注：SA-Strongly Agree（coded as 1）；A-Agree（0.75）；D-Disagree（0.25）；SD-Strongly Disagree（0）；Y-Yes（1），N-No（0）；R-Radically（1）；S-Substantially（0.66）；B-a bit（0.33），N-not at all（0）；0（0），1-2（0.33），3-4（0.66），>4（1）.

资料来源：Zott, C. & Amit, R., "Business Model Design and the Performance of Entrepreneurial Firms", *Organization Science* 18（2007）：pp. 181-199.

此外，Zott 和 Amit（2008）在对市场战略与商业模式匹配的研究中，也运用上述 26 个问项对商业模式设计及创新进行测量，该测量问卷从效率型和新颖型两方面对商业模式设计及创新进行测量，表现出较好的效度水平，进而逐渐被后续研究引用。

郭京京和陈琦（2014）在电子商务企业商业模式设计与绩效的关系研究中，借鉴 Zott 和 Amit（2007）所开发的测量工具，并结合电子商务企业的实践现状，用 12 个问项对效率型和新颖型商业模式设计进行测量（见表 3 - 2）。

表 3 - 2　郭京京和陈琦（2014）对商业模式设计的测量问项

序号	类型	问项	Cronbach's α
1	效率型商业模式设计	能够减少合作伙伴的库存成本	0.921
2		可以降低合作伙伴的其他成本（如沟通和通信成本、交易流程成本、市场和销售成本等）	
3		交易是透明的，信息、服务和产品的使用及交付能够被核实	
4		作为交易的一部分，信息能够提供给合作伙伴，以减少产品信息的不对称程度	
5		可以了解大量的产品、服务以及其他合作伙伴的信息	
6		可以快速进行交易	
1	新颖型商业模式设计	以新的方式实现了产品、信息和服务的结合	0.879
2		能够为我们带来新的合作伙伴	
3		在交易中能够用新颖的方式来激励合作伙伴	
4		用新的方式来实现双方的交易	
5		本企业在电子商务商业模式上不断创新	
6		其他有潜力的电子商务商业模式能够超越本企业目前的商业模式	

资料来源：郭京京、陈琦：《电子商务商业模式设计对企业绩效的影响机制研究》，《管理工程学报》2014 年第 3 期。

Clauss（2017）系统地对商业模式进行概念化，并从价值创造创新、价值主张创新和价值捕获创新三个方面，基于新能力、新技术/设备、新合作伙伴、新流程、新产品/服务等 10 个次级概念开发了包含 33 个问项的商业模式创新测量工具（见表 3 - 3）。

表 3-3　Clauss（2017）对商业模式创新的测量问项

维度	次级概念	问项	组合信度
价值创造创新	新能力	我们的员工不断接受培训，以发展新的能力	0.86
		相较于主要竞争者，我们的员工具备最新的知识和能力	
		为适应变化的市场需求，我们持续地思考需要建立哪些新能力	
	新技术/设备	我们不断地更新企业的技术资源	0.88
		相较于主要竞争者，我们的技术设备非常具有创新性	
		我们经常利用新的技术机会来扩展我们的产品服务组合	
	新合作伙伴	我们一直在寻找新的合作伙伴	0.88
		我们经常利用新伙伴融入时带来的机会	
		我们定期评估外包的潜在好处	
		新的合作伙伴经常帮助我们优化商业模式	
	新流程	我们最近能够显著地改善内部业务流程	0.88
		我们在产品制造过程中采取创新性的程序和流程	
		我们对现有流程进行评估，并且在需要时进行重大改进	
价值主张创新	新产品/服务	我们定期处理新的、未被满足的顾客需求	0.84
		相较于主要竞争者，我们的产品或服务是具有创新性的	
		我们的产品或服务能够很好地满足竞争对手无法满足的顾客需求	
	新顾客/市场	我们经常抓住新市场或新兴市场出现的机会	0.90
		我们经常考察新的、未被满足的细分市场	
		我们一直在为产品或服务寻找新的细分市场	
	新渠道	我们经常利用新的分销渠道来销售我们的产品和服务	0.86
		我们渠道持续的变革提升了渠道效率	
		我们不断地改变分销渠道组合	
	新顾客关系	我们试图通过提供新服务来保留顾客	0.91
		我们强调通过创新的行动（如顾客关系管理）来增强顾客保留	
		为加强顾客关系，我们最近采取了很多措施	
价值捕获创新	新的收入模式	我们最先开发了新的收入机会，如附加销售、交叉销售	0.84
		为获取长期财务回报，我们越来越多地提供综合服务	

维度	次级概念	问项	组合信度
价值捕获创新	新的收入模式	我们用长期性收益模式（如租赁）补充或替代一次性的交易收入	0.84
		我们不依赖现有收入来源的持续性	
	新的成本结构	我们经常反思企业的价格——数量战略	0.85
		我们积极寻找机会来降低制造成本	
		我们经常核算生产成本，若需要可根据市场价格修正	
		我们经常利用价格差异带来的机会	

资料来源：Clauss, T., "Measuring Business Model Innovation: Conceptualization, Scale Development and Proof of Performance", *R& D Management* 47 (2017): pp. 385 – 403.

李巍和丁超（2017）在商业模式创新与市场效能的关系研究中，借鉴 Zott 和 Amit（2008）开发的量表，并结合中国制造型中小企业的分析情境进行改编，设计了包含效率型商业模式创新（9 个问项）和新颖型商业模式创新（8 个问项）共计 17 个问项的测量工具（见表 3 – 4）。

表 3 – 4　李巍和丁超（2017）对商业模式创新的测量问项

类型	问项	Cronbach's α
效率型商业模式创新	企业业务伙伴的存货成本都极大地降低	0.936
	从客户视角来看企业尽可能让交易变得简单	
	商业模式使交易过程中犯错的可能性很低	
	商业模式降低了企业业务伙伴的其他成本（如营销和销售、沟通、交易处理等）	
	商业模式使业务伙伴能够有充分信息进行决策	
	企业与业务伙伴交易是透明的，现金流、信息使用、服务及产品等能够被清楚地核查	
	作为交易的一部分，信息充分提供给业务伙伴，以降低他们所交易产品或服务评价时的信息不对称程度	
	商业模式使需求变得集中和稳定	
	商业模式使交易更迅速而高效	

续表

类型	问项	Cronbach's α
新颖型 商业模 式创新	商业模式提供新的产品、服务和信息组合	0.891
	商业模式带来新的业务伙伴	
	交易中，对业务伙伴提供了新的激励措施	
	商业模式让更多业务伙伴参与进来，以创造更好产品	
	商业模式用新颖的方式联结各交易参与方	
	知识产权和专利技术在企业与业务伙伴交易中扮演重要角色	
	企业在本产业中积极借鉴其他产业的创新型交易模式	
	企业在现有商业模式中持续地引入创新想法与行为	

资料来源：李巍、丁超：《商业模式创新驱动市场效能的机制研究——营销动态能力的调节效应》，《商业经济与管理》2017 年第 4 期。

易朝辉等（2018）在研究资源整合能力与科技型小微企业创业绩效关系时，将商业模式创新视为重要的中介变量，并借鉴 Zott 和 Amit（2008）开发的量表，从效率型和新颖型两方面对商业模式创新进行测量，测量问项共 12 个（见表 3－5）。

表 3－5 易朝辉等（2018）对商业模式创新的测量问项

类型	问项	Cronbach's α
效率型 商业模 式创新	本公司的商业模式能够降低交易成本	0.839
	本公司的商业模式能够简化交易流程	
	本公司的商业模式能够降低交易过程中的信息不对称性	
	本公司的商业模式能够使合作伙伴间共享信息	
	本公司的商业模式能够提高交易效率	
	本公司的商业模式能够加快交易速度	
新颖型 商业模 式创新	本公司的商业模式能够引入新合作伙伴	0.846
	本公司的商业模式能够搜寻新产品信息组合	
	本公司的商业模式采用新方式激励利益相关者	

类型	问项	Cronbach's α
新颖型商业模式创新	本公司的商业模式提供了新交易方式	
	本公司的商业模式创造了一种新赢利模式	0.846
	本公司的商业模式引入了新运作流程和规范	

资料来源：易朝辉、周思、任胜钢：《资源整合能力与科技型小微企业创业绩效研究》，《科学学研究》2018 年第 1 期。

刘贵文等（2019）在技术变革背景下企业资源基础与商业模式创新关系的研究中，基于 Zott 和 Amit（2013）的理论观点，同时结合中国企业的自身特点和中文表述习惯，在专家访谈的基础上形成对商业模式创新的测度量表，共 4 个问项（见表 3 - 6）。

表 3 - 6 刘贵文等（2019）对商业模式创新的测量问项

序号	问项
1	企业实现了产品、信息和服务的新服务
2	企业引入了新的合作伙伴
3	企业创新的商业模式提高了资源协同利用水平
4	企业创造了新的赢利方式和赢利点

资料来源：刘贵文、李凯健、张应珍、郭攀：《技术变革背景下在位企业资源基础与商业模式创新：二元动态能力的中介作用》，《管理评论》2019 年第 7 期。

郭海和韩佳平（2019）在数字化情境下开放式创新对新创企业成长的影响研究中，借鉴 Clauss（2017）开发的商业模式创新测量工具，结合中国数字化创业企业的管理实践，从价值创造创新、价值主张创新、价值捕获创新三个维度来反映企业商业模式创新的程度，共包含18 个测量问项（见表 3 - 7）。

表 3 − 7　郭海和韩佳平（2019）对商业模式创新的测量问项

维度	问项	Cronbach's α
价值创造创新	我们持续参加培训以学习和发展新的能力	0.916
	我们不断反省和思考应对市场变化所需的最新能力	
	我们始终跟进并尽可能利用最新技术成果	
	我们不断运用新技术以拓展产品和服务组合	
	我们不断寻找新的合作伙伴	
	我们倡导与合作伙伴共享共赢、合作共创的理念	
	我们充分利用引入新合作伙伴后带来的机会	
	我们在产品生产过程中采用了创新性的工艺和流程	
	我们高度关注那些新的或尚未被满足的用户需求	
	我们高度关注行业变化趋势，并不断调整自己在商业生态圈中的定位	
价值主张创新	相比竞争对手，我们的产品/服务更具创新性、用户体验更好	0.840
	我们经常能够找到来自新市场或成长性市场的业务机会	
	我们不断向新的客户群体和市场来推广产品/服务	
	我们试图通过不断提供新产品/服务来增强用户黏性	
价值捕获创新	我们通过不断开发并实施创新性的活动来增强用户黏性	0.780
	我们最近开发了新的收入机会（如附加销售、交叉销售等）	
	相比竞争对手，我们的收入模式与众不同	
	我们经常革新我们的价格策略和质量策略	

资料来源：郭海、韩佳平：《数字化情境下开放式创新对新创企业成长的影响：商业模式创新的中介作用》，《管理评论》2019 年第 6 期。

　　马蓝（2019）在资源拼凑、双元创新能力与企业商业模式创新的关系研究中，借鉴 Zott 和 Amit（2007），以及郭京京和陈琦（2014）的测量工具，将商业模式创新维度分为新颖型和效率型两类，并对其进行测量。其中，新颖型商业模式创新包括 4 个问项，效率型商业模式创新包括 5 个问项（见表 3 − 8）。

表 3 - 8　马蓝（2019）对商业模式创新的测量问项

类型	问项	Cronbach's α
新颖型商业模式创新	企业经常组合新产品和服务的信息	0.923
	通过新的商业模式企业得到了很多合作伙伴和客户	
	企业专门组建收集新颖性商业模式信息的团队	
	随着市场的变化企业不断学习和更新商业模式	
效率型商业模式创新	已有商业模式能极大满足消费者的差异化需求	0.965
	企业通过库存量和销售等来降低成本	
	企业一直在提升生产和交易等方面的效率	
	企业经常对已有商业模式进行讨论和创新	
	根据市场交易信息企业不断更新和优化已有商业模式	

资料来源：马蓝：《资源拼凑、双元创新能力与企业商业模式创新的关系研究》，《科技管理研究》2019 年第 16 期。

（二）探索式创新和开发式创新

有关探索与开发的实证研究始于 March（1991）引发的探索式与开发式学习的探讨，随着研究的深入和拓展，探索与开发议题超越组织学习领域，开始进入创新及战略等研究议题。在探索式与开发式创新研究方面，国内外大量研究者结合各自研究问题和分析情景，开发了大量测量工具。比较典型的包括以下几种。

Jansen 等（2006）在对探索式与开发式创新的前置因素与结果变量的研究中，通过对现有文献的系统回顾，以及对财务服务公司分支机构负责人的访谈，开发了包含 14 个测量问项的工具，以此对两类创新方式进行评价（见表 3 - 9）。

表 3 - 9　Jansen 等（2006）对探索式创新和开发式创新的测量问项

类型	问项	Cronbach's α
探索式创新	我们部门承担和接受超出现有产品和服务范围的需求提供任务	0.923
	我们创造新的产品和服务	

类型	问项	Cronbach's α
探索式创新	我们在新的市场测试新产品和服务	0.923
	我们将对本部门而言全新的产品和服务进行商业化处理	
	我们经常利用新市场中的新机会	
	我们较多地使用新的销售渠道	
	我们定期在新市场寻找和接触新顾客	
开发式创新	我们经常改善现有产品和服务的提供	0.965
	我们定期对现有产品和服务进行微小调整	
	我们在本地市场上改进现存的产品和服务	
	我们提高产品和服务的供应效率	
	我们提高现有市场的规模化水平	
	我们对现有部分客户提供拓展服务	
	降低内部流程成本是一个重要的目标	

资料来源：Jansen, J., Van, F. & Volberda, H., "Exploratory Innovation, Exploitative Innovation, and Performance：Effects of Organizational Antecedents and Environmental Moderators", *Management Science* 52 （2006）：pp. 1661 – 1674.

邢新朋等（2018）在探讨绩效反馈对开发式和探索式创新的影响机制时，借鉴 Lavie 等（2010）对探索与开发双元性研究的理论观点，控制可能影响开发式和探索式创新权衡的外部要素，借鉴 Jansen 等（2006）的测量工具，开发了包含 8 个测量问项的双元创新量表（见表 3 – 10）。

表 3 – 10　邢新朋等（2018）对开发式创新和探索式创新的测量问项

类型	问项	Cronbach's α
开发式创新	企业致力于改进现有产品的质量和功能	0.793
	企业致力于减少产品的适用性	
	企业增加产品和服务的功能以满足现有消费者的需求	
	企业致力于降低现有产品和服务的成本	

类型	问项	Cronbach's α
探索式创新	企业致力于寻找新颖的、尚未成熟的技术和创意	0.785
	企业勇于开拓全新、尚无经验的市场	
	企业经常从外部引进新的产品或服务	
	企业勇于在既有市场上试用新的产品和服务	

资料来源：邢新朋、方洁、刘天森、林与川：《绩效反馈对开发式创新和探索式创新的影响机制研究》，《工业技术经济》2018 年第 7 期。

卑立新（2018）在双元创新与创新绩效的关系研究中，借鉴 March（1991）的理论观点，基于知识管理视角开发了探索式创新和应用式创新的测量工具，该测量工具共包含 12 个测量问项（见表 3 - 11）。

表 3 - 11　卑立新（2018）对探索式创新和应用式创新的测量问项

类型	问项	Cronbach's α
探索性创新	我们努力追求新知识	0.876
	我们容易产生突破性的想法	
	我们容易发现潜在的机会	
	我们愿意为新顾客开发新产品或服务	
	我们愿意拓展新市场	
	我们愿意为学习承担风险	
应用性创新	我们强调利用现有的知识和技术	0.870
	我们强调改善已有的设计	
	我们愿意拓展现有产品和服务的市场	
	我们致力于提高物流渠道的效率	
	我们经常回访客户	
	我们经常给已有客户寄送新产品	

资料来源：卑立新：《知识基视角下组织双元创新对创新绩效的影响研究》，《华东经济管理》2018 年第 12 期。

李宁娟等（2018）在探讨环境扫描与双元创新的逻辑关系时，借鉴 He 和 Wong（2004），Jansen 等（2006）的研究工具，开发了包含 7 个测量问项的量表以评估开发式和探索式创新行为（见表 3 - 12）。

表 3 - 12　李宁娟等（2018）对开发式创新和探索式创新的测量问项

类型	问项	Cronbach's α
开发式创新	经常对已有的技术/技能进行改良，以适应当前需要	0.898
	努力提高已有技术/技能在多个相关业务领域的适用性	
	经常利用已有技术/技能来增加产品/服务的功能和种类	
	经常对公司积累的业务经验进行提炼并应用于当前业务中	
探索式创新	经常尝试运用尚不成熟、有一定风险的新技术/技能	0.878
	经常尝试开拓全新的、尚无相关营销经验的细分市场	
	经常尝试同行业其他公司没有采用过的经营战略/战术	

资料来源：李宁娟、高山行、舒成利：《环境扫描对双元创新非线性影响机理的探讨：战略柔性的调节作用》，《管理评论》2018 年第 4 期。

Osiyevskyy 和 Dewald（2015）将商业模式创新与探索及开发的理论进行整合，基于颠覆式商业模式变革视角，提出了开发式商业模式和探索式商业模式的概念，并以房地产经纪行业为研究对象，开发了包含 5 个测量问项的量表以对其进行评估（见表 3 - 13）。

表 3 - 13　Osiyevskyy 和 Dewald（2015）对商业模式变革的测量问项

类型	问项	
开发式商业模式	为满足市场需求，我们将考虑	引入佣金折扣
		推出纯粹的投寄服务
探索式商业模式	为满足市场需求，我们将考虑	增加新的附加值服务
		储备专业知识以提供额外服务，以便与传统房地产经纪服务形成补充
		革新业务以增加顾客价值

资料来源：Osiyevskyy, O. & Dewald, J., " Explorative Versus Exploitative Business Model Change: The Cognitive Antecedents of Firm-level Responses to Disruptive Innovation", *Strategic Entrepreneurship Journal* 9（2015）: pp. 58 - 78.

根据对上述商业模式创新测量工具的整理，结合本书对互联网金融企业商业模式创新的内涵界定与维度分析，围绕开发式和探索式商业模式创新，借鉴 He 等（2004）、Jansen 等（2006）、李宁娟等（2018）等有关开发式与探索式创新的测量工具，以及 Zott 和 Amit（2007）对商业模式创新的相关测量，综合上述两类测量问项，本书开发了对互联网金融企业商业模式创新的初始测量问项（见表3－14）。

表3－14　本书对商业模式创新的测量问项

序号	类型		问项
BMI01	开发式商业模式创新	为应对竞争及满足市场需求	我们会引入补贴等费用，刺激需求
BMI02			我们会提供与现有金融服务产品互补的附加服务
BMI03			我们会积极改善现有服务
BMI04			我们会在当前基础上增加顾客价值
BMI05			我们会在新细分市场上引入成熟服务
BMI06			我们会降低顾客交易成本，提升交易效率
BMI07	探索式商业模式创新	为应对竞争及满足市场需求	我们会推出全新的金融服务产品
BMI08			我们会开发全新的顾客价值
BMI09			我们会立足于潜在顾客需求
BMI10			我们会面向全新的顾客群体开发服务产品
BMI11			我们会推动新兴技术在服务中的应用
BMI12			我们会寻求缺乏竞争对手的新兴市场领域

二　预调研与样本情况

通过系统的文献回顾，本书得到了开发式和探索式商业模式创新的具体测量问项，并最终形成了包含12个问项的商业模式创新初始量表（见表3－14）。每个问项均用 Likert 五点量表来评估（1 表示非常不同意，5 表示非常同意）。

为了获取用于问卷修正的研究数据，本书在重庆市互联网金融风险专项整治说明会上向参会的企业负责人或代表，发放了 60 份问卷进行小规模预调研，以对初始问卷进行修正，预调研样本情况如表 3 – 15 所示。

表 3 – 15　样本企业情况（N = 60）

企业规模	50 人以下	50 ~ 99 人	100 ~ 149 人	150 人及以上
样本企业数量	7	27	21	5
占总样本比例	11.67%	45.00%	35.00%	8.33%
企业年龄	3 年以下	3 ~ 5 年	5 ~ 8 年	8 年以上
样本企业数量	5	31	22	2
占总样本比例	8.33%	51.67%	36.67%	3.33%

三　量表纯化与结构化

为进一步提升测量工具的效度水平，本书对商业模式创新初始量表的结构进行探索性因子分析。在因子分析前，首先进行项目分析，以对测量问项进行提纯。第一步，对初始问项进行难度值检测。12 个问项的难度值在 0.57 至 0.92 之间，删除难度值超过 0.90 的两个项目。第二步，对剩下的 10 个问项进行独立样本 t 检验，以考察问项的区分度。两个项目没有达到 0.05 显著水平，予以删除。通过以上纯化步骤形成包含 8 个问项的商业模式创新初始量表。

在探索性因子分析中，根据 Widaman（1993）的方法建议，使用主轴因子法提取因子，同时考虑到概念间可能存在的相关性，运用 Promax 转轴法进行斜交旋转处理。数据结论显示，Bartlett 球形检验值为 1745.835 （$p < 0.001$），KMO 值为 0.796，表明相关矩阵不是单位矩阵，该量表适合做因子分析。根据特征值与碎石图结果确定抽取因素的数目，并将判断是否保留一个问项的标准定为：（1）该测量问项在某因子上的载荷超过 0.5 水平；（2）该测量问项不存在交叉负荷，即在两个因子上的负荷之差大于 0.2 水平。

探索性因子分析结论显示（见表 3 - 16），抽取两个因子是最合理的，双因子累积方差贡献率达到 71.254%。从因子结构上看，因子 1 有 4 个问项，均与开发式商业模式创新相关，将其命名为"开发式"；因子 2 有 4 个问项，均与探索式商业模式创新相关，被命名为"探索式"。因此，可以初步认为开发式和探索式商业模式创新能够很好地从内涵上对商业模式创新活动进行涵盖，开发式和探索式共同构成了商业模式创新这一公因子。

表 3 - 16　商业模式创新初始量表的探索性因子分析（N = 60）

测量问项	因子 1	因子 2	特征值	解释方差比例（%）	累积解释方差比例（%）	因子命名	Cronbah's α
BMI04	0.862						
BMI01	0.835		8.053	43.159	43.159	开发式	0.886
BMI02	0.771						
BMI06	0.754						
BMI10		0.873					
BMI07		0.867	4.275	27.995	71.154	探索式	0.845
BMI12		0.792					
BMI08		0.754					

使用 Cronbach's α 值评价量表的内部一致性。数据显示，商业模式创新量表的整体 α 值为 0.875，两大类别的 α 值均高于 0.7 水平。结论表明，包含 8 个问项的商业模式创新量表具有很好的内部

一致性。

四　量表的结构分析

在完成量表开发与预测试后，根据调查过程和结果中反映出的问题对量表问项措辞进行细微修改，最终形成商业模式创新的正式量表。为进一步增强量表的科学性，本书通过大样本研究数据的收集和分析，对量表有效性进行检验。

在数据收集过程中，本书在专业市场研究机构的协助下开展问卷调查。第一步，甄别企业类型，确定联络名单。通过政府管理机构网站（如重庆市金融工作办公室）、企业黄页以及各大招聘网站收集的成渝地区开展互联网金融业务的企业名单及联系方式，共收集到包括马上金融、博恩科技、万钱堂、种钱网、开乾金融等在内的207家互联网金融企业名单。第二步，联系名单企业，确定被调查对象。通过电话联系等方式，联系名单企业以征询调查意见，共有191家名单企业同意参加调查，并确定联系人。第三步，发放及回收调查问卷。将调研问卷编辑为网页形式，并上传至重庆立信市场研究集团网络调研平台，完成网上问卷设计工作。依据同意参加调研企业的企业联系人名单，将包含问卷URL地址的电子邮件发送给被调查者，邀请其点击URL进入调研页面填写，并提交问卷。第四步，数据核查与补充。对每一份回收问卷进行核查，确定回答不清晰的无效问卷；考虑到互联网金融企业中可选择的调查对象较少，对无效问卷进行了补充访问，尽可能保证问卷的有效性。

通过上述过程，我们共发放问卷191份，回收188份，其中有效问卷182份，有效回收率为95.29%。由于调查前征求被调查意愿，并在调查后进行多次补充调查，所以问卷有效回收率比较高。样本企业情况如表 3 – 17 所示。

表 3 – 17   样本企业情况 （N = 182）

企业规模	50 人以下	50 ~ 99 人	100 ~ 149 人	150 人及以上
样本企业数量	47	73	35	27
占总样本比例	25. 82%	40. 11%	19. 23%	14. 84%
企业年龄	3 年以下	3 – 5 年	5 – 8 年	8 年以上
样本企业数量	64	58	48	12
占总样本比例	35. 17%	31. 87%	26. 37%	6. 59%

　　探索性因子分析已将商业模式创新划分为开发式和探索式两大类型。商业模式创新量表开发中这两种类型是否可以界定为独立的类别，以及考虑到开发式和探索式两类商业模式创新存在一定相关关系，有可能存在多维结构，或者有可能商业模式创新本身就是一个单因子结构。因此，为验证两分法结构模型是否是商业模式创新研究的最佳测量模型，本书根据 Anderson 和 Gerbing （1988） 的方法建议，通过验证性因素分析对双因子模型、单因子模型和多因子模型分别进行比较，以确定最佳的匹配模型。

　　研究运用 LISREL 8. 7 软件对数据进行验证性因子分析。因假设模型和备择模型是嵌套的，为比较不同模型的拟合水平，除了卡方检验，还比较了近似误差指数 （RMSEA）、拟合优度指数 （GFI） 以及相对拟合指数 （CFI） 等重要指标值。数据结论显示 （见表 3 – 18），双因子模型明显优于单因子、三因子和多因子模型，双因子模型各项指标值均达到或优于标准值。因此，将商业模式创新划分为开发式和探索式两种类型是比较理想的测量模型。

表 3 - 18　不同模型间的验证性因子分析（N = 182）

模型	χ^2	df	χ^2/df	RMSEA	GFI	CFI
1. 单因子模型	953.722	51	8.207	0.173	0.807	0.812
2. 双因子模型（因子 1 + 因子 2）	76.183	68	1.361	0.057	0.925	0.919
3. 三因子模型（因子 1 + 因子 2 + 因子 X）	198.261	52	4.059	0.102	0.821	0.847
4. 多因子模型	1423.593	83	11.372	0.295	0.704	0.733

第三节　IFEs 商业模式创新的量表检验

在确认了互联网金融企业商业模式创新量表的内在结构及测量问项后，本节将从信效度方面对测量工具的科学性和有效性进行检验。量表检验运用验证性因子分析和结构方程模型的方法进行，以对商业模式创新测量工具的内在一致性及各类效度指标进行评价，为后续的实证研究提供工具基础。

一　量表的信度检验

本书除了运用 Cronbach's α 值来考察测量问项之间的同质性水平，还运用复相关平方（SMC）对每个问项的信度水平进行评估。数据结论表明（见表 3 - 19），开发式和探索式商业模式创新的 α 值分别为 0.853 和 0.845，均超过 0.7 标准值；测量问项 SMC 值均优于 0.5 水平，可见商业模式创新量表的信度水平比较理想。

表 3 - 19　商业模式创新量表的信效度检验（N = 182）

类别		问项	FL	SMC	α 值	CR	AVE
开发式商业模式创新	为应对竞争及满足市场需求，我们会	引入补贴等费用，刺激需求	0.751	0.673	0.853	0.873	0.528
		构建与现有金融服务产品互补的附加服务	0.795	0.624			
		在当前基础上增加顾客价值	0.636	0.618			
		降低顾客交易成本，提升交易效率	0.716	0.671			
探索式商业模式创新	为应对竞争及满足市场需求，我们会	推出全新的金融服务产品	0.796	0.618	0.845	0.861	0.586
		开发全新的顾客价值	0.811	0.673			
		面向全新的顾客群体开发服务产品	0.696	0.604			
		寻求缺乏竞争对手的新兴市场领域	0.754	0.617			

二　量表的效度检验

本书运用验证性因子分析对商业模式创新量表的收敛效度水平进行检验。使用 AMOS 8.0 以及 SPSS 18.0 软件对开发式和探索式商业模式创新进行一阶验证性因子分析，旨在检验测量问项与被测概念之间的逻辑关系，以确保测量问项与维度之间的匹配性；同时，还将有效分析测量问项的随机误差，以及被测概念的信效度水平（Spicer，2005）。在输出验证性因子分析模型中，全部问项的标准化因子载荷（FL）均超过 0.5 水平，各维度组合信度（CR）也优于 0.7 标准值，平均提炼方差（AVE）超过 0.5 标准值。各项指标均达到或优于标准值（见表 3 - 19），表明量表的收敛效度达到理想水平。

模型测量的概念效度检验运用验证性因子分析输出 RMSEA、NFI、NNFI、CFI、PGFI、χ^2/df 等系列指标，并综合概念组合信度（CR）和平均提炼方差（AVE）等数据来进行衡量。开发式商业模式创新的一阶验证性因子（CFA）模型显示（见图 3 - 3），开发式商业模式创新测量的各个观测变量（问项）的因子载荷在 0.636 至 0.795 之间，表明观测变量很好地反映了所测概念（Ashill & Jobber，2009），可以认为，测量开发式商业模式创新的 4 个问项较好地反映了所测概念。同时，根据 CFA 模型输出数据：开发式商业模式创新一阶验证性因子模型的绝对拟合度指标 RMSEA 为 0.057、GFI 为 0.932，增值拟合度指标 NFI 为 0.919、CFI 为 0.928，简约拟合度指标 PGFI 为 0.622、$\chi^2/\mathrm{d}f$ 为 1.175，模型拟合度比较理想。

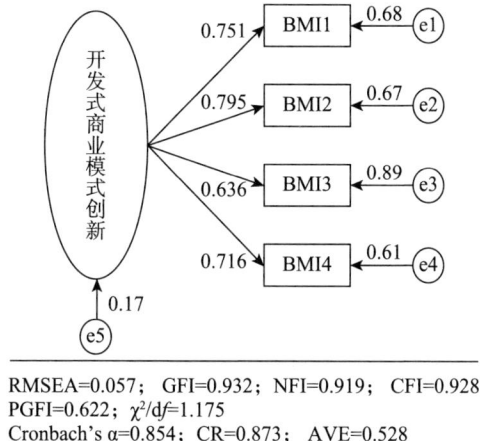

RMSEA=0.057；GFI=0.932；NFI=0.919；CFI=0.928
PGFI=0.622；$\chi^2/\mathrm{d}f$=1.175
Cronbach's α=0.854；CR=0.873；AVE=0.528

图 3 - 3 开发式商业模式创新的一阶 CFA 模型

探索式商业模式创新的一阶验证性因子模型显示（见图 3 - 4），探索式商业模式测量的各个问项因子载荷在 0.696 至 0.811 之间，表明观测变量很好地反映了所测概念。因此，测量探索式商业模式创新的 4 个问项较好地反映所测概念。同时，根据 CFA 模型输出数据：探索式商业模式一阶验证性因子模型的绝对拟合度指标 RMSEA 为 0.053、GFI 为 0.919，增值拟合度指标 NFI 为 0.914、CFI 为 0.922，简约拟合度指标 PGFI 为 0.613、$\chi^2/\mathrm{d}f$ 为 1.156，模型拟合度比较理想。

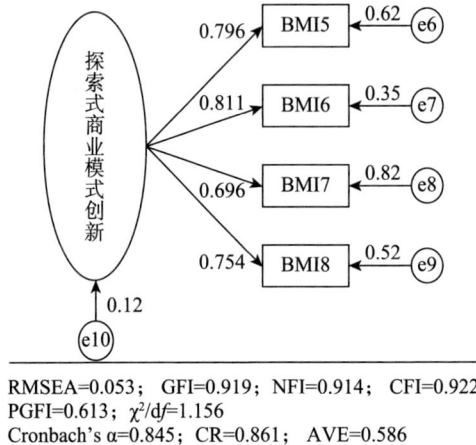

RMSEA=0.053; GFI=0.919; NFI=0.914; CFI=0.922
PGFI=0.613; χ^2/df=1.156
Cronbach's α=0.845; CR=0.861; AVE=0.586

图 3 - 4   探索式商业模式创新的一阶 CFA 模型

最后，运用验证性因子分析进行嵌套模型配对比较，来验证量表的判别效度。将商业模式创新的两种类型进行配对，共进行 3 次验证。数据结论显示（见表 3 - 20），两个配对值的差均达到显著水平（$p <$ 0.001），表明非限制模型与数据的拟合水平比较理想，将商业模式创新划分为两种基本类型得到了数据支持。因此，商业模式创新量表的判别效度也达到了较好水平。

表 3 - 20   商业模式创新的判别效度检验 （N = 182）

研究维度	配对维度	非限制模式		限制模式		$\triangle \chi^2$
		χ^2	df	χ^2	df	
开发式	探索式	47.375	37	125.656	47	78.281***
	其他	1.262	37	2.341	47	1.079
开发式	探索式	97.257	49	213.174	55	115.917***

注：在 $p < 0.001$ 水平具有统计显著性。

三　二阶验证性因子分析

一阶验证性因子分析结论表明，各因子之间存在较高相关性，可以进一步采用二阶验证性因子分析方法，以提炼出更高阶的公因子。相对于一阶验证性因子分析，二阶验证性因子分析能够反映更深层次的潜在因素。对商业模式创新进行二阶因子分析，旨在检验一阶因子与二阶因子的关系，确保两大类型的一阶因子受到一个较高阶潜在因素的影响，即某高阶因子可以解释所有的一阶因子。根据吴明隆（2009）的方法建议，运用二阶验证性因子分析，检验商业模式创新与两种类型之间的逻辑关系，并对二阶验证性因子模型信效度进行检测。通过二阶因子验证，结果表明验证模型的拟合水平比较理想（见表3-21）。

表3-21　二阶验证性因子分析拟合度指数（N=182）

指标		模型值	标准值	指标		模型值	标准值
绝对拟合度	χ^2/df	1.796	<2.0	增值拟合度	CFI	0.912	>0.9
	P	0.000	<0.05		NFI	0.906	>0.9
	RMSEA	0.044	<0.08		TFI	0.918	>0.9
	GFI	0.912	>0.9	简约拟合度	PGFI	0.603	>0.5
	AGFI	0.907	>0.9		PNFI	0.587	>0.5

二阶因子模型数据显示（见表3-22），（1）二阶验证性因子模型整体拟合度水平达到标准值要求，表明模型的整体拟合度较高。（2）四大一阶因子载荷高于0.5水平，且t值具有显著性，SMC值也大于0.5水平，表明一阶与二阶因子具有显著相关关系，组合信度（CR）大于0.7水平，说明整体模型信度水平较高。（3）二阶因子的AVE值均大于0.5水平，因此，可以认为开发式和探索式两种类型能

够很好地收敛于商业模式创新这一更高层面的概念，测量的收敛效度也比较好。

表 3 – 22　商业模式创新量表的二阶因子分析

二阶因子（子类型）	因子载荷	t-value	SMC	CR	AVE
开发式商业模式创新	0.805	—	0.819	0.865	0.594
探索式商业模式创新	0.847	19.746 ***	0.783		

RMSEA = 0.044；GFI = 0.912；NFI = 0.906；CFI = 0.912；PGFI = 0.603；$\chi^2/df = 1.796$

注：*** 表示 $p < 0.001$ 时，t 值显著。

第四节　本章小结

本书试图在商业模式创新研究的现有理论观点基础上，结合服务业及互联网金融行业的具体特征和经营实践，运用科学、严谨的研究方法，对互联网金融企业商业模式创新的内涵及类型进行界定，并在此基础上通过改编成熟研究量表，运用大样本数据对量表进行检验，以形成包含开发式和探索式两种维度的商业模式创新测量工具，为后续的实证研究奠定理论及工具基础。

一　研究结论及讨论

本书在系统梳理有关商业模式主导逻辑、商业模式内涵及构成要素的基础上，认为互联网金融企业商业模式是运用互联网理念和技术手段，满足用户金融需求的金融服务价值创造系统。互联网金融企业通过有效地协调和配置企业内部的各类资源，如技术、品牌、人力、知识产权、组织流程等，推出金融服务产品以满足用户的金融服务需求。从基础商业逻辑看，互联网金融企业商业模式既是新兴互联网企业的金融化，即进入金融服务领域；又是传统金融企业的互联网化，即传统金融机构，如银行、基金公司、证券公司等运用互联网技术手段推出金融服务产品。因此，互联网金融企业商业模式具有去中心化、便捷化、低成本化的特征，是在新的技术条件下对传统金融模式的革新和补充，形成了全新的金融服务价值。

从颠覆式创新的视角看，本书认为互联网金融企业商业模式创新是运用互联网等新兴技术对传统金融行业进行革命性重构，是新的价值思维和技术手段对传统金融行业进行颠覆性创新的产物，包括渐进性改变和革命性变革两种方式。进而，本书认为互联网金融企业商业模式创新是由两种基本类型构成，即开发式和探索式商业模式创新：开发式商业模式创新强调互联网金融企业对传统金融服务产品的优化和补充，或者以现有金融服务产品面向传统金融企业并未涉及或重视的新兴顾客群体。同时，探索式商业模式创新是指互联网金融企业提供有别于传统金融企业的服务产品，并为目标顾客群体创造和传递全新价值的创新性活动。

通过系统回顾和借鉴有关商业模式创新，以及开发式和探索式创新的测量工具，本书开发了包含 8 个测量问项的互联网金融企业商业模式创新测量工具，并运用 60 份预调研和 182 份正式调研数据对测量工具进行了系统、科学、严谨的实证检验。数据结论证实，从开发式和探索式两个层面解构互联网金融企业商业模式创新具有理论科学性，而有关互联网金融企业商业模式创新测量工具的开发，也为后续实证研究提供了重要的工具基础。

二　研究价值及启示

商业模式创新的研究已经得到战略、创新及创业领域的高度重视，并且已经针对成熟企业和新创企业进行了较系统的研究。但是，现有研究仍存在一些不足，本书从特定的方面丰富和拓展了商业模式创新的研究观点和结论，主要表现在以下方面。首先，将商业模式创新研究嵌入互联网金融行业分析情景，探讨互联网金融企业商业模式创新议题，拓展了商业模式研究的分析边界，并将其与服务业研究进行联结，拓展了商业模式创新相关理论的解释范围和分析情景。其次，研究基于颠覆式创新的分析视角，将商业模式创新研究从互联网金融纷繁复杂的业务类型及表现形式中抽离出来，形成具有共性的开发式和探索式商业模式创新概念，推动互联网金融企业商业模式从个性到共性、从表象到本质的研究转变，深化了互联网金融企业商业模式创新研究的理论内涵。最后，研究运用科学、严谨的实证主义方法，开发了互联网金融企业商业模式创新的测量工具，并对量表进行科学检验，为实现对互联网金融企业商业模式创新的科学测量和实证分析提供了重要的工具基础。

本书相关结论为互联网金融企业开展商业模式创新提供管理启示。无论是第三方支付、互联网理财，还是供应链金融或消费金融，互联网金融行业业务类型的表现形式都非常多样化，因此分析互联网金融企业的商业模式创新就应该抓住颠覆式创新的本质，从开发式和探索式两个层面来思考模式创新的本质。一方面，充分利用现有市场需求、服务产品、技术条件推动开发式商业模式创新，包括对现有需求的深度挖掘，持续革新金融服务产品，将成熟技术进行商业化运用，提供服务的效率和效益。这要求互联网金融企业深刻洞察顾客价值，科学检视和完善服务产品，提升对成熟技术应用的规模效益水平。另一方面，互联网金融企业可以通过研发新的技术，推出新的金融服务项目或产品，进一步提升企业在金融市场中的竞争力；互联网金融企业也可以通过深度市场研究，发掘并进入全新的细分市场，为新的细分市场带入新的金融服务产品，贡献新的服务价值。

事实上，无论是开发式还是探索式商业模式创新，互联网金融企业都需要处理好"技术"与"市场"、"服务"与"需求"两组关系，通过渐进性和革命性的创新，建立不同创新组合矩阵，实现开发式和探索式商业模式创新的相互转换和促进，提升互联网金融企业的服务创新性和市场竞争力。

第四章
互联网金融企业商业模式创新的
形成机制

本章在区分探索式与开发式商业模式创新基础上，从高管团队的专业异质性和经验异质性两方面，以高管团队认知能力为中介变量，构建"特质—能力—行为"的分析框架，并运用实证数据对理论框架进行检验，进而从高管团队视角构建互联网金融企业商业模式创新的形成机制。

第一节　理论基础与研究假设

理解商业模式创新的本质内涵是探讨其形成机制的基本前提。互联网金融企业商业模式创新，既具有一般意义商业模式创新的特点，又被"金融＋科技"的社会技术背景赋予了新的内涵。因而，理解互联网金融企业商业模式创新需要遵循从共性到个性、从一般到特殊的理论逻辑。

一　互联网金融企业商业模式创新

(一) 商业模式创新的内涵解析

创新是企业在新的经济社会背景下，实现持续发展的必然选择。商业模式创新是继技术创新、管理创新之后，企业实现"创新驱动发展"战略的重要着力点和行动路径。在商业模式创新过程中，技术与市场的互动是理解企业推动商业模式创新的钥匙。Chesbrough（2010）提出开放式创新理论，强调企业构建商业模式必须立足于核心技术的市场匹配，商业模式创新可以视为企业深度挖掘其核心技术潜在经济价值的启发式过程。

目前，商业模式创新的基本内涵在不同视角下得到阐释。基于战略创新视角的研究，将商业模式创新视为一种战略创新，即企业运用颠覆性竞争手段以改变既有规则或竞争性质；企业在整体业务层面上对现有经营模式及实施过程进行分解和重构，进而保障顾客价值的提升和企业持续高速增长（Schlegelmilch et al.，2003）。基于技术视角的研究认为，企业要想突破既有规则的限制必须开创性地引入新的盈利商业模式，通过满足新的顾客需求、开发新产品或者创新产品生产和交付方式等手段以颠覆现有游戏规则（Markides & Sosa，2013）。基于营销创新视角的研究则认为，商业模式创新是企业以最合适的方式提供给顾客产品或服务，并将顾客不满意或不需要的东西剔除出去；该过程可以发生在顾客服务、市场营销、广告或顾客关系管理等各个经营环节（Mitchell，2003）。因此，商业模式创新是企业基于既有市场结构，面向顾客潜在需求，通过设计独特的业务系统、开发新渠道或彻底改变竞争规则，实现顾客价值持续增长的业务创新（Aspara et al.，2010）。

商业模式本质上反映企业运用特定交易方式和组织流程，实现顾客价值创造和优化的商业生态系统，它是企业实现价值创造的逻辑结构或商业过程。因此，无论战略视角，还是营销视角，商业模式创新都强调对现有业务方式或模式的变革，以提升企业的顾客价值创造水平，从而使企业获取和维持竞争优势。

（二）互联网金融企业的商业模式创新

互联网金融作为首先由中国提出并界定的新兴金融模式，是互联网与金融服务交叉融合形成的金融新业态，是互联网思维与技术对传统金融行业的全面革新，体现了新兴技术革命与金融服务需求的整合式创新（李克穆，2016）。互联网金融企业积极奉行普惠金融的经营理念，迎合大众理财需求，延伸与拓展传统金融服务；同时，在创新营销渠道、降低经营成本、提升交易效率等方面冲击传统商业模式。因此，商业模式创新是互联网金融企业实现互联网与金融创新融合的关键点。

当前激烈市场竞争已超出单一产品或单个企业之间角力的范畴，转而上升到不同商业模式统筹之下的企业种群之间的比拼，企业要想在激烈的竞争中获得持续优势，必须重视商业模式创新（Casadesus-Masanell & Ricart，2011）。对互联网金融企业而言，商业模式创新已经成为企业面对传统金融机构获取竞争优势的重要手段，因而受到广泛的研究关注。但是，现有互联网金融企业商业模式创新研究仍存在诸多不足：一方面，互联网金融企业商业模式议题已经受到广泛的关注，但研究焦点大多聚焦金融风险防控、管制规范健全等方面，对互联网金融企业商业模式创新形成机制的系统研究非常有限（郑联盛，2014）；另一方面，在现有商业模式创新驱动因素研究中，内外部资源、技术创新、市场竞争环境等因素的驱动效应已经得到证实（Martins & Rindova，2015），然而，企业管理者或高管团队在推动商业模式创新过程中所扮演的重要角色并没有引起足够重视，特别是对创业企业或中小企业而言，管理者在推动组织创新中起着关键作用，对此目前研究仍不够（Guo et al.，2017）。可见，互联网金融作为率先在中国兴起的商业现象和理论概念，其相关研究还需要进一步拓展和丰富。

互联网金融作为一种新型金融服务商业模式，与传统金融机构相比，减少了对实体中介机构的依赖，降低了业务执行过程中大量的运作成本，同时以云计算、大数据等技术手段为支撑，克服了传统金融服务响应客户融资需求速度较慢、针对性较差等缺点，通过互联网信息渠道可为资金供需双方提供高效、透明、低成本以及便捷化的金融服务。因此，相较于传统金融企业，互联网金融企业的商业模式创新具有颠覆性。

颠覆性技术创新的相关研究强调，为了与颠覆性技术相匹配，企业必须寻求颠覆性商业模式创新，并将其界定为"从顾客创造价值出发识别非顾客群体，并通过争夺非顾客消费群体参与竞争，瞄准最不可能购买现有产品的顾客群体，构建新的交易模式或网络"（Karimi & Walter，2016）。Osiyevskyy 和 Dewald（2015）研究指出，当行业内出现颠覆性商业模式创新时，企业主动进行响应的方式有两种：一是探索一种发展战略以适应颠覆性商业模式，它既可以是提供不同的商品或服务，也可能是对现有业务流程重新规划，或重新思考公司创造、分配价值的方式。二是开发并加强现有的商业模式，即通过增加产品或服务的功能特征优化价值主张，或者面向不同的顾客群体进行市场开发。

综上所述，互联网金融是在新兴技术条件下，对传统金融行业进行颠覆性商业模式创新的产物；互联网金融企业的商业模式创新既要体现大数据、云计算等新兴技术对金融行业现有商业模式的变革，还要集成传统金融行业所承载的金融服务及价值创造功能。因此，本书借鉴有关颠覆性商业模式创新的基本理论观点，认为互联网金融企业的商业模式创新包含探索式商业模式创新和开发式商业模式创新两种基本路径。探索式商业模式创新是指互联网金融企业提供有别于传统金融企业的服务产品，并为目标顾客群体创造和传递全新价值的创新性活动；开发式商业模式创新是互联网金融企业对传统金融服务产品进行优化和补充，或者以现有金融服务产品面向传统金融企业并未涉及或重视的新兴顾客群体。

二　高管团队异质性与认知能力

高阶理论一直强调高管团队在塑造组织行为、影响组织绩效等方面具有关键价值。在创新创业领域，创业团队在新创企业的建立、发展和领导过程中扮演重要角色（Jin et al.，2017）；同时，大量的互联网金融企业几乎是新创企业，因而创业团队与高管团队在驱动企业创新及管理活动方面具有同等价值。

（一）高管团队异质性

高管团队作为企业战略决策和发展目标的制定者，决定着企业发展方向和经营方式，在整个企业中居于核心地位；特别是对创业企业或中小企业而言，高管团队对企业生存发展起着至关重要的作用（Homberg & Bui，2013）。由于高管成员在年龄、性别、受教育程度、专业背景、行业经验、决策风格等方面存在差异，因而优秀的高管团队不是高层管理者的简单叠加，而是彼此存在差异却又相互补充的组织团队，即具有异质性的管理团队。

团队异质性是衡量团队特性的重要内容，高管团队异质性对组织行为及绩效产生重要影响。Simons 等（1999）指出高管团队的异质性主要反映团队内部成员在工作中表现出来的主观意识与客观事实上的差异化，如价值观、认知能力、年龄、工作经验等。具体来说，这种异质性特征可以表现为与工作密切相关的系列特征，如任职年限、工作经历、职业背景等，也可以是年龄、性别、学历等与工作非直接相关的异质性特征。

　　近年来，高管团队异质性已经成为高管团队研究的重要领域，是衡量团队内成员因特征差异而形成的知识能力汇集程度，以及成员间专有特征差异，如受教育水平、职业背景、成员年龄、任期及专业等。高管团队异质性表现为团队成员交流与合作内在动力的提升，高水平异质性有利于企业在激烈的市场竞争中获取与扩散有价值数据和信息，因而对企业行为及绩效输出有积极影响（Carpenter et al., 2004）。事实上，大量实证研究已经证实高管团队异质性与高水平创新及组织绩效存在关联。例如，Jaw 和 Lin（2009）研究发现，高管团队在实施组织决策的过程中，容易受到经验异质性和教育异质性的影响，因为创新正是源自不同经验和知识的碰撞；同时，不同类型的团队异质性具有差异化作用，基于教育背景得来的专业差异化有利于企业采取创新性的战略。Yang 和 Wang（2014）对中国中小企业上市公司 2006～2010 年的面板数据进行实证分析发现，年龄、性别以及职业经验等团队异质性特征对企业战略定位优化，以及经营绩效提升有重要作用。相关研究结论已表明，无论在成熟市场，还是在新兴经济体，高管团队异质性在企业行为及绩效方面都发挥重要作用。

　　在高管团队异质性的类型及形式方面，经验异质性和专业异质性被认为是高管团队异质性的两个重要方面。因此，本书从经验异质性和专业异质性两方面来解构互联网金融企业高管团队异质性，并以此为基础，建构互联网金融企业商业模式创新形成机制的分析视角。

一方面，经验异质性反映高管团队成员在行业经验、工作履历等方面的差异程度。由高管团队成员构成的组织决策及管理集体，其成员在经验方面的差异程度对组织决策及行动具有重要影响。研究表明，经验异质性可以克服高管团队成员作为单独个体在某些行业和领域的经验欠缺，团队内部不同成员之间的经验吸收和融合，有利于管理集体对市场做出有效的前瞻性回应（Talke et al.，2010）。事实上，高层管理人员的职业经验会显著影响其认知偏差和问题解决方法。在一个行业，被同一化的不同管理者对机会和威胁的看法可能趋于一致，这种对问题的一致性认同可能让高管团队抗拒改变。与此相反，高管团队认同和接受一个成员的标准可以是该成员来自行业内或来自行业外，这样做的好处是高管团队可以在认同的基础上团结志同道合的伙伴协同努力创新（卫武、易志伟，2017）。

另一方面，由教育背景异质性带来的专业异质性可以丰富团队成员的知识结构与视野，在团队整合和优化决策方面具有积极作用（Naranjo-Gil，2009）。教育背景异质性强化了高管成员在知识及技能方面的多样性，有利于团队整合知识和综合技能，并影响组织决策。Lo 和 Fu（2016）研究发现，当组织面临一些较复杂的问题时，专业异质性越高的团队越能够提出创造性的解决方案，对复杂问题的解决在某种程度上会触发组织的创业精神，促使组织做出创业型的战略决策，从而对组织创新及绩效产生积极作用。事实上，高管团队教育异质性带来的专业异质性是企业重要的无形资产。当高管团队成员之间具有较大差别的专业背景时，他们在一定程度上就会相互补充，使组织具有足够的知识储备以应对决策制定及行动过程中的各项挑战。

（二）高管团队认知能力

认知是心理学的研究范畴，常用以探讨个体怎样获得和应用知识，以及在这一过程中个体行为的关键角色。Neisser（1967）指出，认知是指个体感觉从输入到转换、简约、加工、储存、提取和使用的全部过程。随着认知研究的不断拓展和深化，对认知的探讨已经逐渐从个人范畴，延伸到交互记忆系统、共享心智模式等团队层面，认知心理学的研究逐渐与组织行为学的研究交叉融合。这种基于认知的理解，对认识和探究团队行为提供了新的理论方向和路径。

与个体认知不同，团队层面的认知能力研究大多基于认知取向的视角。例如，Yoo（2001）从团队交互记忆系统的角度，考察了团队认知对团队绩效的作用关系；唐宁玉和王重鸣（2007）则系统探究基于认知取向的团队共享心智模式与团队效能之间的逻辑关系。事实上，认知能力反映个体对相关信息和知识进行有效利用与处理的过程及水平（Hunter，1986）；那些具备高水平认知能力的个体，无论在复杂的环境中，还是在困难重重的工作中都能进行更高效的决策和行动（Wang et al.，2013）。团队认知能力是团队在运作过程中，对环境中蕴含的信息与知识进行感知，进而解决问题的能力，它是团队对内外部环境有效适应的集中表现（Eggers & Kaplan，2009）。Doorn 等（2017）研究指出，与个体认知能力相比，团队认知能力更多强调团队整体的吸收能力，即通过对知识、信息的吸收来提升团队对信息的判断能力，增强团队工作效率。

高管团队认知能力反映企业高层管理者通过对内外环境变化的感知，全面分析组织现状与潜在问题，并以此做出科学战略决策的能力，它已成为项目管理、组织行为和应用心理学等领域共同关注的议题。虽然目前研究对团队认知能力的基本内涵形成了比较一致的观点，但不同研究视角对团队认知能力的构成提出了不同的观点。例如，彭正龙和陶然（2009）指出团队认知能力由团队情绪、团队智力和团队支持共同构成；葛玉辉和陈倩（2011）则认为认知能力是由认知辨识能力和认知调适能力构成，其中前者受高管团队认知异质性和团队凝聚力的影响，后者则受高管团队成员间沟通和相互信任水平的影响。

认知能力"二维分析观点"认为，管理者对外部环境的认知取决于管理者对事件的控制能力，以及对事件的认识态度，进而形成对机会与威胁两类不同性质的认知。当管理者认为对事件具有相当的控制力，并对在事件发展过程中获益保持积极乐观的心态时，就会形成机会认知；反之，当管理者认为事件的发展会超出控制，以及随着事件的发展可能带来潜在损失时，就会触发威胁认知（Staw et al.，1981）。机会与威胁认知的观点非常契合当前互联网金融的分析情景，因为作为一种新兴的金融业态，它能够充分体现机会与威胁并存的管理实践现状。

因此，考虑到互联网金融所具备的新兴行业特征和高外部不确定性特点，本书从机会感知和风险识别两方面对高管团队认知能力进行解构：机会识别能力反映高管团队成员对环境变化所带来发展机会的认识与判断，主要包含政策和市场两个方面；风险感知能力是指高管团队成员对可能影响企业发展的各类潜在威胁因素的洞察与理解，涵盖绩效性风险和合法性风险两个方面。

三 研究假设发展

互联网金融企业商业模式创新是企业在"创新驱动发展"的战略框架下，通过"金融+科技"的逻辑框架，构建互联网时代的创新型金融服务，是企业创新行为的重要组成部分。互联网金融企业高管团队在推动商业模式创新行为方面扮演关键角色，高管特质及认知能力是组织行为创新的重要驱动因素。

基于以上研究文献的分析与理论阐释，本书构建"特质→能力→行为"的分析框架，基于高管团队异质性，将团队认知能力作为中介因素，探索互联网金融企业商业模式创新的驱动机制。研究的概念框架如图 4 - 1 所示。

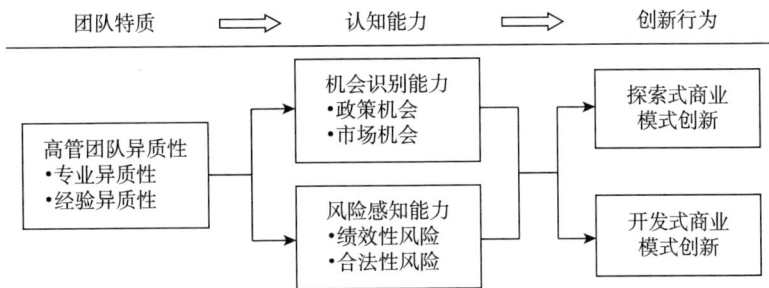

图 4 - 1　本书的概念模型

（一）高管团队异质性与认知能力

从职能管理视角看，高管团队是由承担不同职责、具有职能特征的高层管理者构成的。高管团队所承担的宏观及战略职责要求团队成员专业背景的多样性。高管团队的专业异质性由高管团队成员的教育背景决定，同时也受职业背景的影响。现有研究已经发现，高管团队成员的专业背景会影响其对环境的认知水平。Bjornali 等（2016）研究发现，不同教育与职能背景的管理者，由于受到自身过往经历的影响，对同一问题会产生不同的理解；同时在解决问题的过程中也更习惯于采用自身熟悉的方法。Schmitt 等（2018）研究指出，在高度不确定性的创业环境下，新创企业高管团队成员的专业差异程度与企业的机会识别水平密切相关。因此，具备不同专业背景的高管团队成员在为企业解决问题的过程中可以提供更广泛的思路和方法，避免群体思维，增强高管团队对内外部环境变化的认知能力。

任何环境的变化都可能产生一系列的商业机会，与此同时也会带来一些潜在风险。在不同管理者看来，这些机会与风险的明显度和清晰度具有显著的差异。管理者只有具备一定量的相关知识才能更好地识别和利用商业机会，预判和规避潜在风险（Shane，2000）。高管团队的专业背景代表团队成员不同的知识结构和职业背景，有助于拓展管理者的信息来源和社会网络，从而增强高管团队的机会识别能力。张艳和张建琦（2016）通过对中国民营企业家的研究发现，具有较高专业异质性的高层管理团队对企业家的机会搜寻能力具有显著促进作用。同时，Carpenter 等（2004）研究发现，团队决策过程中专业异质性可以提供综合的知识和全面的视角，丰富团队决策的知识及信息基础，增强团队对潜在风险的洞察和理解能力。这意味着专业异质性不仅可以大幅降低高管团队片面决策的风险，还能有效提高组织的机会识别水平和把握能力。

互联网金融服务是具有高度专业性的服务领域，对从业人员及企业的专业水平要求较高。在互联网金融企业中，高管团队专业异质性可以为企业从多角度提供实现目标的方案，增加发掘和理解市场机会的知识及信息储备，为识别市场机会带来更多可能性。同时，高管团队专业异质性也有利于企业的决策建立在更加全面和客观信息研判的基础之上，在决策过程中挖掘机遇的同时，准确、全面地理解并规避潜在风险（周建、李小青，2012）。基于以上分析，研究提出如下假设：

H1a：高管团队专业异质性对机会识别能力有积极影响；

H1b：高管团队专业异质性对风险感知能力有积极影响。

经验反映个体或群体在过往经历中积累的知识、信息以及其他主观认知，是个体综合知识及能力的重要来源。管理者经验则体现管理者的行业及工作经历的丰富程度和认知水平。高管团队的经验水平对识别机会和感知风险具有重要价值。作为企业高层管理者，在面对外部动态环境给企业带来的机遇和挑战时，丰富的行业经验可以帮助管理者更容易识别和抓住那些对企业有用的信息和资源，有针对性地进行相关资源整合，寻求企业利益的最大化；没有相关行业经验的高层管理者在面对外部环境动荡变化时，则很难做出对企业长期有利的决策（Guo et al.，2017）。An 等（2018）研究发现，在资源缺乏的创业活动中，创业者团队所具备的经验知识能够帮助新创企业更好地理解市场环境，并把握环境中稍纵即逝的机会窗口。由此可见，在企业面临高度不确定环境的情景下，由高管团队成员职业履历和行业经历所决定的经验异质性，对高管团队认知能力也具有重要影响。

在面临动荡的外部环境时，高管团队经验异质性能够增强团队认识水平和对环境变化的理解能力。有研究表明，与来自企业内部成员相比，拥有不同行业履历的企业外部人员更能够提供有关企业应对环境的独到见解（Lee & Park，2006）。一方面，在面临激烈竞争时，决策人员面临着外部信息不足或信息可信性差等决策挑战，职业经历丰富的高管人员通常能够运用以往相似的决策经历，更有效地识别出商业机会，并更有效地发现潜在威胁（Bjornali et al.，2016）。另一方面，丰富的行业经验能够为高管团队带来不同的观点，增强团队跨行业、跨产业思考和决策的能力基础，有助于防止片面及短视思维，进而增强团队认知能力，使企业能够更全面、客观地认识外部环境状况，实现科学决策（Tuggle et al.，2010）。此外，高管团队成员在过往任职过程中所构建的社会关系网络，能够为企业发掘各类商业机会，并为准确研判各类潜在风险提供重要的知识及能力基础（张艳、张建琦，2016）。

综上所述，由于互联网金融行业所蕴含的技术、金融及服务等方面的复杂性，高管团队成员在行业、职业等方面所具备的经验知识，能够帮助企业更深入和全面地考察外部环境，不仅有助于更好地发掘和把握短暂出现的机会窗口，还能够使企业全面理解潜在市场机会背后所蕴含的可能危险，从而制定相应应对措施，更好地避免、缓解或应对企业可能面对的外部风险，因此，研究假设如下：

H2a：高管团队经验异质性对机会识别能力有积极影响；

H2b：高管团队经验异质性对风险感知能力有积极影响。

（二）高管团队认知能力驱动商业模式创新

高管团队认知能力反映团队成员理解和认识内外部环境的综合素质，是团队行为及能力的重要表现形式。虽然有关高管团队认知能力与商业模式创新之间逻辑关系的研究还比较缺乏，但高管团队认知能力对促进企业创新行为提高企业绩效的重要作用已得到研究证实，即认知能力越高，企业开展创新行为及活动的强度就越大，创新绩效就越好（赵丙艳等，2016）。同时，Helfat 等（2015）将首席执行官（CEO）认知能力视为组织动态能力的一种，并认为认知能力会对企业商业模式的设计与变革产生重要影响。因此，本书认为在互联网时代的金融行业变革过程中，随着技术进步与需求演进的不断深化，企业面临着机会与挑战并存的内外部环境，企业高管团队认知能力有助于推动互联网金融企业实施商业模式的持续革新。

高管团队机会识别能力体现在企业对内外部环境变化所带来发展机遇的洞察与把握，高水平的机会识别能力有助于企业发掘来自政策和市场等方面的机会，进而推动商业模式创新。庞长伟等（2015）研究已经证实，机会识别能力可以帮助企业理解和把握复杂的市场动向，抓住市场潜在需求，并有针对性地采取相应生产活动以响应市场环境。市场需求及其变化是企业发展的根基，任何成功的商业模式创新都必须建立在对特定市场机会识别的基础之上。即使借鉴和引进再先进的商业模式，一旦脱离市场需求，这些积极的创新与变革也会变成空中楼阁，极易遭遇失败。

更重要的是，在转型经济环境下，政策变动所带来的商业机会为企业创新商业模式提供了重要契机。特别是在互联网金融领域，来自政府管制政策的改变、行业规则的重塑，都会为互联网金融企业商业模式的变革带来重大影响（李克穆，2016）。企业高管能够及时且有效地识别蕴含在政策、技术及市场视域下的商业机会，是推动实施商业模式创新的关键。一旦高管团队成员具有高水平的机会识别能力，便能够在纷繁复杂的外部资讯中有效地识别和把握外部机会，推动内部变革以适应和利用这些商业机会。

总之，由于互联网金融行业存在快速变化的政策、技术及市场环境，企业面临着稍纵即逝的"机会窗口"，这就要求互联网金融企业的高层管理者能够及时理解并把握这些外部机会。因此，高管团队对政策、技术及市场变化所释放商业机会的感知能力，会影响企业对市场环境的认知，进而塑造企业的适应行为。在引发创新行为方面，上述"识别—响应"的过程表现为高管团队的机会识别能力影响着互联网金融企业的商业模式创新程度与方式，因而研究提出如下假设：

H3a：高管团队机会识别能力对探索式商业模式创新有积极影响；

H3b：高管团队机会识别能力对开发式商业模式创新有积极影响。

作为新兴行业，互联网金融行业面临着来自政策管制、科学技术以及顾客需求等方面的风险，可以被认为是一种高风险行业。对互联网金融企业而言，不仅面临行业及政策管制逐渐系统化和规范化的趋势，还面临着市场对互联网金融存在的一些"偏见"或不全面认知。因此，高风险是互联网金融行业的重要特征之一，而绩效性风险与合法性风险是互联网金融企业面临的重要潜在风险。一方面，由于面临激烈的行业内竞争，加之传统金融机构竞争行为，以及政策管制演变都会对互联网金融企业的经营绩效带来潜在风险（郑联盛，2014）。另一方面，作为一种相较于传统行业具有革命意义的新兴金融服务业态，互联网金融企业还需要防范任何颠覆性创新活动都必须面对的合法性风险（Karimi & Walter，2016）。

由于互联网金融行业的高度风险性，要求高管团队对外部环境具备敏感的风险感知能力。目前，风险识别与商业模式创新的逻辑认识还缺乏实证支持；但研究已经发现，风险感知能力越强，越容易运用积极的方式以应对潜在风险，进而表现为更容易推动企业的创新行为，从而对企业的创新绩效水平产生积极效应（Brown & Osborne，2013）。同时，商业模式创新会对现有产品或行业产生颠覆性影响，引发行业内的流程及组织变革活动，可能导致行业内现有企业的强烈反应和抵制，这就要求企业能够有效预测和理解创新行为带来的潜在效应，并提前进行准备和应对（Williams et al.，2003）。因此，有效识别合法性风险是推动企业开展商业模式创新的重要基础。此外，企业高层管理者越能够识别影响企业绩效水平的潜在风险因素，就越能够帮助企业制定有效应对预案，从而更容易在商业模式创新过程中达到预期效果（李克穆，2016）。贺小刚等（2016）研究发现，当企业经营业绩与期望水平落差越大，管理者冒险从事创新性活动的动力及破坏性活动的动机也将越强。这意味着当高管团队意识到存在有损组织绩效的更多潜在威胁时，企业更倾向于实施高水平的创新活动，以消解不利因素的影响作用。

综上所述，互联网金融行业所具备的高风险特征，要求企业高层管理者具备较强的风险感知能力；而推动创新行为是主动应对外部风险的重要组织行为，是与高风险感知水平密切关联的组织活动。当互联网金融企业的高管团队具备更高水平的风险感知能力时，更可能通过推动包括商业模式创新在内的组织创新活动来积极地应对风险，而非消极地规避风险。因此，研究假设如下：

H4a：高管团队风险感知能力对探索式商业模式创新有积极影响；

H4b：高管团队风险感知能力对开发式商业模式创新有积极影响。

第二节　模型测量及数据收集

本书通过问卷调查的方式获取研究数据，而调查问卷对研究所涉及核心概念的测量均尽可能借鉴或改编自成熟的研究量表，以保证测量的效度水平。因此，通过系统的文献梳理收集和整理相关测量工具，并有效地收集数据是确保研究数据科学性和有效性的首要保障，更是支撑研究假设检验以获取科学结论的基础。

一　概念测量与量表开发

（一）团队异质性

团队异质性主要反映团队成员在人口统计学变量、心理变量和行为变量等方面的差异程度。依据分析情景和研究问题的不同，不同研究对团队异质性的类型及考察方向存在显著差异。Jackson 等（2003）认为团队异质性是团队成员在日常工作以及社会交际情景中所表现出来的个人特质的差异以及分布状况，主要从内部异质性和外部异质性两个方面进行测量（见表4－1）。Jackson 等（2003）的测量工具得到后续研究的大量支持，并引入研发团队、高管团队、创业团队等分析情景和研究领域中。例如，刘泓辰等（2017）在对大学生创客团队异质性的测量中便借鉴和引用了上述测量工具，信效度均比较理想。

表 4 – 1　**Jackson 等（2003）对团队异质性的测量问项**

	问项	Cronbach's α
外部异质性	团队成员教育背景差异很大	0.908
	团队成员的专业知识领域较广	
	团队成员的专业技能广泛	
	团队成员有丰富的职业经历	
	团队成员从事过很多不同的工作	
内部异质性	团队成员价值取向差异大	0.925
	团队成员有相反的价值观	
	团队成员行事风格差异大	
	团队成员思维方式差异大	

资料来源：Jackson, E., Joshi, A. & Erhardt, L., "Recent Research on Team and Organizational Diversity: SWOT Analysis and Implications", *Journal of Management* 29 (2003)：pp. 801 – 830.

Bjornali 等（2016）在对高科技新创企业的高管团队异质性与团队效能关系研究中，综合教育、职业及管理经验等方面的异质性，借鉴 Knockaert 等（2015），以及 Nielsen 和 Huse（2010）的研究工具，运用 5 个问项对团队异质性进行测量（见表 4 – 2）。

表 4 – 2　**Bjornali 等（2016）对团队异质性的测量问项**

序号		问项（N = 103；Cronbach's α = 0.78）
1	我们公司高管团队成员从以下几个方面表现出多样性：	不同职业背景（销售、财会、人力资源、研发部门、法律咨询、其他）
2		不同行业背景（来自不同的行业和部门）
3		不同教育背景（来自不同的大学、学科）
4		先前都有创业经历
5		先前都有管理经历

资料来源：Bjornali, E., Knockaert, M. & Erikson, T., "The Impact of Top Management Team Characteristics and Board Service Involvement on Team Effectiveness in High-Tech Start-ups", *Long Range Planning* 49 (2016)：pp. 447 – 463.

在对团队异质性的研究基础上，有的研究聚焦创业情境，探讨创业团队异质性问题。事实上，通过对创业者的直接测量，可以有效评估创业团队异质性水平。赵文红和薛朝阳（2017）在探究创业团队异质性影响新创企业合法性的关系时，借鉴 Lewis（2003）的测量工具，对团队异质性进行测量（见表4-3）。

表4-3　赵文红和薛朝阳（2017）对团队异质性的测量问项

序号	问项	Cronbach's α
1	每位创业团队成员都有自己的专长或专门知识	
2	创业团队中每位成员的经历很不相同	0.653
3	成员的专门知识对企业运作不可或缺	

资料来源：赵文红、薛朝阳：《创业团队异质性、认知合法性与资源获取关系研究》，《管理学报》2017年第4期。

此外，在不同的分析情景下，团队异质性被分解为诸多不同的方面，例如价值观异质性、专业异质性、经验异质性等。陈汉辉等（2019）在探究团队异质性与团队互动、领导风格的关系时，借鉴 Jehn 等（1999）的研究工具，从价值观方面对团队异质性进行测量（见表4-4）。

表4-4　陈汉辉等（2019）对团队异质性的测量问项

序号	问项	Cronbach's α
1	团队成员的价值观都很相近	
2	团队成员具有相近的工作价值观	
3	团队成员对于目标的认识是一致的	0.912
4	团队成员对于工作任务有一致的信念	

资料来源：陈汉辉、武佩剑、张献民：《谁动了创业团队的"奶酪"？——基于 fsQCA 的团队异质性、团队互动及领导风格比较分析》，《财经论丛》2019年第3期。

在团队专业异质性方面，主要评价团队成员在专业知识、专业技能和专业领域方面的差异性水平。不同研究开发了不同的测量工具，但基本思想和内容具有高度的一致性。Tiwana 和 McLean（2005）借鉴 Campion 等（1993）的研究工具，从团队成员不同的背景、经验以及不重复的专长领域三个方面，对团队异质性进行测量，测量问项见表 4 - 5。

表 4 - 5　Tiwana 和 McLean（2005）对团队异质性的测量问项

序号	问项（N = 142；Cronbach's $\alpha = 0.95$）
1	我们团队的成员在各自的专业领域差异很大
2	我们团队的成员具有不同的背景和经验
3	我们团队的成员具有相得益彰的技能和能力

资料来源：Tiwana, A. & McLean, E. , "Expertise Integration and Creativity in Information Systems Development", *Journal of Management Information Systems* 22（2005）: pp. 13 - 43.

在对团队经验异质性的测量方面，除了使用问卷调查的方法，如通过李克特量表进行测量以外，还有研究运用计量统计的方法对经验异质性进行评价。例如，杨俊等（2010）在对创业团队经验异质性的研究中，认为团队异质性包括性别、教育、年龄、职能经验与产业经验等多方面。其中，产业经验异质性指的是创业团队在新企业相关产业内工作经验深度的差异水平。采用标准差系数，即用变量的标准差除以均值来反映创业团队产业经验的异质性。标准差系数值越大，表明创业团队产业经验异质性越强。考虑到创业团队成员可能在多个职业上具备工作经历，因而职业经验异质性借鉴 Teachman（1980）的测量方法，测量创业团队成员间的职业经验异质性，计算公式为：

团队职业经验异质性 $= 1 - \sum P_i (\ln p_i)(i = 1, n)$

其中，N 为职业经验类别数量，一般考察研发、营销、财务、生产、一般管理 5 类职业经验；P_i 表示具备某类职业经验的成员占创业团队总数的比例。公式计算出的数值越大，表明创业团队职业经验异质性越强。

综上所述，本书综合考虑上述研究的测量方法及工具，结合互联网金融行业及企业的创新实践现状，借鉴 Katrin 等（2010）以及 Bjornali 等（2016）研究工具，从专业异质性和经验异质性两方面对互联网金融企业高管团队异质性进行评价。其中，专业异质性包含 5 个问项，经验异质性包含 5 个问项，具体问项如表 4 - 6 所示。

表 4 - 6　本书对高管团队异质性的测量问项

序号	层面		问项
TD01	专业异质性	我们公司的高管团队成员	具有不同的教育背景（不同区域、不同层次的大学）
TD02			具有不同的专业背景（技术、经济、管理等）
TD03			具有不同的学历水平（专科、本科、研究生）
TD04			具有不同的专业知识背景
TD05			在不同管理岗位上（研发、财务、营销、人力等）担任过重要职务
TD06	经验异质性	我们公司的高管团队成员	具备在不同产业/行业中工作的经验
TD07			在本行业相关领域工作的时间较长
TD08			均有技术和管理岗位的工作经历
TD09			具有不同的文化背景（在国内不同地区/海外学习、生活和工作过）
TD10			具有在不同性质公司（外资、民营、国有）工作的经历

（二）团队认知能力

对认知能力的探究始于个体领域。认知心理学认为，认知能力是个人心理及行为的重要表征，能够帮助个体修正或优化行为或决定，以适应复杂多变的外部环境，进而帮助个体获得成功。Mitchell 等（1994）在研究商学院毕业生的个性及认知能力对个体成功的影响时，运用实证研究方法对认知能力进行测量，测量问项如表 4 - 7 所示。

表 4 - 7 Mitchell 等（1994）对认知能力的测量问项

序号	问项
1	关注自身声誉和其他人的想法
2	经常寻求别人的认同、保护、爱心和建议
3	重视逻辑思维，平时对周围的一切抱有好奇心并且时常进行自我反思

资料来源：Mitchell, R., Paunonen, S. & Rush, J., "Personality and Cognitive Ability Predictors of Performance in Graduate Business School", *Journal of Educational Psychology* 86（1994）：pp. 516 – 530.

在个体认知能力的研究基础上，组织行为学领域开始关注团队的认知活动及特征。覃晋（2013）研究认为，团队认知能力是从团队角度出发，进行团队探索和线索识别，通过记忆存储相关信息，在面对事物时，有计划地逐步地获取知识，设计解决问题的方法，从而做出最优决策以解决面临问题的能力。这种能力由团队情绪、团队支持、团队智力三方面组成，具体测量问项见表 4 - 8。

表 4 - 8 覃晋（2013）对团队认知能力的测量问项

维度	问项
团队情绪	在团队中，团队成员都乐观和自信
	团队中大家都朝气蓬勃
	在团队中工作总是让团队成员精神抖擞
团队支持	大家相互之间都比较重视彼此的贡献
	大家相互尊重彼此的意见和建议
	团队关心成员的职业发展
	团队对成员的职业生涯有帮助
	团队尽力为成员提供良好的工作环境和工作设施
	团队尽力为成员提供资金支持

续表

维度	问项
团队智力	团队整体学历水平高
	团队大部分成员学习能力强
	团队大部分成员能快速学以致用
	团队能灵活处理工作
	团队能快速应对环境的变化

资料来源：覃晋：《团队认知能力、行为整合与团队创造力关系研究》，硕士学位论文，湘潭大学，2013，第18－20页。

在创业研究情境下，团队认知能力的探究也受到关注。周建林（2017）通过对创业团队认知能力概念机理的分析，提炼出创业团队认知能力的三大维度，即创业共识能力维度、专长配置能力维度、监测调控能力维度。其中，创业共识能力维度包括愿景共识和任务共识，共8个问项；专长配置能力维度包括专长知觉、相互信任和协调检索，共12个问项；监测调控能力维度包括认知监测和认知调控，共6个问项（见表4－9）。

表4－9 周建林（2017）对创业团队认知能力的测量问项

类别	维度	问项
创业共识能力	愿景共识	团队成员对创业具有相似的理解
		团队成员对公司的发展愿景、发展目标有共识
		团队成员对公司的发展战略有共识
		团队成员即使面临困难，也均对创业成功保持较强的信念
		团队成员愿意且勇于承担未来的创业风险
	任务共识	团队成员对创业任务的目标十分清晰
		团队成员对完成任务涉及的重要任务，如关键技术、关键资源能够尽快达成共识
		团队成员对完成创业任务的步骤流程能够尽快达成共识

续表

类别	维度	问项
专长配置能力	专长知觉	团队成员承认彼此间的知识或专长具有差异性
		团队成员承认这些差异性知识或专长是完成创业任务所必需的
		团队成员能够理性看待自己的优势，主动承担自己擅长的工作
		团队成员能够快速定位哪些成员拥有与创业任务相关的知识或专长
	相互信任	团队成员所掌握的与创业任务相关的知识或专长是可以信赖的
		团队成员彼此间能够分享自己的知识、想法、感受
		任务交给擅长这方面的团队成员时，其余成员比较放心
		团队成员提供的信息或反馈是值得信赖的
	协调检索	团队成员会随时召开工作会议，以便协调彼此间的工作
		团队成员能够将任务快速分配给具有相关知识或专长的成员
		团队成员彼此真诚交流合作，认真配合彼此的行动
		团队成员了解彼此之间工作交接或工作模块衔接的关键环节，协调性好
监测调控能力	认知监测	团队成员经常对团队的策略、目标进行审视
		团队成员会对提供的信息、解决方案等进行讨论
		团队成员在执行任务时，会分析既定策略的有效性
	认知调控	团队成员会对先前的经验和教训进行总结、反思
		团队成员根据环境变化适时调整战略、目标
		团队成员根据任务进程调整工作流程、工作习惯甚至规则制度

资料来源：周建林：《创业团队认知能力与创业决策关系研究》，博士学位论文，大连理工大学，2017，第51-52页。

通过上述总结可以发现，团队认知能力在不同的理论架构和分析情境中拥有不同的内涵及表现，很难用比较统一的工具进行评价。不同测量工具的维度划分和问项设计有很大的差异性。因此，本书结合互联网金融行业的管理实践，将高管团队认知能力具体划为机会识别能力和风险感知能力，并分别对其进行测量。

在高管团队机会识别能力的测量方面，测量工具的发展实际上也涵盖个体和团队两个基本分析层面。在个体分析方面，Wang 等（2013）在对研发人员的创业机会认知研究中，从自我效能、知识获取、社会关系以及行业环境机会识别四个方面对个体所具备的机会识别能力进行测量（见表 4 – 10）。

表 4 – 10　Wang 等（2013）对机会识别能力的测量问项

维度	问项
自我效能	我有足够的能力去克服生活中的困难
	我能处理好生活中遇到的任何情况
	我总认为自己有能力把什么事情都做好
	我总感觉自己很成功
知识获取	我从工作所犯的错误中获取信息
	我能较容易地记住自己领域相关的信息
	我对自己所处领域的知识非常了解
社交关系	我与潜在/现有客户的联系和交流能帮助我识别机会
	我与供应商、分销商或制造商的联系和交流能帮助我识别机会
	我与专业领域的联系帮助我识别机会
行业环境机会识别	在日常惯例活动中，我能从周围看到新的创业点子
	我对新的创业机遇有种特殊的"警觉"或敏感度
	我并不能很自然地看出潜在的新的创业机会

资料来源：Wang Yu-Lin., Ellinger, A. & Wu Yen-Chun., "Entrepreneurial Opportunity Recognition: An Empirical Study of R&D Personnel", *Management Decision* 51 （2013）: pp. 248 – 266.

同时，一些研究则从创业者机会认知及识别视角对创业机会识别能力进行测量。例如，张浩等（2018）借鉴 Ozgen 和 Baron（2007）的研究工具，在创业分析情景下着力考察创业机会识别能力，从创业者个体视角对创业机会识别能力进行了测量，共 3 个问项（见表4 – 11）。

表4-11　张浩等（2018）对创业机会识别能力测量问项

序号	问项
1	我可以在没有亲身经历的行业中发现新的创业机会
2	对于创业机会，我特别敏感
3	当创业机会存在时，我可以发现

资料来源：张浩、孙新波、张雨、张媛：《揭开创业机会识别的"红盖头"——基于反事实思维与机会识别的实证研究》，《科学学研究》2018年第2期。

模式识别理论强调创业者以往的生活经验和主观学识对创业机会识别的影响。根据模式识别理论，个人的生活阅历和生活经验对其主观认知框架的影响十分重要，主要通过内容丰富度、框架清晰度和内部聚焦度三方面产生作用。因此，高龙政（2018）借鉴Baron（2006）的理论观点，从内容丰富度、框架清晰度和内部聚焦度三个维度对创业机会识别能力进行了测量，共15个问项（见表4-12）。

表4-12　高龙政（2018）对创业机会识别能力的测量问项

维度	问项	Cronbach's α
内容丰富度	我从填补市场空白角度考虑过创业问题	0.884
	我从顾客需求角度考虑过创业问题	
	我从独特富有竞争力产品角度考虑过创业问题	
	我从专业财务角度考虑过创业问题	
	我从核心技术可行性角度考虑过创业问题	
	我经常从自己的直觉出发去考虑创业问题	
框架清晰度	我非常了解某特定行业的客户需求及潜在市场	0.904
	我非常熟悉创业过程所涉及的财务相关问题	
	我清楚创业过程中的风险控制的相关问题	
	我了解行业及财务专家对创业活动的看法和评价	
内部聚焦度	我优先关注自己对将来创业的设想及详细规划	0.925
	我优先关注创业初期所需资金投入及回报问题	
	我优先关注市场客户拓展及维护	

续表

维度	问项	Cronbach's α
内部聚焦度	我优先关注创业伙伴的选择	0.925
	我优先关注企业注册成立等企业创办流程	

资料来源：高龙政：《创业教育、创业机会识别能力对大学生创业意愿的影响研究》，硕士学位论文，电子科技大学，2018，第 28 页。

事实上，机会识别能力这一概念大多被运用于创业机会识别这一情境中，而翁清雄等（2016）将其运用到工作搜寻领域，并在 Ozgen 等（2007）的创业机会识别能力量表的基础之上，开发出工作搜寻情境下的工作机会识别能力量表（见表 4 - 13）。

表 4 - 13　翁清雄等（2016）对工作机会识别能力的测量问项

序号	问项
1	清楚哪个工作最合适
2	可以很快识别最合适的工作
3	可以很快识别最具发展空间的工作

资料来源：翁清雄、刘敬博、吴松、王茜：《工作机会识别能力与成功就业的关系》，《北京大学教育评论》2016 年第 2 期。

团队层面的识别能力研究，大多聚焦新创企业所具备的顾客理解、产品改进等方面的组织能力。例如，Schwartz 和 Teach（2000）在对孵化器企业的机会识别与开发实证研究中，运用 3 个问项对机会识别能力进行了测量（见表 4 - 14）。

表 4 - 14　Schwartz 和 Teach（2000）对机会识别能力的测量问项

序号	问项
1	公司在推出其第一款产品之前就知道自己的顾客是谁
2	顾客对第一款产品有即时需求

序号	问项
3	第一款产品代表了对所有其他可用产品的重大改进

资料来源：Schwartz, R. & Teach, R., "A Model of Opportunity Recognition and Exploitation: An Empirical Study of Incubator Firms", *Journal of Research in Marketing and Entrepreneurship* 2 (2000): pp. 93 – 107.

在高管团队风险感知能力的测量方面，Fischhoff 等（1978）较早地运用风险感知模型对个体的风险感知倾向及能力进行评价。该测量工具运用半实验的方法，从情景设计的熟悉性、控制性、恐惧程度等维度对个体的技术相关领域风险的感知能力进行系统评价，共包含 9 个问项（见表 4 – 15）。

表 4 – 15　Fischhoff 等（1978）对风险感知的测量问项

序号	问项
1	您是否自愿主动去冒险？
2	承受风险的您在多大程度上可以准确感知这些风险？
3	您面临的风险是即时的还是潜在的？
4	您在多大程度上科学了解了风险？
5	如果您面临每种活动或技术的风险，您会在多大程度上通过自己的努力来规避风险？
6	您遇到的这些风险是新的，还是旧的？
7	您遇到的风险是一次长期风险还是一次灾难性风险？
8	您遇到的风险是可以接受的风险，还是特别恐惧的风险？
9	当您意识到风险时，后果将是致命性的可能性有多大？

资料来源：Fischhoff, B., Slovic, P., Lichtenstein, S. et al., "How Safe is Safe Enough? A Psychometric Study of Attitudes towards Technological Risks and Benefits", *Policy Sciences* 9 (1978): pp. 127 – 152.

Williams 等（1999）在探讨情绪与管理风险认知的研究中，对风险的维度及效应进行了系统探讨，并在此基础上开发了风险感知能力的评价量表，共包含 5 个测量问项（见表 4 – 16），该测量工具得到了后续研究的大量引用及支持。

表 4 – 16　Williams 等（1999）对风险感知的测量问项

序号	问项
1	多数情况下，我不能确认企业决策会产生何种不确定性结果
2	多数情况下，我不能确认决策出现某种结果的可能性有多大
3	多数情况下，我不能很好地控制决策的各种可能性结果
4	多数情况下，我会担心一旦决策失败会导致企业重大损失
5	多数情况下，我担心做出的决策可能得不偿失

资料来源：Williams, S. & Voon, W., "The Effects of Mood on Managerial Risk Perceptions: Exploring Affect and the Dimensions of Risk", *The Journal of Social Psychology* 139 (1999): pp. 268 – 287.

此外，苏敬勤和林海芬（2012）借鉴创业研究领域中对创业风险感知测量的情景模拟方法，设置管理创新情景为"A 公司是一家大型电信运营商，近年来，一方面外部竞争压力越来越大，另一方面其原有业务流程运行成本高、效率低。如果您是其负责人，请您对公司引进业务流程再造对传统流程进行彻底改造的风险进行评估"，在此基础上设置 5 个问项对风险感知进行测量（见表 4 – 17）。

表 4 – 17　苏敬勤和林海芬（2012）对风险感知的测量问项

序号	问项	Cronbach's α
1	引进业务流程再造，风险较高	0.812
2	引进业务流程再造，失败的可能性高	0.836
3	引进业务流程再造，结果不确定性较高	0.839
4	引进业务流程再造，可能是一种损失	0.840
5	引进业务流程再造，面临的经济损失较大	0.858

资料来源：苏敬勤、林海芬：《认知偏差视角的管理创新引进机制实证研究》，《管理学报》2012 年第 11 期。

综上所述，团队认知能力具有丰富的理论内涵和表现形式。本书结合互联网金融企业商业模式创新实践，考虑创业分析情境，从机会识别和风险感知两方面对互联网金融企业高管团队认知能力进行研究。在高管团队认知能力测量方面，机会识别能力测量在 Wang 等（2013）测量工具的基础上，结合本书内容包含政策机会感知和市场机会感知两方面，共 6 个问项；风险感知能力测量在 Williams 等（1999）开发的研究量表的基础上进行丰富和完善，结合本书内容涵盖绩效性风险识别与合法性风险识别两部分，共 7 个问项。总之本书对团队认知能力的测量共包含 13 个测量问项，具体问项如表 4 – 18 所示。

表 4 – 18　本书对团队认知能力的测量问项

序号	层面		问项
TC01			从政府政策及产业发展规划中发现商业机会
TC02			从政府政策及法规的变化中发现商业机会
TC03	机会识别能力	我们公司的高管团队成员，大多数情况下能够	在与顾客的互动过程中发现商业机会
TC04			在顾客调研分析中发现商业机会
TC05			在与合作伙伴的互动过程中发现商业机会
TC06			在与竞争对手的互动过程中发现商业机会
TC07			认识影响业绩的各种内外部不确定因素
TC08			把握经营决策会出现的各种后果
TC09	风险感知能力	我们公司的高管团队成员，大多数情况下能够	理解各类不确定因素的潜在风险
TC10			明确经营决策出现某种可能性结果的概率
TC11			洞悉影响公司业务合法性获取的各类因素
TC12			明确与公司业务相关的各项法律规定
TC13			明确客户及社会对本公司发展的期待

（三）商业模式创新

本书对商业模式创新的测量涵盖开发式和探索式商业模式创新两

方面，具体测量问项的开发及验证已在第三章进行了详细说明，不在此赘述。

调查问卷中核心概念测量的所有问项均用李克特 5 点量表进行评价（1 表示非常不同意，5 表示非常同意）。此外，本书还引入企业年龄和规模两类控制变量。依据研究惯例，企业年龄用成立时间来计算，企业规模用正式员工数量进行衡量。

二 预调研与问卷修正

由于本书所涉及的核心概念的测量问项均直接借鉴或改编自成熟量表，为了增强在特定议题下的测量适应性，契合互联网金融企业研究的分析情景，在初步完成问卷开发后，本书仍然通过"预调研"和"问项提炼"两大步骤对初始问卷进行检验和修正，以形成正式使用的调研问卷。

为了获取用于问卷修正的研究数据，我们在重庆市互联网金融风险专项整治说明会上向参会的企业负责人或代表，发放了 60 份问卷进行小规模预调研，以对初始问卷进行修正，预调研样本情况如表 4 - 19 所示。

表 4 - 19　样本企业情况（N = 60）

企业规模	50 人以下	50 ~ 99 人	100 ~ 149 人	150 人及以上
样本企业数量	7	27	21	5
占总样本比例	11.67%	45.00%	35.00%	8.33%
企业年龄	3 年以下	3 ~ 5 年	5 ~ 8 年	8 年以上
样本企业数量	5	31	22	2
占总样本比例	8.33%	51.67%	36.67%	3.33%

在对预调研所获数据进行整理后，通过多重分析方法对问项进行

提炼，以形成具有较高信效度水平的测量问项及调研问卷。研究运用 SPSS 15.0 软件，通过信度分析和探索性因子分析对预调查问卷中的测量问项进行检验与修正。对测量工具 Cronbach's α 值的整体判断和对各测量问项的提炼与修正是信度检验的基础和关键。根据 Churchill（1979）的观点，当测量量表的 Cronbach's α 值大于 0.7 时，表示问卷具有可以接受的信度水平；同时，在问卷的修正过程中，需要先剔除影响量表信度的"垃圾测量问项"后再进行探索性因子分析，这样能够避免多维度结果的出现，从而能更好地解释每个因子的含义。

在具体标准的运用上，本书对测量工具的信度分析采用 Cronbach's α 值作为衡量标准。按照实证研究的一般分析惯例，通过删除对核心概念测量贡献较小或毫无贡献的测量问项，增强测量的一致性和准确性，从而达到提升测量信度水平的目的。根据 Zaichkowsky（1985）和 Bagozzi 等（1989）的观点，本书运用以下三项指标：（1）修正问项总相关系数（CITC）应该等于或大于 0.4；（2）相关系数的平方（SMC）应该大于或等于 0.5；（3）删除后测量的信度系数显著增加（CAID）。根据以上标准，对预调研问卷相关指标系数进行统计分析（见表 4 - 20）。

表 4 - 20　模型核心概念测量的相关指标系数 （N = 60）

核心概念	预调研问项编号	CITC	SMC	CAID	是否保留	正式问卷问项编号
高管团队专业异质性（α = 0.883）	TD01	0.595	0.624	0.693	Y	TD01
	TD02	0.473	0.552	0.715	Y	TD02
	TD03	0.628	0.713	0.707	Y	TD03
	TD04	0.325	0.418	0.895	N	
	TD05	0.497	0.693	0.651	Y	TD04

续表

核心概念	预调研问项编号	CITC	SMC	CAID	是否保留	正式问卷问项编号
高管团队经验异质性（α = 0.913）	TD06	0.604	0.712	0.694	Y	TD05
	TD07	0.606	0.683	0.702	Y	TD06
	TD08	0.573	0.628	0.633	Y	TD07
	TD09	0.592	0.639	0.726	Y	TD08
	TD10	0.495	0.633	0.711	Y	TD09
机会识别能力（α = 0.876）	TC01	0.517	0.692	0.735	Y	TC01
	TC02	0.596	0.703	0.672	Y	TC02
	TC03	0.585	0.692	0.695	Y	TC03
	TC04	0.322	0.417	0.912	N	
	TC05	0.496	0.634	0.724	Y	TC04
	TC06	0.622	0.737	0.695	Y	TC05
风险感知能力（α = 0.912）	TC07	0.642	0.715	0.638	Y	TC06
	TC08	0.584	0.632	0.739	Y	TC07
	TC09	0.317	0.436	0.895	N	
	TC10	0.585	0.697	0.683	Y	TC08
	TC11	0.492	0.584	0.716	Y	TC09
	TC12	0.493	0.595	0.793	Y	TC10
	TC13	0.582	0.715	0.691	Y	TC11
开发式商业模式创新（α = 0.895）	BMI01	0.704	0.715	0.616	Y	BMI01
	BMI02	0.538	0.627	0.735	Y	BMI02
	BMI03	0.592	0.649	0.756	Y	BMI03
	BMI04	0.309	0.425	0.905	N	
	BMI05	0.522	0.635	0.716	Y	BMI04
	BMI06	0.347	0.414	0.895	N	

核心概念	预调研问项编号	CITC	SMC	CAID	是否保留	正式问卷问项编号
探索式商业模式创新（α = 0.883）	BMI07	0.609	0.683	0.705	Y	BMI05
	BMI08	0.306	0.415	0.912	N	
	BMI09	0.597	0.684	0.735	Y	BMI06
探索式商业模式创新（α = 0.883）	BMI10	0.334	0.453	0.887	N	
	BMI11	0.675	0.712	0.605	Y	BMI07
	BMI12	0.578	0.695	0.732	Y	BMI08

在进行信度检验及问项提炼后，本书使用探索性因子分析（EFA）方法对测量的建构效度进行检验。在进行探索性因子分析之前，需要从以下两个方面检验量表和问项是否适合进行该项分析。

一方面，如果测量中原有概念之间相互独立，则无法提取共同因子。因此，在进行探索性因子分析之前，首先需要对本量表中各问项之间的相关关系进行检验。通过计算核心概念之间的相关系数，结果表明核心概念之间的相关系数在 0.3 以上，具有较显著的相关关系，因此适合进行因子分析。

另一方面，根据 Kaiser（1974）建议的检验标准，只有当 KMO 值介于 0.6 至 1.0 之间，且 Bartlett 球形检验中的卡方近似值越大并显著时，才适合进行因子分析。研究模型所涉及核心概念测量的检验结果显示（见表 4 - 21）：核心概念的 KMO 值在 0.727 至 0.885 之间，且 Bartlett 球形检验的卡方统计值及显著性水平均达到相应标准。以上结论说明对高管团队专业异质性、高管团队经验异质性、机会识别能力、风险感知能力、开发式商业模式创新和探索式商业模式创新等概念的测量数据适合进行探索性因子分析。

表 4 – 21 核心概念的 KMO 值和 Bartlett 球形检验

核心概念 \ 检验项	KMO 值	Bartlett 球形检验		
		Approx. Chi-Square	df	sig
高管团队专业异质性	0.796	817.375	54	< 0.001
高管团队经验异质性	0.727	727.393	61	< 0.001
机会识别能力	0.848	792.017	52	< 0.001
风险感知能力	0.885	1025.335	67	< 0.001
开发式商业模式创新	0.774	935.038	66	< 0.001
探索式商业模式创新	0.832	772.385	58	< 0.001

在探索性因子分析中，本书采用主成分萃取因子法及最大变异转轴法，根据特征值大于 1 的标准，对因子分析结果中各测量问项进行了因子载荷提取，分析结果如表 4 – 22 所示。

表 4 – 22 核心概念探索性因子分析结果 （N = 60）

核心概念			测量问项	因子载荷
高管团队专业异质性	TD01	我们公司的高管团队成员	具有不同的教育背景（不同区域、不同层次的大学）	0.828
	TD02		具有不同的专业背景（技术、经济、管理等）	0.801
	TD03		具有不同的学历水平（专科、本科、研究生）	0.767
	TD04		在不同管理岗位上（研发、财务、营销、人力等）担任过重要职务	0.792
高管团队经验异质性	TD05	我们公司的高管团队成员	具备在不同产业/行业中工作的经验	0.817
	TD06		在本行业相关领域工作的时间较长	0.814
	TD07		均有技术和管理岗位的工作经历	0.785
	TD08		具有不同的文化背景（在国内不同地区/海外学习、生活和工作过）	0.763
	TD09		具有在不同性质公司（外资、民营、国有）工作的经历	0.772

续表

核心概念		测量问项	因子载荷
机会识别能力	TC01	我们公司的高管团队成员，大多数情况下能够	从政府政策及产业发展规划中发现商业机会	0.812
	TC02	从政府政策及法规的变化中发现商业机会	0.779
	TC03	在与顾客的互动过程中发现商业机会	0.768
	TC04	在与合作伙伴的互动过程中发现商业机会	0.659
	TC05	在与竞争对手的互动过程中发现商业机会	0.715
风险感知能力	TC06	我们公司的高管团队成员，大多数情况下能够	认识影响业绩的各种内外部不确定因素	0.782
	TC07	把握经营决策会出现的各种后果	0.773
	TC08	明确经营决策出现某种可能性结果的概率	0.727
	TC09	洞悉影响公司业务合法性获取的各类因素	0.815
	TC10	明确与公司业务相关的各项法律规定	0.788
	TC11	明确客户及社会对本公司发展的期待	0.765
开发式商业模式创新	BMI01	为应对竞争及满足市场需求，我们会	引入补贴等费用，刺激需求	0.773
	BMI02	构建与现有金融服务产品互补的附加服务	0.803
	BMI03	在当前基础上增加顾客价值	0.679
	BMI04	降低顾客交易成本，提升交易效率	0.785
探索式商业模式创新	BMI05	为应对竞争及满足市场需求，我们会	推出全新的金融服务产品	0.766
	BMI06	开发全新的顾客价值	0.782
	BMI07	面向全新的顾客群体开发服务产品	0.669
	BMI08	寻求缺乏竞争对手的新兴市场领域	0.703

探索性因子分析结果显示，在根据信度分析删除各维度中的部分问项后，其余问项的单一因子载荷都超过了0.5，且不存在明显的跨因子分布。因此，根据信度分析和探索性因子分析的结果，形成对高管团队专业异质性、高管团队经验异质性、机会识别能力、风险感知能力、开发式商业模式创新和探索式商业模式创新等概念的测量，最终形成本书的正式调研问卷，共包含28个测量问项（见附录中的调查问卷Ⅰ）。

三　正式调研与样本情况

本书运用正式调研问卷进行数据收集以检验相关研究假设。正式调研采用网络调研方法，运用电子问卷来收集研究数据。网络调研（Network Research）是利用互联网进行调研的一种方法，它包括 E-mail 法、Web 站点法、Net-meeting 法、IRC 网络实时交谈等方法。本书之所以选择网络调研方法，主要基于以下原因：（1）使用邮寄问卷的方法，调研问卷可能因为种种原因不能或者延迟到达被调查者手中，从而影响调研问卷的填写质量和响应率；而通过被调查者 E-mail 地址发送调研信息，并邀请其登录网页填写问卷能够有效增强被调查者的响应水平。（2）通过网页设定，若被调查者在问卷填写中有未填问项，服务器将不允许其提交问卷，并指示和引导其对空白项进行填写，因此可以有效地避免问卷缺失值的问题，从而保证提交的每份样本信息都是完整的。（3）在网络调研方法中，被调查者完成问卷填写并提交问卷后，后台服务器将以 txt. 或 excel. 文档的形式直接输出数据信息，从而减少了传统邮寄纸质问卷方法中的问卷编码和录入环节，有效地提高问卷的处理速度，极大地降低在问卷录入过程中可能出现的人为错误。

网络调研因其具备低成本和高效率的优点，已经在商业调查领域得到较广泛的实施，但是，由于其实施过程对网络平台和计算机硬件设施要求较高，需要通过专业调研机构才能进行，因此，在学术研究领域的运用尚不多见。基于此，我们与重庆立信市场研究公司合作，通过其网络数据平台开展研究数据收集工作。

问卷调查主要面向重庆地区互联网金融企业，其原因有两个：一是近年来重庆市政府持续致力于建立"重要功能性金融中心"，强调对包括互联网金融、第三方支付、金融租赁等"全牌照"金融体系构建的支持。因而，在各级政府引导与鼓励下，重庆地区互联网金融企业发展迅猛。二是本书部分地得到重庆社会科学研究规划项目"重庆互联网金融企业商业模式创新研究"的资助，强调对重庆地区互联网金融企业的深入分析。同时，考虑到样本企业数量的充裕问题，以及数据收集的可操作性，我们还向成都市部分互联网金融企业发放调查问卷，以期获取更多互联网金融企业的数据。

在数据收集过程中，我们在专业市场研究机构协助下开展问卷调查：第一步，甄别企业类型，确定联络名单。通过政府管理机构网站（如重庆市金融工作办公室）、企业黄页以及各大招聘网站收集成渝地区开展互联网金融业务的企业名单及联系方式；共收集到包括马上金融、博恩科技、万钱堂、种钱网、开乾金融等在内的 207 家互联网金融企业名单。第二步，联系名单企业，确定被调查对象。通过电话联系等方式，联系名单企业以征询调查意见；共有 191 家名单企业同意参加调查，并确定联系人。第三步，发放及回收调查问卷。将调研问卷编辑为网页形式，并上传至重庆立信市场研究公司网络调研平台，完成网上问卷设计工作。依据同意参加调研企业的联系人名单，将包含问卷 URL 地址的电子邮件发送给被调查者，邀请其点击 URL 进入调研页面填写，并提交问卷。第四步，数据核查与补充。对每一份回收问卷进行核查，确定回答不清晰的无效问卷；考虑到互联网金融企业可选择的调查对象较少，对无效问卷进行了补充访问，尽可能保证问卷有效性。

通过上述过程，我们共发放问卷 191 份，回收 188 份，其中有效问卷 182 份，有效回收率为 95.29%。由于调查前征求被调查者意愿，并在调查后进行多次补充调查，所以问卷有效回收率比较高。样本企业情况如表 4 – 23 所示。

表 4 – 23 样本企业情况 （N = 182）

企业规模	50 人以下	50 ~ 99 人	100 ~ 149 人	150 人及以上
样本企业数量	47	73	35	27
占总样本比例	25.82%	40.11%	19.23%	14.84%
企业年龄	3 年以下	3 ~ 5 年	5 ~ 8 年	8 年以上
样本企业数量	64	58	48	12
占总样本比例	35.17%	31.87%	26.37%	6.59%

第三节 实证检验及结论

实证检验旨在运用样本数据对基于理论推演的各项研究假设进行检验，以获得具有普适性的研究结论。实证分析主要包括两方面的内容：一是研究测量与数据质量的检验，主要是对测量变量的描述性统计分析，以及对研究测量信度与效度的检验；二是研究假设的验证，主要是对高管团队异质性、认知能力以及商业模式创新的逻辑关系进行检验。

一 测量描述性统计分析

在对正式研究数据进行整理后，研究对各个核心概念的测量问项进行描述性统计分析；分析的指标主要包括均值、标准差、偏度和峰度四项。均值主要反映测量问项的平均得分情况，而标准差则反映各问项得分情况的离散程度；偏度和峰度主要用于检验数据的正态性，只有符合正态分布的数据才适合运用极大似然法对结构模型进行估计。

同时，样本的偏度与峰度越接近于 0，则表示该变量的数据分布越接近正态性；数据的偏度小于 2，同时峰度小于 5，即可认为样本属于正态分布（Ding et al.，1995）。从本书的数据结论看（见表 4 - 24），各观测变量的偏度和峰度系数均在理想范围内，可以认为理论模型中核心概念测量问项的数据呈现近正态分布，不影响极大似然法估计的稳健性。

表 4 - 24　核心概念测量的描述性统计分析（N = 182）

问项	TD01	TD02	TD03	TD04	TD05	TD06	TD07
均值	4.175	3.873	3.768	4.008	3.983	3.279	4.093
标准差	0.626	1.136	0.918	1.265	1.022	0.946	1.158
偏度	-0.315	0.844	-0.904	0.917	1.056	-1.224	-0.851
峰度	0.572	-1.261	0.841	-0.185	-0.306	0.841	-1.057
问项	TD08	TD09	TC01	TC02	TC03	TC04	TC05
均值	3.972	4.024	3.965	4.031	4.012	3.982	4.151
标准差	0.782	1.269	0.793	0.985	1.005	1.182	0.962
偏度	0.903	0.973	-0.681	-0.261	-0.835	0.936	0.916
峰度	-1.147	0.257	-0.368	0.951	0.941	0.269	-0.247
问项	TC06	TC07	TC08	TC09	TC10	TC11	BMI01
均值	4.113	3.978	4.035	3.951	3.884	3.951	4.269
标准差	1.013	1.091	1.127	0.773	0.536	1.005	1.147
偏度	-1.047	0.371	0.939	0.923	-0.749	-0.927	-0.901
峰度	-0.521	-1.158	-0.257	-1.038	1.065	-1.391	1.249
问项	BMI02	BMI03	BMI04	BMI05	BMI06	BMI07	BMI08
均值	3.821	4.125	3.963	4.052	3.939	3.884	4.147
标准差	1.047	1.137	0.885	0.884	1.022	0.795	1.041
偏度	-0.269	-0.924	0.179	0.971	0.471	-0.942	0.995
峰度	-1.035	-0.179	-1.157	-1.116	-1.257	0.841	-1.275

二 信效度检验

对核心概念测量的信度水平检验，本书使用 Cronbach's α 值和修正问项总相关系数（CITC）两类指标进行综合评估。数据结论表明（见表 4 - 25），研究所涉及的核心概念 α 值均大于 0.7 水平，核心概念所有测量问项的 CITC 值均大于 0.4 水平，表明研究对核心概念的测量信度水平达到要求。

表 4 - 25 概念测量的信度和收敛效度检验结果 （N = 182）

核心概念	测量问项		CITC	因子载荷	α 值	AVE
高管团队专业异质性	我们公司的高管团队成员	具有不同的教育背景（不同区域、不同层次的大学）	0.596	0.854	0.875	0.664
		具有不同的专业背景（技术、经济、管理等）	0.671	0.825		
		具有不同的学历水平（专科、本科、研究生）	0.659	0.795		
		在不同管理岗位上（研发、财务、营销、人力等）担任过重要职务	0.547	0.783		
高管团队经验异质性	我们公司的高管团队成员	具备在不同产业/行业中工作的经验	0.579	0.811	0.895	0.626
		在本行业相关领域工作的时间较长	0.712	0.807		
		均有技术和管理岗位的工作经历	0.604	0.796		
		具有不同的文化背景（在国内不同地区/海外学习、生活和工作过）	0.593	0.784		
		具有在不同性质公司（外资、民营、国有）工作的经历	0.627	0.756		

续表

核心概念	测量问项		CITC	因子载荷	α 值	AVE
机会识别能力	我们公司的高管团队成员，大多数情况下能够	从政府政策及产业发展规划中发现商业机会	0.616	0.807	0.862	0.573
		从政府政策及法规的变化中发现商业机会	0.721	0.791		
		在与顾客的互动过程中发现商业机会	0.643	0.758		
		在与合作伙伴的互动过程中发现商业机会	0.715	0.683		
		在与竞争对手的互动过程中发现商业机会	0.694	0.705		
风险感知能力	我们公司的高管团队成员，大多数情况下能够	认识影响业绩的各种内外部不确定因素	0.604	0.795	0.896	0.612
		把握经营决策会出现的各种后果	0.663	0.781		
		明确经营决策出现某种可能性结果的概率	0.577	0.746		
		洞悉影响公司业务合法性获取的各类因素	0.651	0.803		
		明确与公司业务相关的各项法律规定	0.631	0.795		
		明确客户及社会对本公司发展的期待	0.593	0.774		
开发式商业模式创新	为应对竞争及满足市场需求，我们会	引入补贴等费用，刺激需求	0.648	0.751	0.852	0.528
		构建与现有金融服务产品互补的附加服务	0.717	0.795		
		在当前基础上增加顾客价值	0.637	0.636		
		降低顾客交易成本，提升交易效率	0.654	0.716		
探索式商业模式创新	为应对竞争及满足市场需求，我们会	推出全新的金融服务产品	0.608	0.796	0.845	0.586
		开发全新的顾客价值	0.713	0.811		
		面向全新的顾客群体开发服务产品	0.587	0.696		
		寻求缺乏竞争对手的新兴市场领域	0.675	0.754		

本书所涉及的核心概念测量均借鉴和改编自已有量表，并通过预调研对测量问项进行修正和完善，因此测量的内容效度能够得到保证。研究对核心概念测量的收敛效度和判别效度的检验综合运用 Pearson 相关系数及 AVE 值平方根两项指标进行。检验结论显示（见表 4 - 26），核心概念的 AVE 值均大于 0.5 水平，AVE 值平方根均大于其所在行与列相关系数的绝对值，且任意变量间相关系数不为 1。因此，可以认为本书对核心概念测量的收敛效度和判别效度均比较理想。

表 4 - 26　本书对核心概念测量的信效度检验结果（N = 182）

核心概念	均值	标准差	1	2	3	4	5	6
1. 高管团队专业异质性	0.945	0.793	0.779					
2. 高管团队经验异质性	1.039	0.925	0.207 **	0.782				
3. 机会识别能力	0.945	0.573	0.183 *	0.093	0.776			
4. 风险感知能力	1.115	0.847	0.145	0.122	0.177 *	0.778		
5. 开发式商业模式创新	1.099	0.726	- 0.103	0.085	0.092	0.126	0.774	
6. 探索式商业模式创新	0.937	0.941	0.045	- 0.007	0.074	0.087	0.124	0.769

注：对角线为潜变量的 AVE 值平方根；* 表示 $p < 0.05$ ，** 表示 $p < 0.01$。

同时，对测量结构效度的检验，通过验证性因子分析方法进行。数据结论表明（见表 4 - 27），在输出的六个核心概念测量验证性因子分析模型中，各个模型的指标值（如模型卡方值与自由度比值、RM-SEA、GFI 和 AGFI、PGFI 和 PNFI）均达到或优于标准值，表明本书对核心概念测量的结构效度水平达到要求。

表 4 - 27　核心变量的验证性因素分析结果（N = 182）

核心概念	χ^2/df	RMSEA	P 值	GFI	AGFI	PGFI	PNFI
标准值	1.0 - 2.0	< 0.08	< 0.05	> 0.9	> 0.9	> 0.5	> 0.5
高管团队专业异质性	1.364	0.067	0.000	0.935	0.923	0.564	0.607

核心概念	χ^2/df	RMSEA	P 值	GFI	AGFI	PGFI	PNFI
高管团队经验异质性	1.572	0.058	0.000	0.916	0.907	0.513	0.581
机会识别能力	1.725	0.043	0.000	0.921	0.913	0.547	0.592
风险感知能力	1.438	0.074	0.000	0.913	0.902	0.508	0.546
开发式商业模式创新	1.594	0.057	0.000	0.922	0.915	0.607	0.564
探索式商业模式创新	1.325	0.042	0.000	0.927	0.917	0.548	0.598

三 研究假设检验

研究运用结构方程模型的分析方法对相关研究假设进行检验。依据概念模型设定路径关系，研究运用 AMOS 21.0 软件进行结构方程分析。在预设路径模型中的模型拟合结果显示（见表 4 - 28），三项拟合度指标，即绝对拟合度指标、增值拟合度指标和简约拟合度指标的模型值均优于标准值（Fomell, 1981）。数据表明模型拟合度较好，可用于研究假设验证。

表 4 - 28　结构方程模型的拟合度评估

指标		模型值	标准值	指标		模型值	标准值
绝对拟合度	χ^2/df	1.379	< 2.0	增值拟合度	CFI	0.922	> 0.9
	P	0.000	< 0.05		NFI	0.918	> 0.9
	RMSEA	0.048	< 0.08		TFI	0.921	> 0.9
	GFI	0.935	> 0.9	简约拟合度	PGFI	0.605	> 0.5
	AGFI	0.926	> 0.9		PNFI	0.584	> 0.5

预设模型的路径关系数据表明（见表 4 - 29）：高管团队专业异质性对机会识别能力（$\gamma = 0.215$，$p < 0.01$）和风险感知能力（$\gamma = 0.293$，$p < 0.001$）均有显著正向作用，即 H1a 和 H1b 得到研究证实；高管团队经验异质性对机会识别能力（$\gamma = 0.307$，$p < 0.001$）

具有显著积极影响，但对风险感知能力（$\gamma = 0.105$，$p > 0.05$）的正向作用并不明显，即 H2a 得到数据支持，而 H2b 未通过验证。机会识别能力对探索式商业模式创新（$\gamma = 0.192$，$p < 0.05$）和开发式商业模式创新（$\gamma = 0.249$，$p < 0.01$）均有积极效应，即 H3a 和 H3b 均得到数据支持；而风险感知能力仅对开发式商业模式创新（$\gamma = 0.312$，$p < 0.001$）有正向作用，而对探索式商业模式创新（$\gamma = 0.126$，$p > 0.05$）效应并不显著，即 H4a 未通过验证，H4b 得到支持。

表 4 - 29　研究假设检验结果

路径关系	标准化系数（p值）	假设	结论
高管团队专业异质性→机会识别能力	0.215（**）	H1a	支持
高管团队专业异质性→风险感知能力	0.293（***）	H1b	支持
高管团队经验异质性→机会识别能力	0.307（***）	H2a	支持
高管团队经验异质性→风险感知能力	0.105（3.258）	H2b	不支持
机会识别能力→探索式商业模式创新	0.192（*）	H3a	支持
机会识别能力→开发式商业模式创新	0.249（**）	H3b	支持
风险感知能力→探索式商业模式创新	0.126（1.379）	H4a	不支持
风险感知能力→开发式商业模式创新	0.312（***）	H4b	支持

注：* 表示 $p < 0.05$，** 表示 $p < 0.01$，*** 表示 $p < 0.001$。

通过理论分析及相关研究假设可以发现，高管团队认知在互联网金融企业商业模式创新中扮演着关键的中介角色。为深入理解高管团队异质性、认知能力与商业模式创新的内在关系，本书在预设模型基础上，将机会识别能力和风险感知能力进一步分解，构建新的关系路径，运用结构方程模型进行路径关系分析。

新建模型的路径分析的各项指标值均达到或优于标准值（见图 4 - 2），表明新建结构方程模型的拟合度水平较高。同时，路径分析结论显示：高管团队专业异质性对机会识别能力与风险感知能力的影响作用，集中体现在市场机会识别能力（$\beta = 0.209$，$p < 0.01$）、绩效性风险感知能力（$\beta = 0.202$，$p < 0.01$），以及合法性风险感知能力（$\beta = 0.217$，$p < 0.01$）三方面；高管团队经验异质性对机会识别能力的影响，表现为对政策机会识别能力（$\beta = 0.203$，$p < 0.01$）和市场机会识别能力（$\beta = 0.245$，$p < 0.01$）的积极作用上。在机会识别能力与开发式商业模式创新方面，政策机会识别能力（$\beta = 0.197$，$p < 0.05$）和市场机会识别能力（$\beta = 0.224$，$p < 0.01$）均对开发式商业模式创新有积极影响；而机会识别能力对探索式商业模式创新的积极效应，集中表现为市场机会识别能力（$\beta = 0.188$，$p < 0.05$）驱动探索式商业模式创新。风险感知能力对探索式商业模式创新的影响，主要体现在合法性风险感知能力（$\beta = 0.193$，$p < 0.05$）的积极作用方面；而风险感知能力对开发式商业模式创新的驱动效应，则集中表现为绩效性风险感知能力（$\beta = 0.306$，$p < 0.001$）的正向效应。

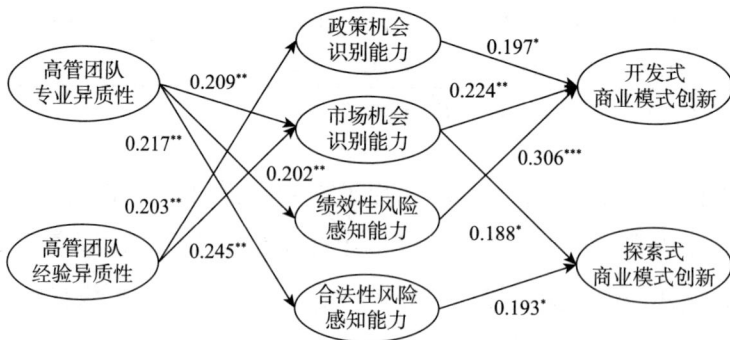

$\chi^2/df=1.684$；P=0.000；RMSEA=0.073；
GFI=0.918；AGFI=0.909；CFI=0.913；NFI=0.907；TFI=0.911；PGFI=0.537；PNFI=0.516

图4-2 互联网金融企业商业模式创新驱动关系模型

第四节　本章小结

本书试图从高管团队视角，探究互联网金融企业商业模式创新的驱动机制。在区分开发式与探索式商业模式创新的基础上，以高管团队认知能力为中介变量，发掘高管团队异质性驱动商业模式创新的内在机理。通过上述研究，不仅能从高管团队视角丰富商业模式创新前置因素及作用机制研究，还可以拓展互联网金融企业商业模式的相关理论探讨。同时，研究结论还能为我国互联网金融企业合理构建高管团队，培育团队认知能力以推动商业模式创新提供管理借鉴。

一　研究结论及讨论

本书运用我国成渝地区 182 家涉及互联网金融服务的样本企业数据，基于高管团队视角，对互联网金融企业商业模式创新的驱动因素及其作用路径进行系统分析，研究假设检验结论如表 4 - 29 所示。

第一，高管团队专业异质性对机会识别能力和风险感知能力均有正向效应。高水平的高管团队专业异质性意味着团队成员在知识结构与职业背景方面存在较大差异，这些差异有助于管理者运用各自认识和分析问题的知识能力与职业习惯，丰富高管团队的分析视角与决策信息，强化高管团队对市场机会与环境风险的感知水平。通过实证分析可以发现，高管团队专业异质性对政策机会识别能力没有影响效应。可能的原因是，政策机会大都植根于政府政策法规、行业发展规划等政策规范变迁所形成的外部环境上，而高管团队在专业领域的差异性并不能直接帮助企业更好地获取有关政策法规、发展规划层面所释放出的企业发展机会，进而导致高管团队专业异质性与政策机会识别能力缺乏直接关联。

第二，高管团队经验异质性仅对机会识别能力有显著作用，而对风险感知能力没有正向效应。高管团队经验异质性反映高管团队成员在行业经历和职业履历方面的丰富程度，它能够帮助企业更好地洞察商业机会，但并不能帮助企业有效识别各类潜在风险。一方面，在面临外部竞争压力时，管理者所具备的丰富经验能够帮助企业更好地理解和应对环境变化，洞悉植根于政策与市场中的潜在商业机会；此外，高管们丰富的职业履历能够为团队决策带来不同视角，进而更全面和科学地认识商业机会。另一方面，互联网金融行业作为新兴发展领域，是互联网技术与金融服务的融合，其风险更多地蕴含于技术和法律层面。因此，高管团队所具备其他行业的从业经历和职业履历并不能直接有效地帮助企业发现这些潜在风险。这一分析结论，也证明互联网金融领域与传统行业的高管团队行为特征及绩效存在较大差异。

第三，机会识别能力对探索式和开发式两类商业模式创新均有显著效应，而风险感知能力仅对开发式商业模式创新作用显著。实证分析结论表明，越强的机会识别能力，既可以推动互联网金融企业顺应市场需求，利用新兴技术提供有别于传统金融企业的服务产品，从而增加新的顾客价值，也能够帮助互联网金融企业对现有金融服务进行创造性补充和优化，将传统金融服务延伸至以往并未触及的市场领域。通过高管团队与互联网金融企业商业模式创新驱动关系模型发现（见图4-2），虽然机会识别能力显著影响两类商业模式创新，但实际上探索式商业模式创新更多地受到市场机会识别能力驱动，而非政策机会识别能力。这表明在互联网金融行业，聚焦新服务产品与顾客价值开发的探索式商业模式创新，更多地应该聚焦市场层面，如竞争响应、顾客需求等，而非政策层面，如行业规划、政策法规等。

二 研究价值及启示

虽然商业模式创新已经成为战略管理与创新创业领域研究的热门议题，但有关互联网金融企业商业模式创新的实证研究还比较缺乏。本书聚焦互联网金融这一新兴领域，探讨商业模式创新议题具有一定理论新意与研究贡献。一方面，现有商业模式创新研究大多聚焦其绩效输出方面，而对前置因素的研究较少；本书则遵循"团队特质→认知能力→创新行为"的系统分析框架，丰富商业模式创新的驱动机制研究。另一方面，有关互联网金融企业商业模式创新大多基于技术创新、风险防范等分析视角，并以理论分析和案例研究为主，相关研究结论缺乏大样本数据的实证支持。本书将互联网金融企业商业模式创新解构为探索式和开发式商业模式创新，并对其进行测量；同时运用大样本数据，从高管团队视角对互联网金融企业商业模式创新进行实证研究，相关测量工具及研究结论能进一步丰富和拓展互联网金融企业商业模式研究。

同时，本书相关结论为互联网金融企业有效实施商业模式创新提供管理借鉴。首先，高管团队异质性是推动商业模式创新的重要组织条件。企业应该从专业异质性和经验异质性两方面合理搭建高管团队，为企业创新活动奠定行动基础。其次，高管团队专业异质性与机会感知和风险识别两类能力密切关联，表明其在培育高管团队认知能力方面的重要程度高于经验异质性。因此，实现高管团队异质性的路径应该是优先强调高管团队成员专业异质性，再追求经验异质性。最后，探索式与开发式商业模式创新需要不同的认知能力进行匹配。实施开发式商业模式创新的企业，培养机会识别能力及绩效性风险感知能力尤为重要，而市场机会识别能力与合法性风险感知能力的培育则有助于探索式商业模式创新活动的开展。

第五章
互联网金融企业商业模式创新与
竞争优势

本章从互联网金融的颠覆性创新视角出发，在区分开发式与探索式商业模式创新的基础上，引入顾客资产作为中介变量，探索互联网金融企业商业模式创新驱动竞争优势的机制。本章旨在构建"行为—资产—优势"的分析框架基础上，厘清互联网金融企业商业模式创新转化为竞争优势的内在逻辑，并为互联网金融企业开展商业模式创新累积多维顾客资产，进而为构建竞争优势提供管理启示。

第一节　理论基础与研究假设

理解竞争视域下的商业模式创新是探讨其效应机制的基本前提。互联网金融是"互联网＋金融"的新兴商业形态，是运用互联网技术与思维对传统金融服务行业的全面革新，必将重塑企业市场竞争优势的获取路径及方式。因此，需要从竞争视角理解商业模式创新为互联网金融企业带来的价值。

一　互联网金融企业商业模式创新

（一）竞争视域下的商业模式创新

作为企业实施"创新驱动发展"战略的重要抓手，商业模式创新是继技术创新、管理创新、制度创新等众多组织创新活动后的又一组织热点议题。企业之所以高度关注商业模式创新，其根本原因在于，商业模式创新与其他类型的组织创新活动一样，可能成为竞争优势的重要来源。

以往研究已证实，商业模式创新有助于企业通过产品质量提升、个性化定制、用户高度参与等方式实现优质产品和服务输出，是企业实现创新驱动发展战略的重要着力点，因而成为理论界与实践界的新近关注焦点（王海燕、郑秀梅，2017）。无论从技术视角，还是战略或营销视角，商业模式创新均是企业竞争优势的基础和来源。首先，从技术层面看，商业模式创新会将技术有效地转化为新的产品、服务或综合解决方案，并快速推向市场，从而使企业在参与市场竞争中具有更好、更丰富的竞争手段，进而帮助企业获得先动型竞争优势（Cucculelli & Peruzzi，2018）。其次，从战略层面看，商业模式创新意味着企业战略导向或战略路径发生了变化，这些变化是顺应企业内外部环境而持续推进的；战略的持续改变有助于企业与内外部环境保持持续的匹配，体现企业具备较高水平的市场适应性。在动态竞争环境下，具有较高适应能力的企业更容易获取和维持市场竞争优势（Markides，2017）。最后，从营销层面看，商业模式创新反映企业对顾客价值主张、细分市场、关键资源、顾客关系及渠道同流等商业模式重要因素的调整或更新，是企业营销战略调整在组织更高层次上的体现。这些积极的市场调整有助于企业更好地锁定有价值的细分市场，更有效地为目标市场传递顾客价值，从而为企业带来持续的竞争优势（Robertson，2017）。

因此，竞争视域下的商业模式创新意味着对技术方案、战略规划、顾客价值等关键要素的重构，它改变了企业参与市场竞争的愿景、手段或方式，重塑了企业经营模式，因而在动态竞争环境下，能够确保企业更好地顺应社会、经济及技术环境的变化，构建企业的持续竞争力（Evans et al.，2017）。

（二）互联网金融企业商业模式创新

作为一种新兴金融服务商业模式，互联网金融通过网络技术极大地拓展了传统金融的覆盖范围，以标准化、简单化和显性化的服务方式践行"普惠金融"理念，使普通百姓能够近距离接触金融，并享受高水平的金融服务。同时，互联网金融运用大数据、云计算以及人工智能等技术方式提升金融服务的效率性、针对性和价值性，极大地革新了传统金融服务形态，重塑了传统金融的运营模式及机制。因此，互联网金融作为一种率先兴起于我国并具有颠覆性特征的商业模式创新，对传统金融行业造成极大冲击与挑战，并开始得到国内外研究关注（赵旭升，2014）。

开放式创新理论强调，构建商业模式需要将核心技术与市场进行匹配，而商业模式创新的本质是企业挖掘并实现核心技术潜在经济价值的创造过程（Chesbrough，2010）。随着社会经济持续发展，在科技进步的同时，金融市场需求也在不断升级，这为金融市场产生革命性变革提供了技术与市场的双重条件。随着互联网企业进军金融行业，以及传统金融机构互联网化，互联网为金融行业带来了模式变革的时代机遇。

在"互联网＋"时代，商业模式创新是企业实现创新驱动发展战略的重要行动路径，将新兴技术与潜在市场需求进行创造性配置，可以实现对传统业务的改造，甚至是创造全新市场（罗珉、李亮宇，2015）。互联网金融是以云计算、大数据等新兴技术为支撑的新型金融服务商业模式，它有效地克服了传统金融服务响应速度慢、业务针对性差、市场渗透有限等缺点，运用网络技术为投资、融资等金融服务需求群体提供高效、透明和低成本服务。王千（2014）从商业模式创新角度指出，当前互联网金融企业主要分为三种类型：一是金融互联网企业，即传统金融机构利用互联网手段提升运营效率，拓展市场范围；二是互联网金融企业，即互联网企业面向已有顾客群体提供金融服务；三是新创互联网金融企业，即新兴的互联网金融服务机构。这些企业构成了互联网金融行业的微观基础。事实上，无论何种类型的互联网金融企业，其商业模式与传统金融企业的商业模式相比都具有颠覆性创新特征。

毫无疑问，互联网金融的出现颠覆了传统金融服务模式和业务流程，是一种颠覆性的模式创造。颠覆性商业模式创新是企业将商业活动与颠覆性技术相匹配，从顾客价值创造出发，发掘有别于传统的顾客需求和顾客群体，进而构建新的交易模式或交易网络（Karimi & Walter，2016）。Osiyevskyy 和 Dewald（2015）指出企业在面临行业内出现颠覆性商业模式创新时，可以运用探索与开发两种方式主动响应：一是探索新的发展战略，如开发不同产品或服务，再造业务流程，重新配置企业价值创造方式等；二是开发现有商业模式，如为现有产品或服务增加附加值以优化价值主张，面向不同顾客群体进行市场开发等。互联网金融行业兼具了探索与开发的路径，这为理解其商业模式创新提供了新的理论方向。

可见，互联网金融企业商业模式创新是运用互联网等新兴技术对传统金融行业进行革命性重构，是新的价值思维和技术手段对传统金融行业进行颠覆性创新的产物。因此，本书借鉴有关颠覆性商业模式创新的相关观点，将互联网金融企业商业模式创新解构为开发式和探索式两种基本类型：开发式商业模式创新是互联网金融企业对传统金融服务产品进行优化和补充，或者以现有金融服务产品面向传统金融企业并未涉及或重视的新兴顾客群体；探索式商业模式创新是指互联网金融企业提供有别于传统金融企业的服务产品，为目标顾客群体提供全新的价值创造与传递。

二　顾客资产的内涵及维度

（一）顾客资产的含义

顾客资产概念最早是由 Blattberg 和 Deighton（1996）在顾客终身价值的探讨中提出来的，他们认为顾客应如同企业其他资产一样，是一类可衡量、可管理和可强化的组织资产。对顾客资产的系统探讨最早出现在关系营销的相关研究中，特别在 B2B 的分析范畴中。大量研究认为，顾客关系应被视为企业的一种策略资产，需要深刻理解顾客资产的价值并积极地把顾客当组织资产来进行管理，可以增加企业的整体价值与股东价值（Ou et al.，2017）。而顾客资产管理是一个整合性的动态市场系统，它运用财务评价技术及顾客消费行为资料，对顾客获取、顾客保留及交叉销售三项指标做出一个最优化的比例选择，进而将顾客资产价值最大化，并为企业带来最大利益（Blattberg et al.，2002）。

从交易理论视角来看，顾客资产源于顾客投资于企业的有形与无形资源的价值，同时顾客保有资源的求偿权（Dorsch & Carlson，2015）。顾客资产水平反映顾客与企业交易外显或内隐的酬劳保证的资源价值；顾客拥有资源的所有权，包括有形与无形的资源。因此，企业能够通过积极创造与管理顾客资产以增加在市场竞争中获取长期优势的可能性。这意味着，顾客资产需要企业有计划、有步骤地进行系统培养。同时，Sawhney 和 Zabin（2002）也强调企业与顾客的良好且持续的关系可以为企业获利与成长带来更大可能，这就是顾客成为企业资产的原因；指出顾客资产可由顾客满意度、顾客终身价值、顾客合作程度与顾客保留来加以衡量。

从顾客生涯价值角度看，顾客资产被认为是所有顾客终身价值的贴现总和（Rust et al.，2000）。由于市场环境的不断变化，越演越烈的竞争环境，在顾客态度、偏好、消费行为的波动下，企业应秉持顾客资产的观点，更加重视顾客关系而不是销售交易。这意味着以往产品导向概念的品牌资产逐渐被以顾客为焦点的顾客资产所取代；过去被视为短期支出的营销经费，现今则被视为顾客资产的投资，以创造企业与股东的长期价值。财务视角的顾客资产研究还强调，顾客资产可以给企业带来利润，而这些利润是超过同行业其他企业的，然而不同于其他会计准则下的有形资产，顾客资产具有一定的无形性和不确定性，它本质上是企业拥有的、不具有实物形态的长期资产（Gupta et al.，2014）。事实上，顾客资产不仅由顾客的单次交易构成，还包含顾客反复、长期、持续购买，以及为企业宣传等创造的直接和间接利润总和。

事实上，无论从何种视角对顾客资产的内涵及特征进行探讨，它都已经被视为企业获取竞争优势和持续收益的最重要资源（Zhang et al.，2013）；而 Baden-Fuller 和 Haefliger（2013）研究明确指出在顾客与技术面前，商业模式创新应该首先关注顾客需求，利用新兴数据分析技术深入挖掘企业潜在顾客，并深入地理解其需求特征及偏好，明晰能够为企业创造更大价值的关键顾客群体。对以金融服务为核心内容的互联网金融企业而言，聚焦顾客需求是企业在激烈市场竞争中获取和维持竞争优势的必要条件，因此，将顾客资产与互联网金融企业商业模式创新进行系统整合具有重要的实践及理论意义。

（二）顾客资产的基本维度

虽然对顾客资产内涵的理解因分析视角和理论基础的差异而存在诸多不同，但关于顾客资产构成维度的理论观点还是较为一致。顾客资产虽不能承载企业整个价值，但它是企业长期价值的最重要决定因素；现有顾客及其潜在价值，能够为企业当前和未来收益提供最可靠的基础（Lemon et al., 2001）。顾客资产被视为顾客终身价值的折现总额，它意味着企业的市场竞争焦点从产品转向顾客，即从品牌资产转向顾客资产。前者强调产品是企业提高获利能力的根本，属于产品力的时代；后者认为顾客是企业要面对和关心的最主要焦点，属于顾客关系的时代。

为了更好地理解和管理顾客资产，不同研究试图发掘顾客资产的关键构成要素或驱动因素。例如 Gupta 等（2006）认为顾客获取、顾客维系和顾客拓展是顾客资产的核心因素。但是，Rust 等（2000）提出的价值资产、关系资产和品牌资产三维度模型，是理解顾客资产的最佳理论路径，得到了后续研究的广泛继承和应用（Kim et al., 2018）。其中，价值资产是顾客对产品或服务成本及收益的感知比率，受到产品或服务的价格、质量及方便性等因素影响；关系资产反映顾客与企业建立持久联系的倾向，是顾客对企业产品和服务主观评价后的依赖与信任表现；品牌资产是顾客对企业或产品品牌的主观评价，它超越产品或服务本身的价值，建立于品牌形象和意义之上。

价值资产、关系资产和品牌资产是最终影响顾客资产水平的战略投资组合（Rust et al.，2004）。在一些行业中，价值资产是影响顾客最重要的因素，在另外的行业中，可能品牌资产或关系资产又成为最重要的衡量标准。因此，企业必须针对行业特征、产品特征等因素，综合衡量顾客资产三大构成要素的权重，并给予相应的管理。其中，价值资产是指顾客所接受的对品牌效用的客观评价，也包括质量、价格与便利性；品牌资产与价值资产的不同之处在于：价值资产是顾客对产品或服务的客观预测，而品牌资产比较适用于低水平顾客卷入的产品类别，关系资产则是顾客对产品或服务评价后的感知，并因此产生的顾客对品牌的倾向。因此，本书借鉴 Vogel 等（2008）的分析范式，从价值、关系和品牌三方面解构顾客资产，以探讨其在互联网金融企业商业模式创新与竞争优势关系中的中介作用。

三　竞争优势的含义及类型

竞争优势是企业在市场竞争过程中所表现出来的一种属性或能力，在特定的时期内获取了超越竞争对手或超越行业平均水平的利润，那么企业便具有一定的竞争优势。Peteraf（1993）从生产实现和市场表现角度界定了竞争优势，即相较竞争对手企业能够更有效地、更好地满足市场的多样化需求。

竞争优势与绩效经常被相互替代，但二者是完全不同的概念，并呈单向因果关系：竞争优势可以提升绩效水平，反之却不成立；相同或相似的绩效水平可能源自完全不同类型的竞争优势（Powell，2001）。纵观战略管理理论的演变和发展，尽管不同研究基于各自理论视角对竞争优势分析的层面和阐述存在诸多差异，但竞争优势探讨的理论脉络可以大致划分为相互切换和演化的外生论和内生论两类观点，Hoskisson 和 Hitt（1999）将这一过程描述为不断摇摆的钟摆（见图 5 – 1）。

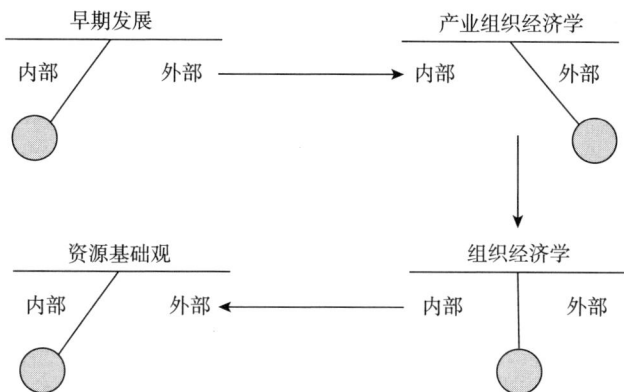

图 5 – 1　钟摆的摇摆：战略管理中理论与方法的演进

资料来源：Hoskisson，R. & Hitt，M.，"Theory and Research in Strategic Management：Swings of a Pendulum"，*Journal of Management* 25（1999）：pp. 131 – 141.

外生论是基于古典经济学的基本假设，认为竞争优势取决于企业的外部变量，如产业结构、竞争强度等因素，而非内部因素。外生论从市场、产业结构角度出发，提供了对竞争优势有价值的分析框架（Porter，2013）。例如，Porter（1980）的"结构—行为—绩效"框架被广泛地应用于产业结构分析，而企业的竞争优势则来源于企业在本产业中占据的有利定位。但是，外生论过度强调外部环境，如产业环境、市场结构等对形成竞争优势的影响，而忽视了竞争优势的内在来源，如技术水平、组织结构、制度文化、组织能力等。

内生论的核心主张是，相对于行业特征、市场结构、经济环境等外部因素，企业的竞争优势更多地由其自身的内部因素所主导。资源基础观、核心能力观和知识基础论等都是内生论的典型代表。资源基础观认为，竞争优势的源泉是企业所掌握的各类战略资源，尤其是那些具有独特异质性的资源，这些战略资源在企业之间不能完全流动而导致异质性得以持续（Barney，1991）；核心能力观指出，核心能力是企业长期积累的知识的集合，企业利用这些知识协调各种管理流程、生产技能和多种技术，形成了独特的技能体系（加里·哈梅尔、C. K. 普拉哈拉德，1998）；知识基础论强调，企业是作为知识性的社会团体而存在，知识形成了企业绝大多数战略性的重要资源，企业在知识资源方面的异质性导致了不同企业之间绩效的差异（Kogut & Zander，1992）。

在外生与内生的不同视域下，不同研究对竞争优势的界定存在一定的差异。Porter（1985）从顾客视角将竞争优势界定为：企业为顾客提供优于竞争对手的价值，并能够在一定时期内掌握市场主导权、获得超出行业平均利润水平的属性或能力。而从组织能力的视角看，有研究认为竞争优势是指企业通过整合内外部资源和培育内部能力，在市场上获取高于竞争对手的利润，抢占市场先机，并持续性地维持这种优先发展的能力（董保宝、李白杨，2014）。同样，不同研究对竞争优势基本类型的观点存在差异。Morgan 等（2004）强调成本、产品和服务三种类型的竞争优势；而品牌优势、技术优势以及大规模定制优势也被认为是企业竞争优势的关键类型（谢卫红等，2014）。中小企业在资源能力基础、企业规模、市场影响力等方面的不足，决定其获取和维持的竞争优势类型比较单一，但形式多样化（O'Donnell et al.，2002）。

当前市场环境呈现前所未有的动荡性，政策管制、顾客需求偏好、竞争者行为以及产业技术趋势不断发生变化，企业必须致力于塑造独特的竞争优势，才能够在竞争中获取优势地位。资源基础观认为，竞争优势就是利用现有资源比竞争对手更有效地满足顾客需求，而具有竞争优势的企业会获得行业内的超额绩效水平（Peteraf，1993）。Wang

和 Ahmed（2007）从动态能力观视角指出，竞争优势是企业在复杂动态环境下，对内外部资源进行多次重塑，并构成难以模仿的核心能力；并从竞争战略角度，将竞争优势分解为相对低成本和超级顾客价值两个维度，前者是企业通过低成本战略实现的，后者则是企业通过差异化战略实现的。因此，本书从低成本和差异化两方面区分互联网金融企业的竞争优势：低成本优势是指企业在服务设计、质量控制和营销活动等关键环节具备低于行业平均成本的水平和能力；差异化优势反映企业在服务品牌、服务技术，以及服务响应速度和有效性方面所具备的差异化特征。

四　研究假设发展

互联网金融作为一个新兴的研究议题，围绕其进行的研究大多还处于初级探索阶段。通过理论及文献的回顾可以清楚地看到，当前有关互联网金融企业商业模式创新的研究还比较缺乏，大多数研究聚焦金融风险防控、法律规范与政策管制等方面。因此，金融及法律视角是目前互联网金融企业商业模式创新研究的主要视角，互联网金融企业商业模式创新研究尚缺乏基于市场角度的相关探讨（王千，2014）。同时，在日益兴起的商业模式创新研究中，绝大多数研究从经营绩效层面探究商业模式创新的绩效输出问题。事实上，竞争优势与经营绩效是内涵完全不同的概念，二者是单项因果联系，即竞争优势可以带来或优化经营绩效，反之却不成立（李巍，2015）。商业模式创新已经被视为企业独特竞争手段与市场优势的重要来源，但对实现机制的实证研究还比较缺乏（Casadesus-Masanell & Ricart，2011）。如何在竞争视域下理解商业模式及创新活动，对凸显其组织价值、明确其与组织绩效关系具有重要价值。

本书试图基于竞争优势内生论理论逻辑，构建"行为→资产→优势"的分析框架，从互联网金融企业商业模式所具备的颠覆性创新本质入手，区分开发式与探索式两类商业模式创新；并基于顾客资产角度，探究互联网金融企业商业模式创新驱动竞争优势的作用机制。本书的概念模型如图 5 - 2 所示。

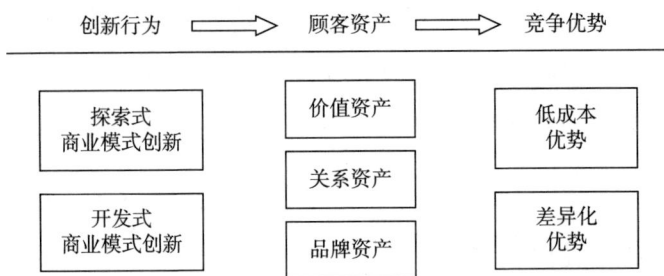

图 5 - 2　本书的概念模型

（一）商业模式创新与顾客资产

互联网金融企业商业模式创新不仅能够为顾客革新传统金融服务的效率水平或质量品质，如互联网转账、网络理财等，还能够为顾客带来全新类别的金融服务，如第三方支付、消费金融等。因此，从管理实践看，互联网金融企业商业模式创新对增加顾客价值、提升企业品牌形象、重塑和深化顾客关系等方面具有显著的推动作用。在理论探讨方面，虽然从探索与开发视角理解商业模式创新绩效输出的研究尚不多见，但商业模式创新与顾客资产之间的积极关系已经得到研究证实（李巍、丁超，2017）。

探索式商业模式创新强调企业提供有别于现有的传统产品或服务，利用新的技术手段和资源组织方式为目标顾客群体创造和传递全新价值。在互联网金融行业，探索式商业模式创新包括运用新的技术手段理解顾客金融需求并开发新的服务产品；运用新的业务体系传递和维护新的服务产品（Amit，2010）；识别和锁定新的顾客细分市场，并为该市场传递新的服务价值。探索式商业模式创新代表着互联网金融企业对传统金融服务进行的革命性变革尝试，是互联网金融行业中全新顾客价值的创造活动（Zott & Amit，2007）。

企业的探索活动在未来市场开拓、更好满足顾客需求、获得竞争优势方面的价值已经得到充分证实。探索性商业模式创新是组织探索性活动的重要组成部分，因而互联网金融企业开展探索式商业模式创新有助于企业提升和优化顾客资产，主要体现在以下几个方面。首先，新产品与新服务的设计与开发能够满足顾客潜在需求，进而提升顾客价值感知水平。Sok 和 O'Cass（2015）研究指出，服务创新中的探索活动，能够通过员工赋能和松散资源集聚等关键活动开发新服务，进而提升服务型企业的顾客价值创造水平。其次，对目标顾客潜在需求的满足，能够增强顾客对企业的信任和依赖水平，进而提升顾客黏性。特别是在高新技术行业中，企业运用卓越技术能力开发全新顾客价值，有助于顾客关系的维系和强化（Tzokas et al.，2015）。最后，产品开发与服务设计中的探索性活动，能够创造性满足顾客需求，为品牌资产带来积极效应。崔晓杨等（2016）对万达商业地产商业模式创新案例的研究指出，新产品与新服务能够提升用户体验水平，为企业赢得良好口碑并提升品牌价值。可见，互联网金融企业的探索式商业模式创新能够通过新细分市场锁定、价值共创、新型价值传递等系列市场管理及创新活动，提升企业的价值创造水平，优化企业或服务产品的市场形象，并与目标顾客建立持续、有益的顾客关系。

总之，探索式商业模式创新可以从全新产品及服务开发、新顾客价值创造、潜在顾客需求满足等方面，有效提升顾客价值水平，强化企业与顾客之间的互动水平与黏合程度，形成具有持续性和价值性的顾客关系，并优化顾客对产品或服务品牌的形象认知，进而实现对顾客资产的有效驱动。因此，研究提出如下假设：

H5a：探索式商业模式创新对价值资产有积极影响；

H5b：探索式商业模式创新对关系资产有积极影响；

H5c：探索式商业模式创新对品牌资产有积极影响。

开发式商业模式创新强调企业对现有产品或服务进行补充，或者将已有产品或服务引入新兴市场。开发式商业模式创新聚焦现有资源的整合与利用，以增加产品或服务附加值的方式充分满足当前市场需求，或者为现有产品和服务寻求新的市场空间。一方面，企业商业开发活动能够帮助企业在充分利用现有产品和服务的基础上，整合新的资源与能力，延伸出新的、富有竞争力的价值主张，从而增强顾客的产品和服务价值感知，强化价值资产水平（Sok & O'Cass，2015）。另一方面，开发活动使企业投入更多资源以充分洞察当前顾客需求，从而使产品和服务更加契合顾客需求，进一步强化企业与顾客之间的依赖与信任关系，最终使关系资产水平得到提升（Skålén，et al.，2015）。可见，针对商业模式的开发活动能够立足现有技术条件、现有顾客群体，发掘新的有竞争力的顾客价值和服务产品，从而为构建紧密的顾客关系，建立良好的品牌形象提供价值基础。

开放式商业模式创新能够通过发掘现有市场空间，利用现有技术资源，理解和把握未被充分重视的顾客需求，进而让顾客感受到企业提供的附加价值。胡勇和乔元波（2016）研究也指出，商业模式创新可以提升资源配置效率，增加产品的种类，以颠覆性创新改善产品质量，实现传统商业不能实现的价值主张，从而使企业与顾客联结更加紧密。此外，Renton 等（2015）研究指出，在中小企业创业营销活动中，有效地商业开发活动能够强化目标顾客对特定企业及产品形象的认知，并对企业及产品品牌赋予特别意义。这意味着企业理解和重视现有市场及需求，从成本降低和效率提升的角度增加顾客价值，会强化顾客对企业的积极认知，如重视顾客、顾客导向、顾客需求快速响应等良好印象，最终会加强顾客关系的构建和稳固。

综上所述，在互联网金融行业，开发式商业模式创新能够通过整合现有资源，深度洞察顾客价值，以渐进优化与持续完善的方式提高金融产品或金融服务的竞争力，从而增强目标顾客群体的顾客价值感知，提升顾客对互联网金融企业的信任水平与依赖程度，强化企业或服务的品牌形象。据此，提出如下研究假设：

H6a：开发式商业模式创新对价值资产有积极影响；

H6b：开发式商业模式创新对关系资产有积极影响；

H6c：开发式商业模式创新对品牌资产有积极影响。

（二）顾客资产驱动竞争优势

广义资源基础观（RBV）强调独特的组织资源，如能力、知识、技术以及其他重要资产是企业竞争优势的重要来源（Day，1994）。在新的营销环境和市场竞争条件下，顾客资产作为比其他物质资产更重要的组织资源势必影响企业竞争优势的获取和维持。虽然目前有关顾客资产与竞争优势关联的直接研究还不多，但早期研究已经证实，顾客是继土地、资本、人才、技术后更重要的组织资产，企业必须有效管理好顾客，努力提高顾客资产水平，才能提高企业价值，提升竞争优势（Mahr et al.，2014）。

事实上，随着市场竞争加剧以及买方市场的形成，顾客资产逐渐成为企业获取竞争优势和超额利润的战略性资源；顾客是企业竞争优势之源，不论是差异化竞争优势，还是低成本竞争优势，其落脚点都在于顾客（张国军、陈传明，2006）。因此，顾客资产是企业获取和维持竞争优势的重要资源。

在低成本优势构建方面，企业获取高水平顾客资产有助于总成本领先战略的实施，并形成低于行业平均水平的低成本优势。首先，顾客价值创造与累积对企业低成本优势的形成具有重要作用。Berman（2015）明确指出，一旦企业发掘具有竞争力的价值定位，并为创造和传递价值聚焦资源，企业便有机会围绕特定顾客价值创造活动形成规模经济或范围经济，从而成为低成本竞争者，并在可能的同质化竞争中具备价格优势。其次，顾客关系已经成为企业成本优势获取的关键点。优质顾客关系的价值共创活动能够为企业产品开发及改进、市场推广与口碑传播等经营活动带来可观的成本效益，从而使企业整体运营成本优于行业平均水平，在竞争中具有更大的调整余地（Blattberg & Deighton，1996）。最后，企业或产品积极的品牌形象，能够强化顾客对企业产品或服务的依赖及信任水平，提升顾客转换的情感及社会成本，最终实现顾客锁定；而稳定的顾客群体能够使企业降低在顾客洞察、产品研发以及市场营销方面的资源投入，从而降低企业成本（Tzokas et al.，2015）。

基于以上分析，高水平的顾客资产不仅可以为企业带来规模效应，还能够通过顾客价值的深度挖掘实现运营成本的消减，增加顾客转换壁垒，降低顾客转换率，从而为企业节约营销开支，为企业带来成本优势。因此，提出以下研究假设：

H7a：价值资产对低成本优势有积极影响；

H7b：关系资产对低成本优势有积极影响；

H7c：品牌资产对低成本优势有积极影响。

在驱动低成本优势的同时，顾客资产也是差异化优势的重要驱动力。虽然目前缺乏顾客资产与差异化竞争优势关联的直接探讨和实证结论，但有关顾客价值、顾客关系以及品牌资产等要素已经被视为驱动差异化竞争优势的重要来源（Peteraf，1993）。这意味着包含价值、品牌和关系要素的顾客资产同样对差异化竞争优势有积极效应。

顾客资产对差异化竞争优势的驱动可能通过以下几条路径实现。一方面，聚焦顾客价值可以帮助企业深度理解顾客需求及发展趋势，并围绕顾客价值创造和传递活动持续积累关键资源，如技术专利、产品渠道等，从而使企业形成有别于竞争对手的差异化竞争优势（Yamoah，2004）。另一方面，联系紧密且互动频繁的顾客关系，即高水平关系资产，能够增强企业与顾客的联结水平，强化双方嵌入程度及交易排他性，从而在彼此之间形成难以替代和转移的特定需求，使企业在目标顾客群体中具备差异化特征（Mahr et al.，2014）。此外，除技术资产以外，品牌形象是企业差异化优势的重要来源之一。构建特定的品牌形象，不仅可以强化顾客对企业或产品品牌形象的认知，还能够帮助企业获得品牌溢价能力，在产品同质化竞争中形成品牌差异化优势（Chatzipanagiotou et al.，2016）。由此可见，高水平顾客资产能够通过深度顾客关系的建立和维持，定制化顾客需求的发掘与满足，以及独特品牌形象的塑造和强化为企业带来差异化竞争优势。

因此，企业对顾客价值的有效识别、创造和传递，良好顾客关系的构建与维持，以及独特品牌形象的形成和品牌资产的累积，能够帮助企业提供具有竞争力的产品或服务，使企业在行业内形成差异化竞争优势。据此，提出以下研究假设：

H8a：价值资产对差异化优势有积极影响；

H8b：关系资产对差异化优势有积极影响；

H8c：品牌资产对差异化优势有积极影响。

第二节 模型测量及数据收集

研究数据是通过问卷调查的方式获取,对研究涉及的核心概念测量均尽可能地借鉴和改编自成熟的量表,以确保测量的效度水平。科学、严谨的研究设计是确保研究结论科学性和普适性的关键,是数据分析和假设检验环节的重要前提。因此,本节主要探讨核心概念的测量、调查问卷的设计及研究数据收集等研究设计的部分。

一 概念测量与量表开发

(一) 顾客资产

从战略的视角看,顾客资产可以被视为由企业长期积累形成并可能带来效益的无形资产。其包含四层意思:顾客与企业的交易为企业带来了收入,创造了经济价值;顾客在与企业交易的同时,遵守企业制定的交易规则,受到企业制定的交易规则的约束;顾客为企业带来相应的经济价值是可以被量化的;顾客是企业在过去的经营过程中积累下来的。

Rust 等(2004)在有关顾客终身价值的研究中指出,企业的顾客资产就是该企业的潜在顾客和现实顾客在整个生命周期内可以为企业创造的综合价值,即经过折现的顾客终身价值的总和。Rust 等以航空业为例,对顾客资产进行分析和测量,开发了包含 16 个测量问项的量表(见表 5 - 1)。

表 5 – 1　Rust 等（2004）对顾客资产的测量问项

序号	维度	问项
1	价值维度	你对下列航空公司综合服务质量的评价是（1 = 质量非常低，5 = 质量非常高）
2		你对这些航空公司价格的竞争力评价是（1 = 毫无竞争力，5 = 非常有竞争力）
3		这些航空公司的航线覆盖你需要的时间和地点（1 = 非常不同意，5 = 非常同意）
4	关系维度	我时常关注航空公司的媒介广告
5		我时常关注航空公司推送给我的信息
6		这家航空公司以良好的企业公民形象而闻名
7		这家航空公司是社区活动的积极支持者
8		这家航空公司对员工和顾客有很高的道德标准
9		这家航空公司的形象非常符合我的个性
10	品牌维度	我是这家航空公司的常旅客
11		我认为从这家航空公司的忠诚计划中得到优惠很重要
12		我非常清楚这家航空公司的工作流程
13		这家航空公司掌握我很多信息
14		这家航空公司给予我特殊对待
15		我与这家航空公司的其他乘客有共同的群体感
16		我对这家航空公司有很高的信任度

　　资料来源：Rust, R., Lemon, K. & Zeithaml, V., "Return on Marketing：Using Customer Equity to Focus Marketing Strategy", *Journal of Marketing* 68（2004）：pp. 109 – 127.

　　王永贵等（2008）从战略导向的视角界定顾客资产导向，即企业奉行以顾客资产为中心的经营理念，并根据 Churchill（1979）所建议的量表开发流程及方法，开发并检验了顾客资产导向的测量工具（见表 5 – 2）。

表 5 – 2　王永贵等（2008）对顾客资产导向的测量问项

序号	问项（Cronbach's α = 0.87）
1	强调在顾客管理过程中促使当前顾客购买更多的产品
2	重视提高顾客关系带来的回报
3	倡导顾客挽留的决策取决于顾客的营利性

序号	问项（Cronbach's α = 0.87）
4	倡导把营销的重点放在获得并挽留赢利顾客上
5	倡导定期衡量对各个顾客的开支和获得收益的情况

资料来源：王永贵、邢金刚、史有春：《对市场导向、顾客资产导向与新产品开发绩效之间关系的探索性研究——基于中国背景的调节效应模型》，《南开管理评论》2008年第3期。

Vogel 等（2008）在对驱动顾客忠诚倾向和销售的影响因素研究中，分别从价值资产、关系资产、品牌资产三个方面借鉴大量已有的研究观点和成果，整合并开发了顾客资产的测量工具，并运用欧洲零售市场的 5694 份样本数据对测量工具进行有效性检验（见表 5 – 3）。该测量工具得到了后续研究的大量借鉴和引用。

表 5 – 3　Vogel 等（2008）对顾客资产的测量问项

序号	维度	-	问项
1	价值资产 α = 0.853 CR = 0.905		在这家店购物的整体体验非常好
2			就所获得的产品而言，质量价格比非常好
3			就所享受的服务而言，质量价格比非常好
4			对于在这家店花费的时间，你觉得购物是非常合理的
5			对于在这家店购物所付出的努力，你觉得是非常值得的
6			这家店很有吸引力
1	关系资产 α = 0.761 CR = 0.846		作为忠诚计划的一员，他们为我提供大多数顾客都没有获得的服务
2			我熟悉提供这项服务的员工
3			我非常高兴在店里认识其他顾客
4			商店的员工都知道我的名字
5			我信任这家店
1	品牌资产 α = 0.854 CR = 0.913		××是一个强势的品牌
2			××是一个有吸引力的品牌
3			××是一个独特的品牌
4			××是一个讨人喜欢的品牌

资料来源：Vogel, V., Evanschitzky, H. & Ramaseshan, B., "Customer Equity Drivers and Future Sales", *Journal of Marketing* 72（2008）：pp. 98 – 108.

赵红和张莎（2012）在消费者信心对顾客资产驱动因素与顾客忠诚意向关系的调节作用研究中，结合银行金融服务的实践现状，借鉴Vogel等（2008）的测量工具，从价值资产、品牌资产和关系资产三个方面共12个问项对顾客资产进行测量（见表5－4）。

表5－4　赵红和张莎（2012）对顾客资产的测量问项

维度	问项	Cronbach's α
价值资产	×银行提供的产品/服务的性价比高	0.712
	我能方便地找到×银行网点办理业务	
	我能在任何时间和任何地点使用×银行提供的产品和服务	
品牌资产	×银行是一个独特的品牌	0.846
	×银行是注重创新的品牌	
	×银行强调其社会责任	
	×银行为社会做出了贡献	
关系资产	×银行是一个独特的品牌	0.825
	我和×银行进行过沟通	
	我感觉×银行很确切地知道我的需要	
	在×银行我感觉就像在家里一样	
	我忠于×银行	

资料来源：赵红、张莎：《消费者信心对顾客资产驱动因素与顾客忠诚意向关系的调节作用研究——以银行业为例》，《管理学报》2012年第11期。

Zhang等（2013）在创新与顾客资产关系的中韩对比研究中，借鉴Rust等（2004）、Vogel等（2008）的测量工具，开发了9个测量问项，分别从价值、品牌和关系三大维度对品牌资产进行测量，测量问项如表5－5所示。

表 5 - 5　Zhang 等（2013）对顾客资产的测量问项

维度	问项	Cronbach's α
价值资产	创新是很有吸引力的	0.77
	进行创新很有声望	
	进行创新是一种身份象征	
品牌资产	强势品牌	0.83
	世界知名品牌	
	积极赞助体育社区活动	
关系资产	多次购买该品牌产品	0.80
	常常光顾这个品牌的商店	
	对这个品牌有特殊的感觉	

资料来源：Zhang, H. , Ko, E. & Lee, E. , "Moderating Effects of Nationality and Product Category on the Relationship Between Innovation and Customer Equity in Korea and China," *Journal of Product Innovation Management* 30（2013）: pp. 110 - 122.

李巍和丁超（2017）在市场效能的框架下探讨了顾客资产议题，并将顾客资产视为企业商业模式创新在顾客层面的绩效输出，并借鉴 Vorhies 等（2009）的研究工具，从顾客关系、顾客满意和顾客忠诚三方面对顾客资产进行测量（见表 5 - 6）。

表 5 - 6　李巍和丁超（2017）对顾客资产的测量问项

序号	问项（Cronbach's α = 0.837）
1	相较于主要竞争者对手，企业的顾客投诉率比较低
2	相较于主要竞争者对手，企业的顾客流失率比较低
3	企业拥有很多长期顾客
4	顾客常常为企业产品说好话

资料来源：李巍、丁超：《商业模式创新驱动市场效能的机制研究—营销动态能力的调节效应》，《商业经济与管理》2017 年第 4 期。

本书基于互联网金融的管理实践，借鉴 Vogel 等（2008）的分析范式，借鉴和整合 Vogel 等（2008）以及 Zhang 等（2013）的测量工具，从价值、关系和品牌三方面来解构顾客资产，进而探究顾客资产在互联网金融企业商业模式创新与竞争优势关系中的中介作用。对顾客资产的测量工具共包含 18 个问项，具体如表 5－7 所示。

表 5－7　本研究对顾客资产的测量问项

序号	维度	问项
CE01	价值资产	××公司的服务非常具有吸引力
CE02		选择××公司的服务是一种身份和地位的象征
CE03		××公司的服务性价比非常高
CE04		××公司的服务能够满足我的需求
CE05		××公司能够提供独特的服务
CE06		××公司的服务非常具有创新性
CE07	关系资产	当参与老顾客回馈活动时，××公司向我提供比一般顾客更多的服务
CE08		我对××公司提供的服务及相应质量非常熟悉
CE09		我非常高兴在各类活动中结识××公司的其他顾客
CE10		××公司对我的需求比较了解
CE11		××公司让我感觉非常特殊
CE12		我非常信任××公司
CE13	品牌资产	××公司是一个强势的品牌
CE14		××公司是一个独特的品牌
CE15		××公司经常进行赞助活动
CE16		××公司是一个有吸引力的品牌
CE17		××公司具有良好的企业公民形象
CE18		××公司是一个讨人喜欢的品牌

（二）竞争优势

竞争优势作为企业行为或市场结构的输出变量，拥有不同的内涵和表现形式。它是企业的资源和能力，帮助企业在市场中占据领先地位并获取超额绩效水平，并以此循环往复维持这种优势。基于竞争优势的形成序列，可以分为三个维度，即效率、功能和持续性；也可以根据竞争优势的类别，分为价值优势、速度优势、成本优势等（Walley & Thwaites, 1996）。

低成本是竞争优势的显著特征之一，也是较早进行科学测量及研究的理论概念。Christmann（2000）对企业环境战略带来的成本优势进行主观评估，即通过相对于企业的主要竞争对手进行比较性评估，共3个问项（见表5-8）。

表5-8　Christmann（2000）对成本优势的测量问项

序号	问项（Cronbach's α = 0.79）
1	与国内竞争对手相比，我们在美国的合规成本较低
2	总的来说，我们解决这一问题的战略提高了我们相对于国内竞争对手的成本地位
3	总的来说，我们解决这一问题的战略提高了我们相对于国外竞争对手的成本地位

资料来源：Christmann, P. , "Effects of 'Best Practices' of Environmental Management on Cost Advantage: The Role of Complementary Assets", *The Academy of Management Journal* 43 (2000): pp. 663 - 680.

Wu等（2008）在探究创业团队与新创企业竞争优势的关系中，通过四个方面对竞争优势进行衡量：对市场反应的速度、生产效率、产品质量以及创新速度。最后形成包含4个问项的竞争优势测量工具（见表5-9）。

表5-9　Wu等（2008）对竞争优势的测量问项

序号	问项（Cronbach's α = 0.8615）
1	市场对公司方向的反应速度（低于行业平均水平—高于行业平均水平）
2	生产效率（低于行业平均水平—高于行业平均水平）

续表

序号	问项 （Cronbach's α = 0.8615）
3	产品质量 （低于行业平均水平—高于行业平均水平）
4	创新速度 （低于行业平均水平—高于行业平均水平）

资料来源：Wu, L., Wang, C., Tseng, C., et al., "Founding team and start-up competitive advantage," *International Journal of Organizational Analysis* 16 （2008）：pp. 138 – 151.

Schilke 等 （2009） 在国际营销的分析情境下，探讨营销标准化与经营绩效的关系，对国际化企业的组织特征之一即竞争策略（成本领先和差异化）进行了测量，包含 12 个问项（见表 5 - 10）。

表 5 - 10　Schilke 等 （2009） 对竞争策略的测量问项

序号	问项	Cronbach's α
1	制造成本比竞争对手低	
2	不断改进我们的流程，以保持低成本	
3	不断努力降低产品成本	
4	在不断提高运营效率	成本领先
5	高效的内部运作系统降低了产品的成本	α = 0.87
6	的规模经济使我们能够获得成本优势	
7	已经在行业中处于了成本领先的地位	
8	提供优质的产品	
9	新产品开发超过行业平均水平	
10	相对于行业标准，我们的产品质量是高的	差异化
11	不断完善现有产品	α = 0.83
12	根据客户的要求设计或生产产品	

资料来源：Schilke, O., Reimann, M. & Thomas, S., "When Does International Marketing Standardization Matter to Firm Performance?" *Journal of International Marketing* 17 （2009）：pp. 24 – 46.

董保宝等 （2011） 借鉴 Schulte （1999） 的研究观点，从效率、功能和持续性三个维度对竞争优势进行度量。其中，效率主要从成本角度考虑企业的行为，功能主要从资源的角度研究资源对竞争优势的影响，持续性主要从客户、供应商和企业专有知识角度研究企业竞争优势的持续问题，该测量工具共包含6个问项（见表5-11）。

表5-11 董保宝等（2011）对竞争优势的测量问项

序号	问项（Cronbach's α = 0.727）
1	与行业竞争对手相比，企业能以较低的成本为客户提供产品或服务
2	与行业竞争对手相比，企业能为客户提供多功能、高性能的产品或服务
3	与行业竞争对手相比，企业能以更加快速、有效的方式执行操作流程
4	企业能灵活地适应快速变化的市场并比对手更快地做出反应
5	与行业竞争对手相比，企业更加重视客户的需求
6	与行业竞争对手相比，企业的市场份额增长更快

资料来源：董保宝、葛宝山、王侃：《资源整合过程、动态能力与竞争优势：机理与路径》，《管理世界》2011年第3期。

李巍（2015）在对中小企业创新与竞争优势的关系研究中，改编了 Morgan 等（2004）以及谢卫红等（2014）的研究工具对低成本和差异化优势进行测量。其中，低成本优势主要从产品的开发、制造、销售等环节的成本领先水平来进行测量，差异化优势从品牌、服务和技术等方面的差异程度来评估，共9个测量问项（见表5-12）。

表5-12 李巍（2015）对竞争优势的测量问项

序号	维度	问项
1	低成本优势 α = 0.847	企业单位产品开发成本低于主要竞争对手
2		企业单位产品制造成本低于主要竞争对手
3		企业单位产品销售成本低于主要竞争对手
4		企业产品的终端销售价格低于主要竞争对手

序号	维度	问项
5		企业产品品牌在顾客心目中的分量高于主要竞争对手
6	差异化	企业产品的品牌个性比主要竞争对手更鲜明
7	优势	企业产品的技术指标优于主要竞争对手
8	α=0.815	企业产品技术支持和售后服务优于主要竞争对手
9		企业产品的运送速度和可靠性优于主要竞争对手

资料来源：李巍：《中小企业创新均衡对竞争优势的影响机理研究：营销动态能力的调节效应》，《研究与发展管理》2015年第6期。

孙金云等（2018）基于"合"理论视角，指出联合战略有利于中小企业提高竞争优势，并借鉴陆亚东和孙金云（2014），以及 Reinartz 等（2004）的研究工具，从成本优势、速度优势和客户满意度三个方面对竞争优势进行评价，共包含9个测量问项（见表5-13）。

表5-13 孙金云等（2018）对竞争优势的测量问项

序号	问项	Cronbach's α
1	我们的产品/服务具有很高的性价比	成本优势
2	我们的产品/服务具有更强的综合竞争力	α=0.868
3	我们总是致力于在合理的价位为顾客提供更加优质的产品	
4	我们对于顾客的需求总是能够快速地响应	速度优势
5	我们不断推出新产品以满足顾客的需求	α=0.846
6	我们总是能够比竞争对手更快地开展售后服务	
7	对于竞争对手的行为我们总是在第一时间做出反应	
8	用户对于我们的产品/服务十分满意	客户满意度
9	用户在获得我们的产品/服务过程中获得了良好的体验	α=0.745

资料来源：孙金云、陆亚东、周瑛：《联合战略的动因及其对竞争优势的影响——基于"合"理论的视角》，《外国经济与管理》2018年第7期。

陈彪等（2019）在对创业战略与新创企业竞争优势的关系研究

中，从差异化、价值性、独特性三个方面，用 3 个问项对竞争优势进行测量（见表 5 – 14）。

表 5 – 14　陈彪等（2019）对竞争优势的测量问项

序号	问项（Cronbach's α = 0.755）
1	在提供针对性服务方面具备优势，如定制服务
2	在市场开拓 / 产品开发方面具备优势
3	在产品/服务附加值方面具备优势

资料来源：陈彪、鲁喜凤、尹苗苗：《投机导向、创业战略与新企业竞争优势》，《科研管理》2019 年第 8 期。

此外，也有研究没有将竞争优势与经营绩效进行理论区分，而是从绩效层面反推以衡量竞争优势。例如，蒋天颖和雷剑（2012）从非财务绩效和财务绩效两方面对竞争优势进行评价，共包含 4 个测量问项（见表 5 – 15）。

表 5 – 15　蒋天颖和雷剑（2012）对竞争优势的测量问项

序号	问项	Cronbach's α
1	公司拥有竞争对手所没有的独特资源	非财务绩效
2	顾客对公司产品品牌的认可度较高	α = 0.752
3	公司产品市场占有率逐年提高	财务绩效
4	公司采用新工艺带来的收益占总收益的比重不断增加	α = 0.784

资料来源：蒋天颖、雷剑：《学习导向、知识管理能力对竞争优势的作用机制》，《科研管理》2012 年第 3 期。

本书结合互联网金融服务的特点，以及互联网金融企业的管理实践，从低成本和差异化两方面对互联网金融企业商业模式创新所带来的竞争优势进行考察，既兼顾互联网践行"普惠金融"的理念，又涵盖互联网推动"个性化金融服务"的实践尝试。本书综合借鉴 Schilke 等（2009）以及李巍（2015）的测量工具，开发了涵盖 12 个问项的量表对竞争优势进行测量（见表 5 – 16）。

表 5 – 16　本研究对竞争优势的测量问项

序号	维度	问项
CA01	低成本优势	公司服务设计开发成本低于主要竞争对手
CA02		公司服务质量控制成本低于主要竞争对手
CA03		公司服务运营成本低于主要竞争对手
CA04		公司服务营销管理成本低于主要竞争对手
CA05		公司服务技术成本低于主要竞争对手
CA06		公司服务定价水平低于主要竞争对手
CA07	差异化优势	公司品牌在顾客心中的影响力高于主要竞争对手
CA08		公司品牌个性比主要竞争对手更鲜明
CA09		公司服务的技术水平优于主要竞争对手
CA10		公司服务人员的专业水平优于主要竞争对手
CA11		公司技术支持和售后服务优于主要竞争对手
CA12		公司服务的响应速度和可靠性优于主要竞争对手

（三）　商业模式创新

本书对商业模式创新的测量涵盖开发式和探索式商业模式创新两方面，具体测量问项的开发及验证已在本书第三章进行了详细说明，不在此赘述。

调查问卷中核心概念测量的所有问项均用李克特 5 点量表进行评价（1 表示非常不同意，5 表示非常同意）。调查问卷分为企业和顾客两部分，分别由企业负责人以及企业对应的顾客填写。在企业层面，本书引入企业年龄和规模两类控制变量。依据研究惯例，企业年龄用成立时间来计算，企业规模用正式员工数量进行衡量。在顾客层面，引入年龄、受教育程度、收入三类控制变量。

二 预调研与问卷修正

由于本书所涉及的核心概念测量均是直接借鉴或改编自成熟量表，为了增强特定议题下的测量适应性，契合互联网金融企业研究的分析情景，在初步完成问卷开发后，我们仍然通过"预调研"和"问项提炼"两大步骤对初始问卷进行检验和修正，以形成本书所用的正式调研问卷。

为了获取用于问卷修正的研究数据，项目团队根据已经掌握的成渝地区互联网金融企业名单，与部分曾经参与过本项目的企业联络，发放 50 份问卷进行小规模预调研。需要特别说明的是，在上述 50 家企业中，商业模式创新和竞争优势的测量邀请企业负责人填写；同时，每家企业选择 5 名顾客填写顾客资产测量部分，并通过均值处理得到与企业配对的顾客数据，即 1 家企业与 5 名顾客（均值）的数据构成一份配对样本数据。运用 50 份配对样本数据对初始问卷进行修正，预调研样本情况如表 5 - 17 所示。

表 5 - 17 样本企业情况 （N = 50）

企业规模	50 人以下	50 ~ 99 人	100 ~ 149 人	150 人及以上
样本企业数量	8	21	18	3
占总样本比例	16.00%	42.00%	36.00%	6.00%
企业年龄	3 年以下	3 ~ 5 年	5 ~ 8 年	8 年以上
样本企业数量	6	27	13	4
占总样本比例	12.00%	54.00%	26.00%	8.00%

在对预调研所获数据进行整理后，通过多重分析方法对问项进行提炼，以形成具有较高信效度水平的测量问项及调研问卷。研究

运用 SPSS 15.0 软件，通过信度分析和探索性因子分析对预调研问卷中的测量问项进行检验与修正。对测量工具 Cronbach's α 值的整体判断和对各测量问项的提炼与修正是信度检验的基础和关键。根据 Churchill（1979）的观点，当测量量表的 Cronbach's α 值大于 0.7 时，表示问卷具有可以接受的信度水平；同时，在问卷的修正过程中，需要先剔除影响量表信度的"垃圾测量问项"后再进行探索性因子分析，这样能够避免出现多维度结果，从而能更好地解释每个因子的含义。

在具体标准的运用上，本书对测量工具的信度分析采用 Cronbach's α 值作为衡量标准。按照实证研究的一般分析惯例，通过删除对核心概念测量贡献较小或毫无贡献的测量问项，增强测量的一致性和准确性，从而达到提升测量信度水平的目的。根据 Zaichkowsky（1985）和 Bagozzi 等（1989）的观点，本书运用以下三项指标：（1）修正问项总相关系数（CITC）应该等于或大于 0.4；（2）相关系数的平方（SMC）应该大于或等于 0.5；（3）删除后测量的信度系数显著增加（CAID）。根据以上标准，对预调研问卷相关指标系数进行统计分析（见表 5-18）。

表 5-18　模型核心概念测量的相关指标系数（N=50）

核心概念	预调研问项编号	CITC	SMC	CAID	是否保留	正式问卷问项编号
开发式商业模式创新（α=0.895）	BMI01	0.713	0.727	0.604	Y	BMI01
	BMI02	0.525	0.611	0.743	Y	BMI02
	BMI03	0.582	0.638	0.759	Y	BMI03
	BMI04	0.311	0.407	0.912	N	
	BMI05	0.547	0.628	0.703	Y	BMI04
	BMI06	0.321	0.409	0.887	N	

核心概念	预调研问项编号	CITC	SMC	CAID	是否保留	正式问卷问项编号
探索式商业模式创新（α=0.883）	BMI07	0.615	0.676	0.712	Y	BMI05
	BMI08	0.309	0.408	0.908	N	
	BMI09	0.578	0.657	0.715	Y	BMI06
	BMI10	0.321	0.438	0.892	N	
	BMI11	0.695	0.726	0.609	Y	BMI07
	BMI12	0.598	0.674	0.708	Y	BMI08
价值资产（α=0.896）	CE01	0.693	0.712	0.628	Y	CE01
	CE02	0.702	0.725	0.537	Y	CE02
	CE03	0.632	0.695	0.684	Y	CE03
	CE04	0.584	0.637	0.649	Y	CE04
	CE05	0.337	0.426	0.896	N	
	CE06	0.547	0.659	0.685	Y	CE05
关系资产（α=0.825）	CE07	0.607	0.668	0.709	Y	CE06
	CE08	0.585	0.632	0.652	Y	CE07
	CE09	0.599	0.628	0.703	Y	CE08
	CE10	0.486	0.597	0.731	Y	CE09
	CE11	0.305	0.326	0.864	N	
	CE12	0.588	0.625	0.712	Y	CE10
品牌资产（α=0.854）	CE13	0.636	0.658	0.703	Y	CE11
	CE14	0.497	0.586	0.682	Y	CE12
	CE15	0.308	0.412	0.911	N	
	CE16	0.429	0.584	0.685	Y	CE13
	CE17	0.305	0.421	0.879	N	
	CE18	0.525	0.633	0.702	Y	CE14
低成本优势（α=0.905）	CA01	0.676	0.695	0.608	Y	CA01
	CA02	0.569	0.608	0.715	Y	CA02
	CA03	0.308	0.357	0.896	N	
	CA04	0.575	0.689	0.674	Y	CA03
	CA05	0.305	0.326	0.891	N	
	CA06	0.693	0.712	0.657	Y	CA04

核心概念	预调研问项编号	CITC	SMC	CAID	是否保留	正式问卷问项编号
差异化优势（α = 0.863）	CA07	0.622	0.713	0.638	Y	CA05
	CA08	0.459	0.685	0.608	Y	CA06
	CA09	0.681	0.695	0.616	Y	CA07
	CA10	0.307	0.382	0.898	N	
	CA11	0.687	0.704	0.611	Y	CA08
	CA12	0.536	0.679	0.712	Y	CA09

在进行信度检验及问项提炼后，研究使用探索性因子分析（EFA）方法对测量的建构效度进行检验。在进行探索性因子分析之前，需要从以下两个方面检验量表和问项是否适合进行该项分析。

一方面，如果在测量中原有概念之间相互独立，则无法提取共同因子。因此，在进行探索性因子分析之前，首先需要对本量表中各问项之间的相关关系进行检验。在研究中，通过计算核心概念之间的相关系数，结果表明核心概念之间的相关系数在 0.3 以上，具有较显著的相关关系，因此适合进行因子分析。

另一方面，根据 Kaiser（1974）建议的检验标准，只有当 KMO 值介于 0.6 至 1.0 之间，且 Bartlett 球形检验中的卡方近似值越大并显著时，才适合进行因子分析。研究模型所涉及核心概念测量的检验结果显示（见表 5 - 19）：核心概念的 KMO 值在 0.748 至 0.879 之间，且 Bartlett 球形检验的卡方统计值及显著性水平均达到相应标准。以上结论说明对开发式商业模式创新、探索式商业模式创新、价值资产、关系资产、品牌资产、低成本优势和差异化优势等概念的测量数据适合进行探索性因子分析。

表 5 – 19　核心概念的 KMO 值和 Bartlett 球形检验

核心概念 ＼ 检验项	KMO 值	Bartlett 球形检验		
		Approx. Chi-Square	df	sig
开发式商业模式创新	0.779	925. 396	67	<0.001
探索式商业模式创新	0.829	1077. 802	55	<0.001
价值资产	0.879	1238. 529	56	<0.001
关系资产	0.835	1065. 092	65	<0.001
品牌资产	0.748	905. 274	66	<0.001
低成本优势	0.815	994. 383	59	<0.001
差异化优势	0.819	1005. 961	58	<0.001

在探索性因子分析中，本书采用主成分萃取因子法及最大变异转轴法，根据特征值大于 1 的标准，对因子分析结果中各测量问项进行了因子载荷提取，分析结果如表 5 – 20 所示。

表 5 – 20　核心概念探索性因子分析结果 （N = 50）

核心概念	测量问项		因子载荷
开发式商业模式创新	BMI01	为应对竞争及满足市场需求，我们会	引入补贴等费用，刺激需求	0.768
	BMI02		构建与现有金融服务产品互补的附加服务	0.801
	BMI03		在当前基础上增加顾客价值	0.683
	BMI04		降低顾客交易成本，提升交易效率	0.767
探索式商业模式创新	BMI05	为应对竞争及满足市场需求，我们会	推出全新的金融服务产品	0.775
	BMI06		开发全新的顾客价值	0.795
	BMI07		面向全新的顾客群体开发服务产品	0.681
	BMI08		寻求缺乏竞争对手的新兴市场领域	0.725

续表

核心概念		测量问项	因子载荷
价值资产	CE01	××公司的服务非常具有吸引力	0.688
	CE02	选择××公司的服务是一种身份和地位的象征	0.776
	CE03	××公司的服务性价比非常高	0.709
	CE04	××公司的服务能够满足我的需求	0.735
	CE05	××公司的服务非常具有创新性	0.711
关系资产	CE06	当参与老顾客回馈活动时，××公司向我提供比一般顾客更多的服务	0.783
	CE07	我对××公司提供的服务及相应质量非常熟悉	0.656
	CE08	我非常高兴在各类活动中结识××公司的其他顾客	0.647
	CE09	××公司对我的需求比较了解	0.792
	CE10	我非常信任××公司	0.776
品牌资产	CE11	××公司是一个强势的品牌	0.822
	CE12	××公司是一个独特的品牌	0.784
	CE13	××公司是一个有吸引力的品牌	0.656
	CE14	××公司是一个讨人喜欢的品牌	0.698
低成本优势	CA01	公司服务设计开发成本低于主要竞争对手	0.712
	CA02	公司服务质量控制成本低于主要竞争对手	0.809
	CA03	公司服务营销管理成本低于主要竞争对手	0.783
	CA04	公司服务定价水平低于主要竞争对手	0.775
差异化优势	CA05	公司品牌在顾客心中的影响力高于主要竞争对手	0.647
	CA06	公司品牌个性比主要竞争对手更鲜明	0.811
	CA07	公司服务的技术水平优于主要竞争对手	0.679
	CA08	公司服务的技术支持和售后服务优于主要竞争对手	0.761
	CA09	公司服务的响应速度和可靠性优于主要竞争对手	0.722

　　探索性因子分析结果显示，在根据信度分析删除各维度中的部分问项后，其余问项的单一因子载荷都超过了0.5，且不存在明显的跨因子分布。因此，根据信度分析和探索性因子分析的结果，形成对价

值资产、关系资产、品牌资产、低成本优势和差异化优势、开发式商业模式创新、探索式商业模式创新等概念的测量，最终构成包含 31 个测量问项的正式调研问卷（见附录中的调查问卷 II）。

三　正式调研与样本情况

研究运用正式调研问卷进行研究数据收集工作以检验相关研究假设。正式调研采用网络调研方法，运用电子问卷来收集研究数据。在数据收集过程中，我们在专业市场研究机构协助下开展问卷调查：第一步，在本项目已经获得的包含 207 家互联网金融企业名单库中，逐一联系名单企业以征询调查意见；共有 183 家名单企业同意参加调查，并确定联系人。第二步，发放及回收调查问卷。将调研问卷编辑为网页形式，并上传至重庆立信市场研究公司网络调研平台，完成网上问卷设计工作。依据同意参加调研企业的企业联系人名单，将包含问卷 URL 地址的电子邮件发送给被调查者，邀请其点击 URL 进入调研页面填写，并提交问卷。第三步，数据核查与补充。对每一份回收问卷进行核查，确定回答不清晰的无效问卷；考虑到互联网金融企业可选择的调查对象较少，因此我们对无效问卷进行了补充访问，尽可能保证问卷的有效性。

需要特别说明的是，调查问卷除企业基础信息以外，其主体内容分为两大部分：一部分涵盖对商业模式创新和竞争优势的调查，邀请企业管理者进行回答；另一部分对顾客资产的调查，是在每家企业顾客数据库中随机抽取 10 位顾客，运用 App 推送或电子邮件的方式邀请其参与有奖答题；并将 10 位顾客的问卷数据取均值以衡量对应企业的顾客资产水平。最终由 1 位企业管理者与 10 位相应企业顾客的调研数据构成一份配对样本数据。

通过上述步骤，在愿意参与调查的 183 家互联网金融企业中，历时三个月共收集了 175 份有效配对样本数据，有效回收率为 95.63%。问卷发放与收集是在专业市场研究机构协助下，事先征求被调查者意愿情况下进行的，并进行多次补充调查，因此问卷回收率非常理想。样本企业情况如表 5 - 21 所示。

表 5 - 21　样本企业情况（N = 175）

企业规模	50 人以下	50 ~ 99 人	100 ~ 149 人	150 人及以上
样本企业数量	45	71	33	26
占总样本比例	25.71%	40.57%	18.86%	14.86%
企业年龄	3 年以下	3 ~ 5 年	5 ~ 8 年	8 年以上
样本企业数量	65	54	46	10
占总样本比例	37.14%	30.86%	26.29%	5.71%

第三节　实证检验及结论

本节将运用正式调研所获得的研究数据对相关研究假设进行实证检验，以获得具有科学意义的研究结论。在进行实证检验之前，将再次运用正式调研数据对研究测量的信度和效度进行检验，以确保研究数据的科学性。在信效度检验后，将对互联网金融企业商业模式创新、顾客资产及竞争优势的关系模型进行验证，并确认理论假设的证实或证伪结论。

一　测量描述性统计分析

在对正式研究数据进行整理后，对各个核心概念的测量问项进行描述性统计分析；分析的指标主要包括均值、标准差、偏度和峰度四项。均值主要反映测量问项的平均得分情况，而标准差则反映各问项得分情况的离散程度；偏度和峰度主要检验数据的正态性，只有符合正态分布的数据才适合运用极大似然法对结构模型进行估计。同时，样本的偏度与峰度越接近于 0，则表示该变量的数据分布越接近正态性；数据的偏度小于 2，同时峰度小于 5，即可认为样本属于正态分布（Ding et al.，1995）。从本书的数据结论看（见表 5－22），各观测变量的偏度和峰度系数均在理想范围内，可以认为理论模型中核心概念测量问项的数据呈现近正态分布，不影响极大似然法估计的稳健性。

表 5－22　核心概念测量的描述性统计分析（N＝175）

问项	BMI01	BMI02	BMI03	BMI04	BMI05	BMI06	BMI07	BMI08
均值	4.156	3.794	4.007	3.917	397	3.841	3.822	4.037
标准差	1.109	1.127	1.038	0.805	0.811	1.138	0.747	1.184
偏度	－0.451	－0.288	－0.842	0.084	0.389	0.409	－0.179	0.573
峰度	1.039	－1.137	－0.122	－1.005	－1.104	－1.189	0.828	－1.015
问项	CE01	CE02	CE03	CE04	CE05	CE06	CE07	CE08
均值	3.833	4.121	3.653	4.127	3.674	3.765	4.064	4.168
标准差	0.516	1.039	0.274	0.683	1.157	1.072	0.876	1.197
偏度	－0.254	－0.903	0.583	－0.875	0.679	0.833	－0.478	0.922
峰度	－1.038	0.212	0.975	－0.256	1.245	0.684	1.176	－0.204
问项	CE09	CE10	CE11	CE12	CE13	CE14	CA01	CA02
均值	4.098	3.269	4.253	3.861	3.865	3.861	4.154	3.654
标准差	1.259	1.115	1.109	1.237	0.511	1.014	1.653	1.038
偏度	－1.136	－0.072	－0.922	0.901	－0.054	0.751	0.847	－0.532
峰度	0.854	1.029	－0.216	1.257	－1.275	1.074	－1.117	0.749
问项	CA04	CA04	CA05	CA06	CA07	CA08	CA09	
均值	4.125	3.641	4.156	3.922	4.017	3.975	4.131	
标准差	1.059	1.106	1.073	1.147	1.842	1.104	0.932	

问项	CA04	CA04	CA05	CA06	CA07	CA08	CA09	
偏度	-0.825	0.926	0.807	-0.908	-0.809	-0.926	-0.261	
峰度	0.933	-0.233	-0.916	-0.261	0.915	0.233	-0.986	

二　信效度检验

本书综合运用 Cronbach's α 值和修正问项总相关系数（CITC）两项指标，以评估核心概念测量的信度水平。数据结论表明（见表 5 - 23），研究所涉及七个核心概念测量的 α 值均大于 0.7 标准值，测量的所有问项 CITC 值也均大于 0.4 标准值，因而可以认为研究对核心概念测量的信度水平比较理想。

表 5 - 23　概念测量的信度和收敛效度检验结果（N = 175）

核心概念	测量问项		CITC	因子载荷	α 值	AVE
探索式商业模式创新	为应对竞争及满足市场需求，我们会	推出全新的金融服务产品	0.609	0.792	0.849	0.585
		开发全新的顾客价值	0.725	0.812		
		面向全新的顾客群体开发服务产品	0.592	0.683		
		寻求缺乏竞争对手的新兴市场领域	0.687	0.754		
开发式商业模式创新	为应对竞争及满足市场需求，我们会	引入补贴等费用，刺激需求	0.651	0.722	0.855	0.529
		构建与现有金融服务产品互补的附加服务	0.722	0.737		
		在当前基础上增加顾客价值	0.683	0.625		
		降低顾客交易成本，提升交易效率	0.646	0.723		
价值资产	××公司的服务非常具有吸引力		0.638	0.692	0.894	0.535
	选择××公司的服务是一种身份和地位的象征		0.703	0.785		
	××公司的服务性价比非常高		0.697	0.712		
	××公司的服务能够满足我的需求		0.853	0.749		
	××公司的服务非常具有创新性		0.627	0.716		

续表

核心概念	测量问项	CITC	因子载荷	α 值	AVE
关系资产	当参与老顾客回馈活动时，××公司向我提供比一般顾客更多的服务	0.732	0.796	0.903	0.552
	我对××公司提供的服务及相应质量非常熟悉	0.635	0.669		
	我非常高兴在各类活动中结识××公司的其他顾客	0.681	0.687		
	××公司对我的需求比较了解	0.635	0.789		
	我非常信任××公司	0.751	0.763		
品牌资产	××公司是一个强势的品牌	0.683	0.816	0.885	0.559
	××公司是一个独特的品牌	0.605	0.791		
	××公司是一个有吸引力的品牌	0.597	0.685		
	××公司是一个讨人喜欢的品牌	0.606	0.692		
低成本优势	公司服务设计开发成本低于主要竞争对手	0.619	0.704	0.906	0.589
	公司服务质量控制成本低于主要竞争对手	0.725	0.826		
	公司服务营销管理成本低于主要竞争对手	0.692	0.772		
	公司服务定价水平低于主要竞争对手	0.695	0.762		
差异化优势	公司品牌在顾客心中的影响力高于主要竞争对手	0.583	0.625	0.896	0.524
	公司品牌个性比主要竞争对手更鲜明	0.712	0.806		
	公司服务的技术水平优于主要竞争对手	0.641	0.697		
	公司服务的技术支持和售后服务优于主要竞争对手	0.687	0.746		
	公司服务的响应速度和可靠性优于主要竞争对手	0.604	0.734		

　　本书对核心概念的测量均借鉴和改编自成熟研究工具，并通过预调研环节对测量工具进行完善和优化，因而保证了概念测量的内容效度。同时，研究运用 Pearson 相关系数和 AVE 值平方根两项指标来综合检验核心概念测量的判别效度水平。数据结论显示（见表 5 - 24）：任一概念之间的相关系数不等于 1，且每个概念的 AVE 值平方根均大于其所在行列相关系数的绝对值，说明概念测量的判别效度水平也较好。

表 5 - 24　本书对概念测量的信度与判别效度检验结果 （N = 175）

核心概念	均值	标准差	1	2	3	4	5	6	7
1. 开发式商业模式创新	4.089	1.022	0.741						
2. 探索式商业模式创新	3.816	0.783	0.011	0.763					
3. 价值资产	3.743	0.974	0.128	0.142*	0.731				
4. 关系资产	4.029	1.151	0.185*	0.107	0.196*	0.743			
5. 品牌资产	3.965	1.072	1.692*	1.783*	0.211**	0.126	0.748		
6. 低成本优势	3.721	1.165	0.124	0.086	0.026	0.167*	-0.038	0.767	
7. 差异化优势	3.958	0.964	0.127	0.101	0.218**	0.205**	0.229**	-0.107	0.724

注：* 表示 $p < 0.05$，** 表示 $p < 0.01$，*** 表示 $p < 0.001$。

三　中介效应检验

由于本书旨在探究商业模式创新、顾客资产和竞争优势之间的逻辑关系，因此需要考察顾客资产在商业模式创新与竞争优势关系中扮演的中介角色，为使结构方程模型的预设模型更具科学性，需要在主效应检验之前对顾客资产的中介效应进行分析，即对顾客资产在"开发式/探索式商业模式创新→竞争优势"关系中的中介效应进行检验。

依据 Baron 和 Kenny （1986） 的中介效应检验方法建议，对顾客资产中介效应的检验遵循以下步骤（见表 5 - 25）：第一步，将中介变量顾客资产与两项自变量探索式商业模式创新、开发式商业模式创新分别进行回归，两项回归系数呈显著性。第二步，将因变量竞争优势与两项自变量分别进行回归，两项回归系数也呈显著性。第三步，将因变量竞争优势同时与自变量和中介变量进行回归，中介变量顾客资产的回归系数达到显著性水平，而两项自变量的回归系数变得并不显著。数据结论表明，顾客资产在互联网金融企业商业模式创新与竞争优势关系中扮演完全中介角色。

表 5 - 25 顾客资产的中介效应检验结果

关系	第一步		第二步		第三步				结果
探索式商业模式创新与竞争优势	顾客资产与探索式商业模式创新回归		竞争优势与探索式商业模式创新回归		竞争优势与顾客资产回归		竞争优势与探索式商业模式创新回归		完全中介
	β	t	β	t	β	t	β	t	
	0.297***	8.692	0.263***	7.091	0.306***	10.058	0.139	1.142	
开发式商业模式创新与竞争优势	顾客资产与开发式商业模式创新回归		竞争优势与开发式商业模式创新回归		竞争优势与顾客资产回归		竞争优势与开发式商业模式创新回归		完全中介
	β	t	β	t	β	t	β	t	
	0.316***	10.147	0.284***	7.281	0.306***	10.058	0.175	1.593	

注：β 为标准化系数；* 表示 $p < 0.05$，** 表示 $p < 0.01$，*** 表示 $p < 0.001$。

四 主效应检验

在确认顾客资产所扮演的角色后，根据相关理论假设以及顾客资产中介效应实证检验结果，构建互联网金融企业商业模式创新、顾客资产与竞争优势关系路径模型，运用结构方程模型方法进行路径关系分析，以对研究假设进行检验。运用 AMOS 21.0 软件对预设模型路径的拟合度进行考察，数据显示模型各项指标值均达到或优于标准值（见表 5 - 26），表明结构方程模型拟合度较高，可以用于研究假设检验。

表 5 - 26 结构方程模型的拟合度评估

指标		模型值	标准值	指标		模型值	标准值
绝对拟合度	χ^2/df	1.395	< 2.0	增值拟合度	CFI	0.915	> 0.9
	P	0.000	< 0.05		NFI	0.909	> 0.9
	RMSEA	0.046	< 0.08		TFI	0.917	> 0.9
	GFI	0.922	> 0.9	简约拟合度	PGFI	0.589	> 0.5
	AGFI	0.916	> 0.9		PNFI	0.541	> 0.5

　　预设模型的路径分析结论显示（见图 5 - 3）：在商业模式创新与顾客资产关系方面，探索式商业模式创新对价值资产（$\beta = 0.298$，$p < 0.001$）和品牌资产（$\beta = 0.253$，$p < 0.01$）有积极影响作用，而对关系资产的影响作用并不显著，即 H5a 和 H5c 通过验证，H5b 未得到支持；开发式商业模式创新对价值资产（$\beta = 0.236$，$p < 0.01$）和关系资产（$\beta = 0.315$，$p < 0.001$）有显著影响，而对品牌资产无积极作用，即 H6a 和 H6b 得到支持，H6c 未得到验证。同时，在顾客资产与竞争优势方面，价值资产对低成本优势（$\beta = 0.268$，$p < 0.01$）和差异化优势（$\beta = 0.217$，$p < 0.01$）均有积极效应，即 H7a 和 H8a 通过验证；关系资产仅对低成本优势（$\beta = 0.307$，$p < 0.001$）正向效应显著，品牌资产仅对差异化优势（$\beta = 0.291$，$p < 0.001$）有积极作用，即 H7b 和 H8c 得到数据支持，而 H7c 和 H8b 均未得到验证。

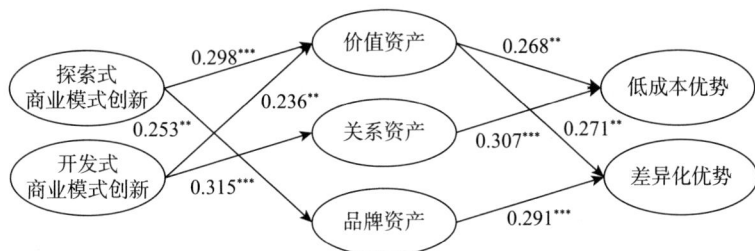

图 5 - 3　商业模式创新与竞争优势关系模型

第四节　本章小结

　　互联网金融作为率先在我国兴起的新兴商业形态，对其商业模式创新及绩效结果的探讨逐渐成为创新及创业领域研究的新焦点。但是，作为对传统金融服务的商业变革，互联网金融企业商业模式创新对竞争优势的机制研究还不足。本书的相关结论能够为我国互联网金融企业推动不同类型商业模式创新，开发并利用多维度的顾客资产，实现低成本或差异化竞争优势提供理论借鉴。

一 研究结论及讨论

将顾客资产引入商业模式创新的效用机制研究，结合互联网金融行业的分析情境，基于"行为—资产—优势"的分析框架，系统探讨互联网金融企业商业模式创新驱动竞争优势的作用机制。运用 175 份配对样本数据对研究假设进行实证检验，结论如表 5 – 27 所示。

表 5 – 27 研究假设汇总

假设	路径关系	标准化系数（P 值）	结论
H5a	探索式商业模式创新→价值资产	$\beta = 0.298$（$p < 0.001$）	支持
H5b	探索式商业模式创新→关系资产	$\beta = 0.137$（$p > 0.05$）	不支持
H5c	探索式商业模式创新→品牌资产	$\beta = 0.253$（$p < 0.01$）	支持
H6a	开发式商业模式创新→价值资产	$\beta = 0.236$（$p < 0.01$）	支持
H6b	开发式商业模式创新→关系资产	$\beta = 0.315$（$p < 0.001$）	支持
H6c	开发式商业模式创新→品牌资产	$\beta = 0.123$（$p > 0.05$）	不支持
H7a	价值资产→低成本优势	$\beta = 0.268$（$p < 0.01$）	支持
H7b	关系资产→低成本优势	$\beta = 0.307$（$p < 0.001$）	支持
H7c	品牌资产→低成本优势	$\beta = 0.135$（$p > 0.05$）	不支持
H8a	价值资产→差异化优势	$\beta = 0.271$（$p < 0.01$）	支持
H8b	关系资产→差异化优势	$\beta = 0.119$（$p > 0.05$）	不支持
H8c	品牌资产→差异化优势	$\beta = 0.291$（$p < 0.001$）	支持

在探索式商业模式创新与顾客资产关系方面，实证结论表明，探索式商业模式创新对价值资产（$\beta = 0.298$，$p < 0.001$）和品牌资产（$\beta = 0.253$，$p < 0.01$）有积极影响，而对关系资产（$\beta = 0.137$，$p >$

0.05）的影响作用不显著。这表明，互联网金融企业实施探索式商业模式创新聚焦新技术手段和资源的应用，提供有别于传统金融机构的服务产品，能够为目标顾客创造全新的顾客价值和消费体验，不仅能够提供超额顾客价值，还能够让顾客形成别具一格的企业或服务品牌印象，从而体现出对价值资产和品牌资产的驱动效应。同时，全新的金融服务产品，如全新的众筹产品或网络支付方式，虽然蕴含全新价值，但仍存在潜在风险与不确定性，既难以通过新产品或服务锁定顾客群体，又可能无法以此强化顾客关系中的依赖与信任水平，从而缺乏对关系资产的显著正向作用。

在开发式商业模式创新与顾客资产关系方面，数据分析结论显示，开发式商业模式创新对价值资产（$\beta = 0.236$，$p < 0.01$）和关系资产（$\beta = 0.315$，$p < 0.001$）有正向效应，但对品牌资产（$\beta = 0.123$，$p > 0.05$）的积极影响没有得到数据支持。研究结论说明，互联网金融企业开发式商业模式创新关注运用新的技术手段对传统金融服务产品进行优化和完善，或者运用新的渠道通路将已有金融服务产品推向以往技术条件无法触及的新顾客群体。对现有顾客需求的深度满足以及对新兴顾客群体的发掘，都能为顾客带来新的价值输出，强化顾客的服务价值感知水平；同时，通过提供富有针对性和竞争力的新产品和服务，能够进一步密切企业与顾客的联结，从而建立更加稳固的顾客关系。因此，开发式商业模式创新对价值资产和关系资产有明显的驱动作用。由于行业技术的快速溢出效应，互联网金融服务产品独特性的周期变短，竞争者的跟进与模仿速度加快，互联网金融企业很难通过满足顾客现有需求及开发新顾客群体，形成独特的品牌形象或意义，因而开发式商业模式创新对品牌资产的驱动效应并不显著。

在顾客资产与竞争优势方面，实证结论表明，价值资产（$\beta =$

0.268，$p < 0.01$）和关系资产（$\beta = 0.307$，$p < 0.001$）对低成本优势有积极效应，而价值资产（$\beta = 0.271$，$p < 0.01$）和品牌资产（$\beta = 0.291$，$p < 0.001$）对差异化优势有显著影响。数据结论表明，在顾客资产的三种关键力量中，价值资产的作用最突出，因为其在差异化和低成本优势的构建中均扮演关键角色。这表明，无论是新产品或服务的开发，还是传统服务的衍生，只要能够产生顾客价值，都有助于企业获取和维持竞争优势。同时，关系资产与低成本优势联系紧密，意味着良好的顾客维系和保留，能够通过顾客价值共创的方式使企业运营成本低于行业平均水平，为企业带来低成本竞争优势；而品牌资产与差异化优势积极关联，表明企业构建基于顾客视角的独特品牌形象和品牌意义，能够使企业在同质化竞争中建立差异化优势。总之，在顾客资产三大关键要素中，价值资产在构建竞争优势方面具有基础性作用，而关系资产能够为企业带来低成本竞争优势，品牌资产能够显著地驱动企业获取差异化竞争优势。

二 研究价值及启示

本书将顾客资产视为重要的中介变量，考察互联网金融企业商业模式创新影响竞争优势的作用机制。相关研究及成果具有一定理论价值，主要表现在以下方面：第一，从模式分类及效用机制两方面丰富了商业模式创新研究。从颠覆性创新视角将互联网金融企业商业模式创新分为探索式和开发式两类，拓展了业界对商业模式创新的理论认知。同时现有商业模式创新绩效输出研究大多探讨其对经营绩效，如对市场和财务绩效的影响；而我们通过对低成本和差异化竞争优势影响作用的考察，拓展了商业模式创新的绩效结果研究。第二，从价值、关系和品牌三个层面理解顾客资产，将其作为中介变量，并与企业战略层面绩效进行联结，探讨互联网金融企业商业模式创新驱动竞争优势的作用机制，既契合服务型企业经营实践特征，又深化了商业模式创新效用机制研究。第三，从前置因素与绩效结果两方面拓展顾客资产的相关研究。一方面，不同于以往营销管理层面的探讨，将商业模式创新作为顾客资产构建的重要前置因素，丰富了对顾客资产关键影响因素的研究；另一方面，将顾客资产与竞争优势进行有效联结，有别于以往聚焦经营绩效，特别是市场绩效的顾客资产效用研究，拓展了顾客资产效用类型及实现机制研究。

相关研究结论也为我国互联网金融企业实现可持续发展提供了管理启示。一方面，顾客资产由价值、关系和品牌多种关键要素构成，不同要素受到探索式与开发式商业模式创新的影响存在差异。除了价值资产受到两类商业模式创新活动的影响外，关系资产构建更需要开发式商业模式创新，即更强调对现有服务产品的价值补充和功能延伸，针对现有服务产品发掘新的顾客群体等；而品牌资产累积更依赖探索式商业模式创新，即更加聚焦对新顾客价值主张的发掘、新服务产品的设计与开发等。另一方面，企业竞争优势构建的目标不同，对顾客资产各关键维度的关注也存在差异。立足于塑造低成本竞争优势的互联网金融企业，应该聚焦价值资产和关系资产的累积；而致力于获取差异化竞争优势的企业，价值资产和品牌资产的构建则显得尤为重要。尤其需要注意的是，无论选择何种商业模式创新，还是构造何种竞争优势，价值资产都在其中扮演关键角色。聚焦顾客价值应当是互联网金融企业实施商业模式创新、构建竞争优势最重要的思考方向。

第六章
典型案例研究

本章运用单案例研究方法，对互联网金融企业商业模式创新实践的典型案例进行分析，以对前述理论推导和实证检验所获得的理论模型及框架进行解释、深化和修正，旨在运用定性方法解释定量结论，从而实现研究方法和数据的三角测量，研究结论的推进、补充和扩展，增强研究结论的科学性和解释力，并实现研究发现的创造。

第一节　案例对象及研究过程

单案例研究能更加深入地进行案例调研和分析，更容易把"是什么"和"怎么样"的问题讲清楚（李飞等，2010），因此此处运用单案例方法，以重庆地区典型案例为分析对象，探究互联网金融企业商业模式实践及理论。案例分析框架运用前述理论推导和实证分析所构建的理论模型，不在此赘述。本节主要围绕案例企业背景以及案例研究基本过程与质量控制进行介绍。

一 案例企业简介

马上金融股份有限公司（以下简称"马上金融"）是一家经中国银保监会批准，持有消费金融牌照的科技驱动的金融机构。马上金融以"成为最被信赖的金融服务商"为公司愿景，以"让生活更轻松"为发展使命，秉持"创新、团队、诚信、效率"的价值观，坚持"以用户为中心"的服务理念，聚焦培养人工智能、区块链、金融云、大数据等的核心能力，专注于购物、旅行、家装、医疗等应用场景。公司坚持充分发挥股东价值的发展理念，发挥互联网平台的作用，通过应用场景互联网化、服务互联网化、运营互联网化的模式设置，运用独特的 fico 规则与大数据模型双引擎的风险控制手段，以及具备良好用户体验的产品设计，使公司成为技术驱动的、领跑中国市场的消费金融公司（见图 6-1）。

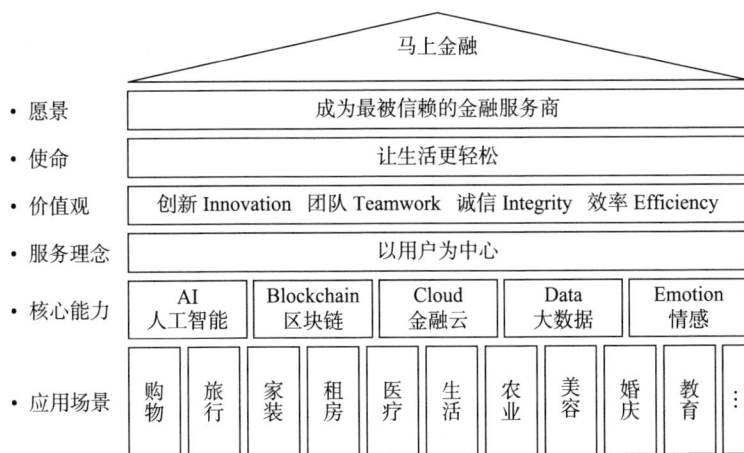

图 6-1 马上金融简介

资料来源：根据马上金融公司资料整理。

马上金融于 2015 年 6 月正式开业，引入了重庆百货、重庆银行等国有股东，以及物美集团、阳光保险、浙江小商品城等社会化股东，形成极具活力的多元化混合所有制股东结构，成立至今，马上金融在中国互联网金融蓬勃发展的浪潮中快速成长（见图6-2）。在注册用户方面，2017年2月注册用户突破1000万人，2017年8月注册用户突破2000万人，2018年10月，注册用户突破5000万人；在交易额方面，2017年12月，最高单日放款金额突破人民币5亿元；2019年1月，当月放款交易额突破人民币100亿元；2019年4月，累计交易额突破人民币2000亿元。马上金融在2016年3月当选中国互联网金融协会理事单位，2018年3月成为亚洲金融合作协会成员，2018年5月获准设立博士后科研工作站，2018年6月成为百行征信首批签约机构之一，2019年5月获得银保监会批准开办资产证券化业务资格。2018年马上金融实现利润8亿元，全年纳税10.7亿元，创造2000余个就业岗位。马上金融分别于2016年、2017年、2018年完成三次增资扩股，注册资本金达40亿元，目前已成为内资第一的消费金融公司。

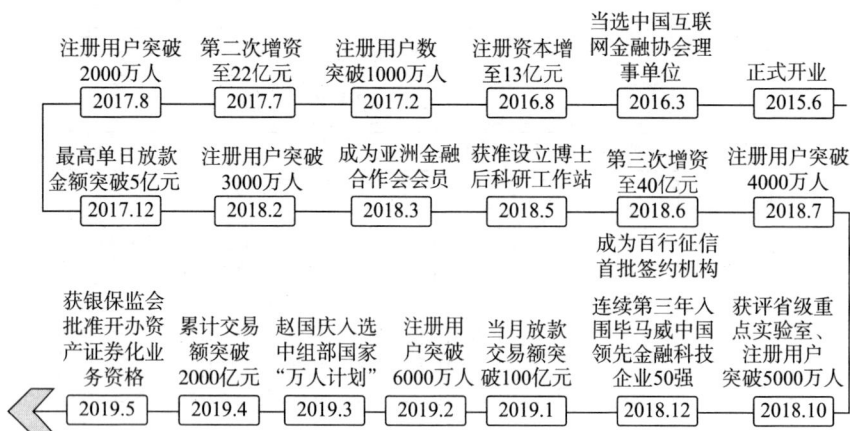

注册用户突破2000万人	第二次增资至22亿元	注册用户数突破1000万人	注册资本增至13亿元	当选中国互联网金融协会理事单位	正式开业
2017.8	2017.7	2017.2	2016.8	2016.3	2015.6

最高单日放款金额突破5亿元	注册用户突破3000万人	成为亚洲金融合作会会员	获准设立博士后科研工作站	第三次增资至40亿元	注册用户突破4000万人
2017.12	2018.2	2018.3	2018.5	2018.6	2018.7

获银保监会批准开办资产证券化业务资格	累计交易额突破2000亿元	赵国庆入选中组部国家"万人计划"	注册用户突破6000万人	当月放款交易额突破100亿元	连续第三年入围毕马威中国领先金融科技企业50强	成为百行征信首批签约机构／获评省级重点实验室、注册用户突破5000万人
2019.5	2019.4	2019.3	2019.2	2019.1	2018.12	2018.10

图6-2 马上金融的发展历程

资料来源：根据马上金融公司资料整理。

马上金融始终坚持以科技为根本，以金融为途径，以用户为中心的发展理念，专注为社会中低收入人群提供小额分散的普惠金融服务，拉动内需，助力实体经济。截至 2019 年 9 月，马上金融累计注册用户超过 7000 万人，累计交易额突破 2500 亿元，建立了包含 7 大自有入口和近 20 万家合作商户的消费场景；同时成立了重庆市重点实验室——智慧金融与大数据分析重点实验室，构建了逾 300 人的大数据风控团队，建立了 10 万多个风控模型，申请了 170 多项技术专利，自主构建了 600 多个核心系统，实现了 100% 自主智能服务以及 99% 以上的智能客服问题覆盖率。

马上金融连续三年入围毕马威中国领先金融科技企业 50 强，2018 年荣登《中国企业家》未来之星百强榜，以及《证券时报》"2018 年中国智能消费金融先锋榜"，荣获《中国经营报》第十届"卓越竞争力社会责任金融机构"，《金融理财》"2018 年度第九届金貔貅奖""年度金牌消费金融公司"，凤凰网 WEMONEY "2018 年消费金融年度杰出机构"等奖项；2019 年马上金融荣获《投资者报》2019 数字金融公司 30 强，并上榜"2019 胡润新金融 50 强"，并成为银保监会全国非银机构"金融科技"研究课题牵头单位。创始人兼 CEO 赵国庆入选科技部 2018 年科技创业人才，以及中组部第四批国家"万人计划"科技创业领军人才。

二 案例研究质量控制

（一）研究信度与效度

案例研究结论的真实性和可行性需要在研究过程中进行规范和严格控制，最终实现相应的信度和效度；其评价指标一般包括信度、构念效度、内在效度和外在效度（罗伯特·K. 殷，2004）。此处借鉴许晖和李巍（2011）的研究策略，在案例研究的全过程中确保信度与效度（见表6-1）。

表6-1　案例研究信效度保证的策略

信效度指标	保证策略	应用阶段
信度：研究的可复制性	采用案例研究草案：制定详细的研究计划	研究设计
	建立质化数据库：建立编码数据库，确保他人研究也会得到相同结论	数据收集
构念效度：证据对研究结论的支持程度	多元证据来源：深度一手数据（对高/中/低层员工进行结构化访谈）和充分的二手资料，形成三角验证	数据收集
	证据链：原始数据—语句鉴别—专业术语—研究命题—理论模型	数据收集
	成果核实：论文初稿交予案例企业进行核实，以期获得认可	报告撰写
内在效度：对构念观察和测量的有效性	理论推演：以理论为基础，推出研究命题	数据分析
	指标体系：建立以研究主题为核心的二、三级指标体系，并在此基础上设计结构化访谈提纲	数据分析
	模式匹配：做到分析框架与研究结论模型相匹配	数据分析
外在效度：研究结论的普适性	分析框架：在理论基础上建立分析框架指导案例研究，并对研究结论进行提炼和分析	数据分析

资料来源：许晖、李巍：《员工导向与客户关系管理的整合机制研究——基于华泰证券的案例分析》，《科学学与科学技术管理》2011年第8期。

（二）数据收集与整理

数据收集包含一手资料和二手资料两种。一手资料来源于对马上金融的高层、中层管理人员和一线员工进行的结构化深度访谈稿。访谈的对象包括马上金融高管团队成员2名、运营总监1名、技术总监1名、品牌部经理及专员共3名。每次访谈为多对一的形式，平均时间为90分钟。访谈由研究者主持，1名小组成员负责记录，其他成员负责补充提问。二手资料包括以下内容：（1）公开发表的有关马上金融的报刊文章、新闻评论、采访记录、专业论文等；（2）公司负责人在公开场合的讲话、讲座等；（3）马上金融内部档案材料，如部门会议记录、部门或个人年度工作总结报告；（4）第三方评估机构或评价人提供的市场评价及研究报告等。

在数据的归纳与分析方面，我们主要采用数据编码和归类的方法对资料进行分析和整理，其目的在于从大量的定性资料中提炼主题，进而论证之前提出的研究命题。首先，按照数据来源对资料进行编码，对于一手资料，把马上金融两位高层受访者分别编码为 T1 和 T2，两位部门总监分别编码为 M1 和 M2，3 名品牌部的工作人员分别编码为 B1、B2、B3；对于二手资料，考虑到其来源的多样性，统一编码为 SH。然后，对已有来源编码的文献进行提炼，找出与研究主题和要点相关的语句，按照事先确定的研究问题与分析框架，将质化数据按照研究指标体系进行归类整理，计算条目数，最后总结研究发现。

第二节　案例分析

研究主要围绕马上金融的商业模式设计、组织能力及高管团队现状、市场管理及顾客现状三条主线，对案例企业的素材进行系统分析，力争呈现案例企业在商业模式创新及其前因后果方面的基本信息。

一　马上金融的商业模式创新

清华大学发布的《2018 中国消费信贷市场研究》显示，随着中国消费对经济的贡献度增加、消费贷款在贷款总规模中比重增加，未来持牌消费金融公司将迎来万亿元蓝海市场。中国消费已经进入科技、品质和服务驱动的新时代，超过 2.5 亿的中国"95 后"将成为一股前所未有的消费新势力。作为消费金融企业，马上金融有别于传统商业银行，也不同于电商信贷，如京东白条、支付宝花呗等。"多产品、线上线下全场景展业是马上金融的主打特色，在产品和用户体验上采取差异化方式"（M1）。马上金融始终坚持线上线下多维度用户切入，丰富产品形态，通过多元的应用场景以及海量的合作渠道革新消费金融的商业模式。

马上金融的商业模式显示（见图6-3），其具有平台型企业特征，是一个联结资金供给方、资金需求方、资金使用方等参与主体的多方金融服务平台。具体来说，马上金融立足于"数据+技术"的平台能力，拓展C端即顾客端的金融服务，同时加强和深化B端即企业端的技术及服务输出。

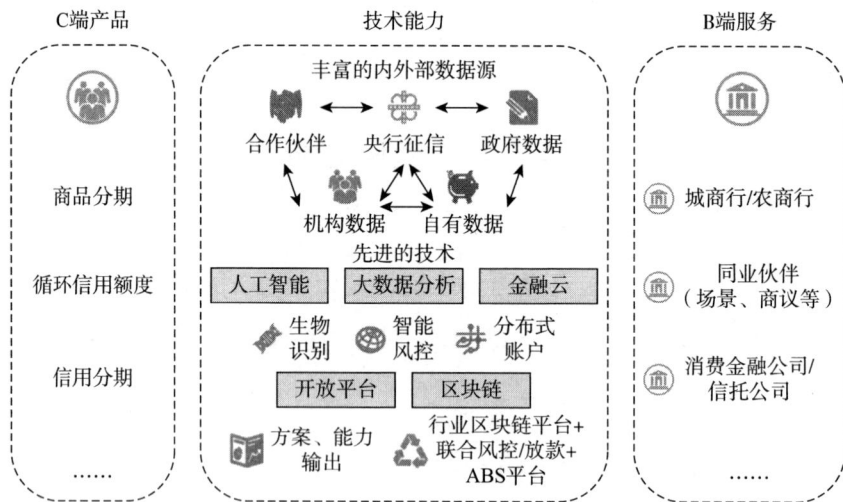

图6-3　马上金融的商业模式

资料来源：根据马上金融公司资料整理。

在C端，马上金融的收入来源主要是与消费产品相关的信贷收入，主要体现在利差上，即融资成本和定价成本的利差，其主要业务类型包括以下内容。（1）商品分期，以特定消费场景，如重庆百货的商品购买，抑或是中国移动商城的手机购买等顾客为主要目标受众，分期数有6/9/12/15/18/24期；此类金融服务产品的特点是大数据极速审批，消费场景结合度高。（2）循环信用额度，主要针对消费场景以及现金需求用户，可随借随还，分期数有3/6/9/12期；循环信用额度支持场景消费与现金提现，可随借随还及额度下转分期，同时银联闪付、微信支付、支付宝等支付覆盖的消费场景均能使用。（3）信用分析，主要针对现金需求客户，提供6/9/12期的分期金融产品，具有极简申请流程、快速审批、用途灵活的服务产品特点。

C端的业务实践为马上金融有效开展B端服务提供充分的技术资源。例如，2019年3月，马上金融上线的酒店自助刷脸入住系统，以"刷脸入住、快速退房、免押支付、发票打印"等便捷性特点深受用户和企业好评。该服务不仅降低了酒店前台的人力成本，还提升了旅客入住办理的时间效率，实现酒店线上与线下资源的无缝对接，酒店产品复购率也随之上升，体现了金融科技对行业和实体企业的深度赋能。此外，马上金融正在尝试刷脸支付，尽可能多地覆盖线下商铺的生活场景。

由此可见，马上金融的商业模式是线上线下结合，全场景和全渠道结合。马上金融与180多家线上场景合作，线下与近20万家商户合作，促成了近5000万次的商品交易，帮助超500万人建立了信用记录，使企业在B端累积了大量的场景资源和用户数据，从而形成网络效应，反哺提升了C端用户的金融服务水平。

二　马上金融商业模式创新的推动因素

中国正面临消费结构升级的历史性机遇，随着主流消费人群的代际更迭，中国消费进入了以科技、品质和服务驱动的新时代。马上金融的商业模式及其创新高度契合互联网金融的发展方向和趋势。

事实上，在马上金融成立之初，企业的创业团队在业内就属于"实力派"（见表6-2）。马上金融在互联网金融领域进行的所有商业模式创新尝试及举措，都与高管团队的认知能力密切相关。赵国庆说"企业是推动经济高质量发展的主体，必须以创新的理念引领其发展"（SH13）。在公司创立之初，马上金融就将科技驱动作为发展的灵魂，立志要做金融领域里世界级的高科技公司。此外，赵国庆还坚持在企业中做另一个长线投入，他认为马上金融要实现科技自主，必须做到不外包、不被动、主动出击。"重庆不缺乏金融企业，缺的是以科技驱动的金融企业"，赵国庆说。可见这种战略格局和眼光是每一个有远见的企业家必备的掌舵素养（SH26）。

表6-2 案例企业高管团队成员情况

姓名	职务	履历
赵国庆	创始人/首席执行官	● 拥有南开大学学士学位、天津大学硕士和博士学位、中欧国际工商学院 EMBA 学位、清华大学五道口金融学院 EMBA 学位 ● 曾任京东集团副董事长兼 CSO（首席战略官） ● 拥有超过 18 年金融领域战略及经营管理经验
郭剑霓	首席运营官/首席财务官	● 拥有浙江大学学士学位、墨尔本大学硕士学位 ● 曾任捷信中国创始人之一兼 CFO（首席财务官） ● 拥有超过 11 年消费金融领域管理经验
蒋宁	首席技术官	● 拥有京都大学学士学位、东京大学硕士学位 ● 曾任 IBM、平安技术负责人 ● 拥有超过 18 年互联网架构技术、综合金融技术规划等方面经验
林亚臣	副总经理	● 拥有北京师范大学学士及硕士学位、美国雪城大学硕士与博士学位 ● 曾任美国 Fidelity National 副总裁、美国大通银行资深副总裁、广发银行首席信贷官兼零售银行副总裁 ● 拥有超过 20 年的风险管理及体系建立经验

姓名	职务	履历
孙磊	副总经理	• 拥有对外经济贸易大学金融学学士学位、西南财经大学金融学硕士学位、新加坡国立大学公共行政管理学硕士学位、中国人民大学管理学博士学位 • 曾任职中国人民银行总行、中国银保监会,历任合作部体制改革处副处长、业务综合处处长、审慎规制局专题风险处处长 • 拥有超过 16 年银行业监管和从业经验
Tomas	首席风险官	• 拥有捷克孟德尔大学系统工程及经济管理硕士学位 • 曾任捷信中国区 CRO(首席风险官)兼总经理 • 拥有超过 18 年多国消费金融领域风险管理经验
胡伟	总经理助理	• 曾任职中国人民银行重庆营管部金融稳定处处长 • 曾任《金融时报》驻重庆记者,参与课题多次荣获重庆市级奖项 • 具有多年金融监管工作经历,具备宏观经济金融工作经验
董骝焕	首席数据决策科学家	• 拥有南开大学数学系本、硕、博学位,担任上海财经大学以及南开大学研究生导师 • 曾任同盾科技联合创始人及 CRO • 拥有超过 10 年信贷风险和营销数据的量化评估模型建立经验

在当前金融业的发展中,金融科技企业在场景化方面有独特优势,包括马上金融在内的诸多互联网金融企业在释放金融科技正能量的道路上,正在做出越来越多的积极尝试,传统商业银行也在不断加强与金融科技公司的合作。马上金融 CEO 赵国庆表示,"作为一家独立的公司,马上金融在技术上的适配能力是满足各家互联网公司的要求,这就带来了很大的差异化特色,也是这些年来,马上金融业绩增长的重要原因"(SH37)。同时,马上金融首席技术官蒋宁也强调,"马上金融将走向开放平台和对外服务,重点将布局金融科技和零售科技两大领域,还将加速在云平台、人工智能、大数据、区块链、生物识别方面的技术创新"(SH22)。企业高层管理团队对技术及其商业化应用的高度重视,不断推动马上金融基于技术创新的商业模式迭代和优化,集中表现在以下方面。

一方面，马上金融在"科技＋金融"方面持续探索，在商业模式及创新领域强调科技对金融赋能。"老赵（赵国庆）相信金融科技与消费金融的紧密结合，决定了消费金融公司的业务开展、风险控制、审批决策、授权管理等是有别于传统金融机构的"（M2）。因此，马上金融坚持认为，消费金融未来的发展方向必然基于互联网获客、自动化审批、智能风控，以及强大的信息科技技术支撑，消费金融将发展成金融和科技结合的最紧密的一个业务领域。

如今，科技在马上金融业务中的应用无处不在：在风控环节运用活体人脸识别技术、语音识别技术、唇语识别技术、步态识别技术，还储备了虹膜识别技术；在智能客服、智能催收中应用情绪识别系统；催收环节自主开发了呼叫中心和智能催收系统；近期公司自主研发的金融云系统已经上线，并实现了开放服务。目前，马上金融从获客到审批，再到风控、客服、催收已经实现了全方位一体化的人工智能服务。

另一方面，马上金融的商业模式坚持提升效率与降低风险并举。"如果只是提升了借款人和贷款人之间的交易效率，但是并没有降低价格，也没有控制好风险，就不能算是真正成功的金融科技"（SH10）。作为将人工智能在零售金融领域广泛应用的代表公司之一，马上金融通过构建贯穿获客、风险控制、客户服务等全领域的人工智能体系，着力进行产品创新重塑端到端的连接方式，大幅度降低人力成本并全面提升金融风控效率，实现金融服务格局的改变。

同时，在风险控制方面，马上金融利用深度学习，打造了智能自动化风控决策系统，逐步形成规则、模型相辅相成的审批策略，制定了上百个决策流、上万个决策策略，以高效响应业务风控需求。此外，马上金融可以根据模型更迭需要在变量池中对已有变量进行重新组合，丰富入模变量类型，提升模型优化效率，助力规则与模型的高效持续迭代，进而不断完善智能化大数据风控审批体系，持续提升服务品质。

2019 年 5 月，马上金融"基于深度学习的人脸识别技术在信用风险防控领域的应用"课题研究获得银保监一类成果奖，这是马上金融将自主研发的人工智能技术应用于消费金融风险管理领域的重要成果之一。这项研究针对线上消费金融服务虚拟性给用户身份认证带来的诸多不确定因素，创新性使用人脸识别技术中的活体检测、噪声消除以及人脸比对等关键技术，形成一套识别准确率高、运行速度快的线上身份认证系统。目前，马上金融自主研发的 Face X 活体人脸识别技术识别精准度高达 99%，大大提升了风控水平和效率，也丰富了用户体验。蒋宁认为，"传统金融的话语权是资金，未来金融的话语权在数据。需要加强数据的连接和聚合。任何公司拥有数据的机会就是连接，连接了场景就连接了很多合作伙伴，连接之后需要解决数据有效整合的问题"（SH17）。因此，马上金融秉承"数据 + 风控 + 金融"的管理模式，利用大数据和人工智能等技术构建风控模型，贯穿贷前准入、反欺诈，贷中评级授信、额度管理、交易跟踪，贷后风险分类、风险预警、贷后管理等全流程。

赵国庆坦言，"下个阶段人工智能驱动的金融科技将不再是单独的一类机构，而是金融业共同的发展路径。人工智能是引领未来发展的重大战略性技术突破，金融机构未来需深化人工智能应用与实体经济发展的融合，形成带动经济发展的新动能，为经济高质量发展赋能，加速推动人类步入新时代"（SH29）。

三　马上金融商业模式创新的绩效输出

消费金融在中国已有近 10 年的发展历史。早在 2009 年，中国就宣布启动消费金融试点。2010 年，北银消费金融公司、中银消费金融公司、锦程消费金融公司和捷信消费金融公司，成为首批获批成立的消费金融公司，开始让更多人群享受到消费金融服务。5 年后的 2015 年 6 月，马上金融在重庆诞生。彼时，已有 9 家消费金融公司在其之前领跑，但是作为后来者的马上金融有着"后来者居上"的惊人表现。

马上金融自成立之初便坚持 O2O 的消费金融发展模式。事实上，发展消费金融，场景必不可少。在消费金融企业中，马上金融的大股东是重庆百货，因而特别注重通过线上线下的结合，构建和拓展用户消费场景，以实现互联网消费金融生态闭环。自成立以来，马上金融深耕线上 180 多个消费场景，连接线下近 20 万家商户，促成了近 5000 万次的商品交易。马上金融通过自主研发的 AI、移动互联网、云计算技术的深入应用，不断拓宽消费服务覆盖人群，帮助 500 多万人建立信用记录，满足更多人的消费需求，并打造更方便、更先进、更优良的消费平台，让更多的用户有更好的消费能力和更方便的消费体验。

马上金融依托决策平台制定"智能 + 高效"的最优策略，基于业务需求，根据用户行为数据利用深度学习相关算法进行模型构建，对客户的生命周期、活跃度、变现的特性进行分析，自动匹配相应的促动策略进行精准营销，对不同的用户采取符合其特征的互动方式，从而实现用户全生命周期的自动化运营。截至 2019 年 9 月，统计数据显示，马上金融主要客群为男性用户，占 67%；主要用户年龄段为 22～30 岁，其中 40 岁以下的用户占 94.8%；单笔平均贷款金额为 2700 元；贷款资金用途主要为家电、3C、旅游、装修、教育、婚庆。主要客群、贷款金额、贷款期限等紧密贴合消费，与国家监管所倡导的"小额分散"路线高度吻合。

在互联网消费金融行业，从净利润方面划分（见图 6 - 4），持牌消费金融公司可以分为十亿元级、亿元级、千万元级、亏损四个级别。其中，捷信金融和招联金融分别以 13.96 亿元、12.53 亿元跻身十亿元级净利润，堪称头部企业；而马上金融成为亿元级净利润企业的领头羊，且发展十分迅速；按照 2018 年增速计算，马上金融 2019 年将进入十亿元级头部企业行列。经过近 10 年的发展，中国互联网金融行业的持牌消费金融公司头部效应凸显，前三家持牌消费金融公司（捷信金融、招联金融和马上金融）的净利润占全部已发业绩消费金融公司的 64%。

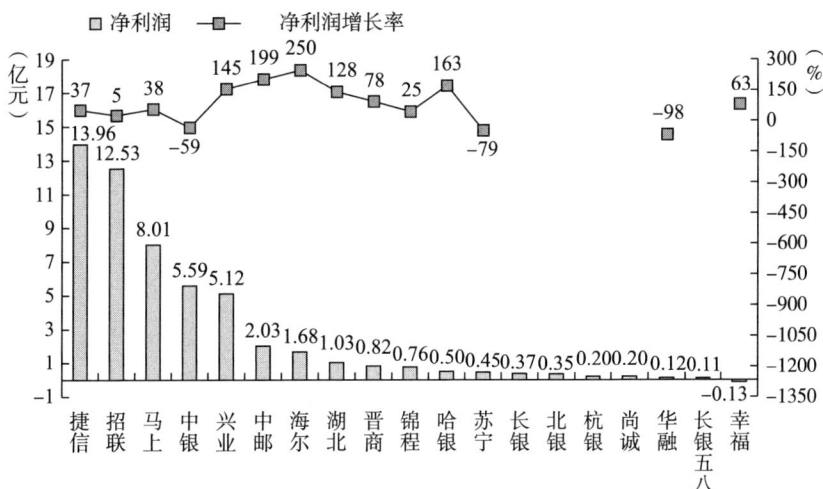

图 6 - 4　2018 年持牌消费金融公司业绩情况

注：净利润增长率空白为扭亏。

资料来源：www.iyiou.com。

此外，专利是反映企业科技创新能力的重要表现，统计数据显示（王美文，2019），截至 2018 年底，持牌消费金融企业在专利上的重视程度有较大差异，主要表现在：（1）已开业的 23 家消费金融公司中仅有 6 家注册了业务相关的专利著作，占比 26%。（2）从数量上看，持牌消费金融公司注册专利总数为 88 项，其中马上金融、苏宁金融、招联金融、兴业金融、北银金融、幸福金融分别为 53 项、31 项、11

项、7项、2项、2项，其中马上金融的专利数量占据消费金融企业全部专利数量的 60.23%，技术创新的差异化优势极为明显。

第三节　案例结论及讨论

本节聚焦从马上金融的案例素材上升为理论命题及结论的过程，将案例资料与研究框架及核心概念进行匹配，分析和验证概念框架和理论模型，以实现从现象到概念，从实践到理论的案例研究的总结与提炼，进而从典型个案中形成具有普适性的研究结论。

一　马上金融商业模式创新的内涵及特色

作为互联网金融企业，马上金融相较于传统金融机构以及一般消费金融服务企业，立足于科技创新，在商业模式方面进行了有效的革新，这些革新既包括对现有金融服务的渐进性改革，也包括创造和开发全新的金融服务产品或将前沿金融科技运用于新领域，创造新的商业价值方面。本书对互联网金融企业商业模式创新的理论划分主要包含以下内容。

一是开发式商业模式创新。马上金融的开发式商业模式创新主要是指运用金融科技对传统金融服务进行渐进型变革，以优化服务价值，主要表现在：（1）提升金融服务效率。消费金融服务中，关键的效率环节包括消费信贷审核、资金发放、用户还款、逾期催缴等；在消费场景中，关键的效率环节包括对用户资金需求的精确匹配，为用户提供线上线下集成的消费金融服务等，全面提升用户的金融服务体验。（2）精准锁定和匹配目标顾客。马上金融运用 180 多个消费场景、近

20 万家合作商户、500 多万人的信用记录、近 5000 万次的商品交易等累计用户数据，帮助企业精准识别和锁定目标顾客，提升企业营销效率，降低营销成本，提高用户满意水平。（3）提高资金效率。互联网金融公司作为"以钱赚钱"的组织，如何利用好资金、优化资金流转方向、提升资金流转效率是企业获得高水平绩效的重要前提条件。马上金融运用金融科技，充分利用大数据和人工智能等技术构建风控模型，并将其贯穿贷前准入、反欺诈，贷中评级授信、额度管理、交易跟踪，贷后风险分类、风险预警、贷后管理等 C 端用户金融服务的全流程，从而极大地降低违约风险，提高资金使用效率。

二是探索式商业模式创新。马上金融的探索式商业模式创新主要指企业运用新技术、新方法对原有经营方式、运营模式进行革命性变革，或者创造新的金融服务场景。探索式商业模式创新主要体现在企业与 B 端用户之间的商业活动方面。例如，马上金融与重庆百货构建的线下购物、线上信贷的服务模式，革新了传统百货行业的交易方式，并为传统百货应对电商竞争提供了重要的竞争方向；马上金融上线的酒店自助刷脸入住系统，以"刷脸入住、快速退房、免押支付、发票打印"等便捷性特征降低了酒店前台的人力成本，而且提升了旅客入住办理的时间效率，实现了酒店线上与线下资源的无缝对接，从而提升了传统酒店行业的科技水平，以及在移动互联时代的综合竞争力。随着新兴科技的不断进步，马上金融运用大数据、人工智能、区块链等新的技术手段和方案，赋能传统行业，为传统行业带来了商业模式的革命性变革。

二　高管团队与商业模式创新

无论运用金融科技革新消费金融行业，还是强调大数据、人工智能在商业模式中的运用，马上金融的商业模式创新与高管团队成员密切相关。这种关联体现了团队特质影响认知能力，认知能力驱动商业模式的基本路径（见表6-3），主要表现在以下方面。

一方面，高管团队在经验和专业方面的异质性能够使企业更好地识别机会与规避风险。案例分析已经表明，马上金融在金融科技水平方面属于行业翘楚，拥有专利数量占消费金融行业公司专利数量的六成以上。马上金融对科技的巨大投入，与包括 CEO 在内的企业高层管理者的认知和判断密不可分。事实上，由于目前消费金融公司赚钱相对比较容易，企业大多还在舒适区内，因此并没有将技术创新放在核心战略层面上；同时，由于消费金融属于小额、分散贷款，大多数持牌消费金融企业都有银行系基因，因而都用银行抵押担保的思维做消费金融，业务模式上主要供给为资金端供给，不会在风控和资产端下太多功夫，自然创新意识和创新能力不强。高管团队对市场机会及潜在风险的高水平认知能力，使马上金融以金融科技为本，积极推动金融服务升级和商业模式创新。

另一方面，高管团队对机会与风险的认知能力影响企业的商业模式创新方向和水平。马上金融高管团队成员对互联网金融及消费金融发展趋势的认识，使企业注重金融科技的研发及应用，重视消费场景的构建，强调对金融风险的控制，企业通过打通线上线下，聚焦对实体产业的赋能，以此构建和革新企业的商业模式。在开发式商业模式创新方面，强调金融科技与消费金融的紧密结合，提升交易效率，加强资金风险管理，降低交易成本，从而使互联网金融体现有别于传统金融的个性化、便捷化等特征。在探索式商业模式创新方面，加强数据的联结和聚合，马上金融注重利用技术降低人力等边际服务成本，面对从重模式向轻模式转变等新零售金融的重点问题，在构建人、物、场的新零售交易场景方面展开了革新性的探索。

表 6 - 3　高管团队与商业模式创新的例证

主范畴	核心概念	引用语（举例）
高管团队特质与认知能力	机会识别	• 消费金融市场的爆发，给所有消费金融公司带来了前所未有的发展机遇 • 当前消费已连续五年成为拉动经济增长的首要动力，而消费这一引擎越来越需要消费金融来聚能 • 重庆不缺乏金融企业，缺的是以科技驱动的金融企业 • 中国代表着巨大的长期机遇。这种信心源于中国对形势的准确研判和决策部署
	风险感知	• 马上金融的战略强调两点：一方面强调绿色金融在绿色消费领域的重要作用；另一方面，要避免居民杠杆的过度提升 • 在强监管、去杠杆的市场环境下，简单粗暴的跑马圈地时代已经一去不复返，消费金融市场将进入比拼核心竞争力的时代 • 从 2017 年以来，行业处于强监管和严监管的状态，对于我们而言，机遇和挑战并存 • 我也看到有一些企业把自己的核心能力外包，例如只做资金的批发业务，这在我看来是很危险的
认知能力与商业模式创新	开发式商业模式创新	• 金融科技与消费金融的紧密结合，决定了消费金融公司的业务开展、风险控制、审批决策、授权管理等方面是有别于传统金融机构的 • 从一开始，我们走的就是一条以"金融＋科技"为核心、以科技驱动业务的发展道路 • 科技驱动我们不断创新，提升消费金融业务的竞争力，向其他金融机构输出新科技，获得轻资产收入来源 • 公司将继续坚持小额分散放贷，坚持消费信贷与场景结合，助力消费者进一步提升生活品质和幸福感，让人们生活更轻松 • 多产品、线上线下全场景展业是马上金融的主打特色，在产品和用户体验上采取差异化方式
	探索式商业模式创新	• 以人工智能赋能新零售金融的发展给予了行业更多维度的想象，如何利用技术降低人力等边际服务成本，从重模式向轻模式转变等是新零售金融企业需要重点解决的问题 • 传统金融的话语权是资金，未来金融的话语权是数据。需要加强数据的连接和聚合。在新零售里面，我们看到人、物、场，没有场景就没有交易，希望在这方面能做一些探索 • 在重庆百货，我们可以实现现金、银行卡甚至手机的零携带 • 马上金融将把创新摆在发展全局的突出位置，通过组织变革和战略转型，催生出智能化、普惠化、无界化的新金融

三 商业模式创新与竞争优势

马上金融的商业模式创新驱动着企业获取和维持消费金融行业的竞争优势。事实上，无论从 C 端顾客规模、顾客黏性、顾客忠诚度等角度，还是从 B 端服务传统金融机构，赋能传统金融产业，构建新兴的互联网金融服务场景角度，抑或是相对于消费金融行业中的主要竞争对手，马上金融都体现了显著的竞争优势。无论是低成本优势，还是差异化优势，都与马上金融的商业模式创新密切相关。

在商业模式创新与低成本优势方面，案例分析显示，开发式商业模式创新更容易带来低成本优势。互联网金融行业中的开发式商业模式创新集中体现在运用新的科技手段，在获客、风险评估、反欺诈、需求精准匹配等方面进行变革，其重要的绩效结果是提升了资金需求方和供给方的匹配效率水平，降低了交易成本，优化了资金使用效率，在为用户带来价值的同时，建立具有高黏性的顾客关系，进而显著提高以价值资产和关系资产为内核的顾客资产水平，最终显著地与低成本竞争优势关联。因此，商业模式创新驱动低成本优势的路径可以总结为开发式商业模式创新→价值资产/关系资产→低成本优势。

在商业模式创新与差异化优势方面，案例分析表明，探索式商业模式创新更能够为企业带来差异化优势。互联网金融行业的探索式商业模式创新集中表现在推出新的服务产品，构建新的服务场景，提供全新的服务价值。互联网金融企业的探索式商业模式创新能够通过满足全新顾客需求或激活潜在顾客需求，提供新的消费及金融服务场景，从而实现顾客价值的创造；同时，具有特色的、全新的服务产品开发，能够在市场及用户群中树立良好的品牌形象，从而实现对品牌资产的构建。在具有高水平价值资产和品牌资产的基础上，互联网金融企业能够获取差异化竞争优势。因此，商业模式创新驱动差异化优势的路径可以总结为探索式商业模式创新→价值资产/品牌资产→差异化优势。

第四节　本章小结

通过对马上金融的案例分析，我们进一步验证、深化和拓展了对高管团队、商业模式创新及竞争优势内在逻辑关系的认识，实现了量化研究与质化研究的相互印证，不仅丰富了系列研究的方法论，更提升了研究结论的科学性和普适性。

从研究内容上看，马上金融的典型案例分析不仅从实践角度梳理和总结了高管团队异质性对其认知能力的驱动效应，还阐释了机会识别与风险感知驱动两类商业模式创新的不同机制，为理解开发式和探索式商业模式创新提供了重要的理论指引和启示。与此同时，马上金融两类商业模式创新与竞争优势获取的内在机理也得到一定程度研究。在顾客资产的三个方面中，价值资产、关系资产和品牌资产所扮演的中介效应角色存在差异，这意味着低成本优势和差异化优势是基于不同侧重点的顾客资产，而不同的商业模式创新可对顾客资产产生差异化影响。基于以上思路，研究构建了商业模式创新驱动低成本优势和差异化优势的两条路径。

从研究贡献上讲，案例研究承担的角色是理论分析与量化分析的"三角验证"。通过运用理论和大样本研究形成和验证的理论框架，对马上金融商业模式创新的深度案例分析具有重要价值和意义。一方面，验证了理论研究与大样本数据分析得出的研究结论，从实践角度支持了量化研究的分析结果；另一方面，通过典型案例分析及结论探讨，进一步厘清和梳理了高管团队特质、认知能力与商业模式创新的内在关系，以及商业模式创新驱动竞争优势的实现路径，弥补了大样本数据分析的不足，提升了研究结论的精确性和针对性。总之，定量研究与定性研究的有机整合，对拓展研究思路和方法设计、呈现研究内容及结论均具有重要意义。

第七章
研究结论与展望

本书通过相互关联但又逻辑独立的系列研究，对互联网金融企业商业模式创新的内涵、维度、形成机制和作用机制进行探讨。围绕互联网金融企业商业模式创新议题，以及资源、行为、绩效的分析逻辑，构建了"特质—能力—行为—资产—优势"的综合分析框架，并运用多重实证数据对理论模型进行检验，形成了一系列研究结论，为互联网金融及商业模式创新领域的研究做出有益贡献，同时存在的研究不足也为后续相关研究提供了方向指引。

第一节　研究结论及讨论

本节对研究所涵盖的四项相关子研究的结论进行讨论，四项子研究包括互联网金融企业商业模式创新的内涵、类型及测量工具开发，高管团队视角下的商业模式创新形成机制，基于顾客资产的商业模式作用机制，以及典型案例研究。

一 IFEs 商业模式创新的内涵及测度

本书在系统梳理有关商业模式主导逻辑、商业模式内涵及构成要素基础上，认为互联网金融企业商业模式是运用互联网理念和技术手段，满足用户金融需求的金融服务价值创造系统。通过有效地协调和配置企业内部的各类资源，如技术、品牌、人力、知识产权、组织流程等，推出金融服务产品以满足用户的金融服务需求。从基础商业逻辑看，互联网金融企业商业模式既是新兴互联网企业的金融化，即进入金融服务领域；又是传统金融企业的互联网化，即传统金融机构，如银行、基金公司、证券公司等运用互联网技术手段推出金融服务产品。因此，互联网金融企业商业模式具有去中心化、便捷化、低成本化的特征，是在新技术条件下对传统金融模式的革新和补充，形成了全新的金融服务价值。

从颠覆式创新的视角看，本书认为互联网金融企业商业模式创新是运用互联网等新兴技术对传统金融行业进行革命性重构，是新的价值思维和技术手段对传统金融行业进行颠覆性创新的产物，包括渐进性改变和革命性变革两种方式，进而本书认为互联网金融企业商业模式创新由两种基本类型构成，即开发式商业模式创新和探索式商业模式创新。开发式商业模式创新，强调互联网金融企业对传统金融服务产品的优化和补充，或者以现有金融服务产品面向传统金融企业并未涉及或重视的新兴顾客群体；探索式商业模式创新是互联网金融企业提供有别于传统金融企业的服务产品，并为目标顾客群体创造和传递全新价值的创新性活动。

通过系统回顾和借鉴有关商业模式创新的理论，以及开发式和探索式创新的测量工具，本书开发了包含 8 个测量问项的互联网金融企业商业模式创新测量工具（见表7－1），并运用60份预调研问卷和182份正式调研问卷对测量工具进行了系统、科学、严谨的实证检验。数据结论已证实，从开发式和探索式两个层面解构互联网金融企业商业模式创新具有理论科学性，并得到了实证数据的有力支持。有关互联网金融企业商业模式创新测量工具的开发，为后续实证研究提供了重要工具。

表7－1　IFEs 商业模式创新的测量问项汇总

序号	类别		问项
1	开发式商业模式创新	为应对竞争及满足市场需求，我们会	引入补贴等费用，刺激需求
2			构建与现有金融服务产品互补的附加服务
3			在当前基础上增加顾客价值
4			降低顾客交易成本，提升交易效率
5	探索式商业模式创新	为应对竞争及满足市场需求，我们会	推出全新的金融服务产品
6			开发全新的顾客价值
7			面向全新的顾客群体开发服务产品
8			寻求缺乏竞争对手的新兴市场领域

二　IFEs 商业模式创新的形成机制

第一，高管团队专业异质性对机会识别能力和风险感知能力均有正向效应。高水平的高管团队专业异质性意味着团队成员在知识结构与职业背景方面存在较大差异，这些差异有助于管理者运用各自认识和分析问题的知识能力与职业习惯，丰富高管团队的分析视角与决策信息，强化高管团队对市场机会与环境风险的感知水平。通过实证分析可以发现，高管团队专业异质性对政策机会识别能力没有影响效应。可能的原因是，政策机会大多植根于政府政策法规、行业发展规划等政策规范变迁所形成的外部环境中，而高管团队在专业领域的差异性并不能直接帮助企业更好地获取有关政策法规、发展规划层面所释放出的企业发展机会，进而导致高管团队专业异质性与政策机会识别能力缺乏直接关联。

第二，高管团队经验异质性仅对机会识别能力有显著作用，而对风险感知能力没有正向效应。高管团队经验异质性反映高管成员在行业经历和职业履历方面的丰富程度，它能够帮助企业更好地洞察商业机会，但不能帮助企业有效地识别各类潜在风险。一方面，在面对外部竞争压力时，管理者所具备的丰富经验能够帮助企业更好地理解和应对环境变化，洞悉植根于政策与市场中的潜在商业机会；此外，高管们丰富的职业履历，能够为团队决策带来不同视角，进而更全面和科学地认识商业机会。另一方面，互联网金融作为新兴发展行业，是互联网技术与金融服务的融合，其风险更多地蕴含于技术和法律层面，因此高管成员所具备的其他行业从业经历和职业履历并不能直接有效地帮助企业发现这些潜在风险。这一分析结论，也证明互联网金融领域与传统金融行业的高管团队行为特征及绩效存在较大差异。

第三，机会识别能力对探索式和开发式两类商业模式创新均有显著效应，而风险感知能力仅对开发式商业模式创新作用显著。实证分析结论表明，较强的机会识别能力，既可以推动互联网金融企业顺应市场需求，利用新兴技术提供有别于传统金融企业的服务产品，增加新的顾客价值，也能够帮助互联网金融企业对现有金融服务进行创造性补充和优化，将传统金融服务延伸至以往并未触及的市场领域。通过高管团队与互联网金融企业商业模式创新的关系研究，发现虽然机会识别能力显著影响两类商业模式创新，但实际上探索式商业模式创新更多地受到市场机会识别能力驱动，而非政策机会识别能力。这表明在互联网金融行业，聚焦新服务产品与顾客价值的探索式商业模式创新，应更多地聚焦市场层面的因素，如竞争响应、顾客需求等，而非政策层面因素，如行业规划、政策法规等。

三　IFEs 商业模式创新的效用机制

首先，探索式商业模式创新对价值资产和品牌资产有积极影响，而对关系资产的影响作用不显著。互联网金融企业的探索式商业模式创新聚焦利用新的技术手段和资源，提供有别于传统金融机构的服务产品，能够为目标顾客创造全新的顾客价值和消费体验，既可以提供超额顾客价值，又能够让顾客形成别具一格的企业品牌印象，从而体现显著驱动价值资产和品牌资产的累积。然而，全新的金融服务产品，如全新的众筹产品或网络支付方式，虽然蕴含全新价值，但仍存在潜在风险与不确定性，既难以通过新产品或服务锁定顾客群体，又可能无法以此强化顾客关系中的信任水平，因而未对关系资产的构建产生积极效应。

其次，开发式商业模式创新对价值资产和关系资产有正向效应，但对品牌资产的作用未被证实。互联网金融企业开发式商业模式创新强调通过新的技术手段对传统金融服务产品进行优化和完善，或者运用新渠道将已有金融服务产品推向以往技术条件无法触及的新顾客群体。对现有顾客需求的深度满足以及对新兴顾客群体的发掘，都能够为顾客带来新的价值输出，强化顾客的服务价值感知水平；同时，富有针对性和竞争力的新产品和服务，能够进一步密切企业与顾客的关系，从而有利于构建更加稳固的顾客关系。因此，开发式商业模式创新对价值资产和关系资产有明显的驱动作用。但是，由于行业技术的快速溢出效应，互联网金融服务产品独特性的周期变短，竞争者的跟进与模仿速度加快，互联网金融企业很难通过满足顾客现有需求及开发新顾客群体，形成独特的品牌形象，因而开发式商业模式创新对品牌资产的驱动效应并不显著。

最后，低成本优势受价值资产和关系资产驱动，而差异化优势则受价值资产和品牌资产影响。实证分析结果表明，价值资产在互联网金融企业构建差异化和低成本优势方面均扮演关键角色。无论是新产品和服务的开发还是传统服务的衍生，只要能够产生顾客价值，都有助于企业获取和维持竞争优势。同时，关系资产与低成本优势联系紧密，这意味着良好的顾客维系，能够通过顾客价值共创的方式使企业运营成本低于行业平均水平，为企业带来低成本竞争优势；而品牌资产与差异化优势积极关联，这表明企业构建基于顾客视角的独特品牌形象，能够使企业在同质化竞争中树立差异化优势。总之，在顾客资产三大关键要素中，价值资产在构建竞争优势方面具有基础性作用，而关系资产能够为企业带来低成本优势，品牌资产则显著地驱动企业获取差异化优势。

第二节　研究价值及启示

一　研究价值

虽然商业模式创新已经成为企业战略管理与创新创业领域研究的热门议题，但有关互联网金融企业商业模式创新的实证研究还相对缺乏。本书聚焦互联网金融这一新兴领域，探讨互联网金融企业商业模式，及其形成机制和作用机制，具有一定的理论新意与研究贡献，主要表现在以下方面。

（一）深化了商业模式创新的理论内涵研究

在商业模式创新的内涵及测量方面，本书有别于技术创新、战略创新和营销创新的分析视角，从颠覆式创新的本质切入，结合互联网金融的行业特征和企业特点，将互联网金融企业商业模式创新划分为探索式和开发式两方面；进而借鉴商业模式创新，以及探索式和开发式创新的测量工具，开发并检验互联网金融企业商业模式创新的测量工具，从实证角度丰富了商业模式创新类型及测度研究，并为后续研究提供了测量工具。本书的相关测量工具能够为加强和深化商业模式创新的量化分析提供工具基础。

（二）拓展了商业模式创新的前置因素研究

在商业模式创新的形成机制方面，本书遵循"团队特质→认知能力→创新行为"的系统分析框架，从高管团队视角探究互联网金融企业商业模式创新的形成机制，丰富了商业模式创新的驱动机制研究。同时，有关互联网金融企业商业模式创新的研究大多基于技术创新、风险防范等分析视角，并以理论分析和案例研究为主，相关研究结论缺乏大样本数据的实证支持。而本书将互联网金融企业商业模式创新解构为探索式和开发式商业模式创新，并对其进行测量；同时运用大样本数据，从高管团队视角对互联网金融企业商业模式创新进行实证研究，相关测量工具及研究结论能进一步丰富和拓展互联网金融企业商业模式研究。典型案例研究也证实，高管团队在互联网金融企业商业模式创新中扮演关键角色，具有重要价值，这从案例视角丰富了商业模式创新影响因素的理论认知。

（三）丰富了商业模式创新的绩效结果研究

在商业模式的作用机制研究方面，本书将顾客资产视为重要的中介变量，考察互联网金融企业商业模式创新影响竞争优势的作用机制。相关研究及成果具有一定理论价值，主要表现在以下方面。第一，从模式分类及效用机制两方面丰富了商业模式创新研究。研究从颠覆性创新视角出发将互联网金融企业商业模式创新分为探索式和开发式两类，拓展了对商业模式创新的理论认知。同时现有商业模式创新绩效输出研究，大多探讨其对经营绩效，如对市场和财务方面绩效的影响；而本书通过对低成本优势和差异化优势影响作用的考察，拓展了商业模式创新的绩效结果研究。第二，从价值、关系和品牌三个层面理解顾客资产，并将其作为中介变量，并与企业战略层面绩效进行联结，探讨互联网金融企业商业模式创新驱动竞争优势的作用机制，既契合服务型企业经营实践特征，又深化商业模式创新效用机制研究。第三，从前置因素与绩效结果两方面拓展顾客资产的相关研究。一方面，不同于以往营销管理层面的探讨，将商业模式创新作为顾客资产构建的重要前置因素，丰富了对顾客资产关键影响因素的研究；另一方面，将顾客资产与竞争优势进行有效联结，有别于以往聚焦经营绩效，特别是市场绩效的顾客资产效用研究，拓展了顾客资产效用类型及实现机制研究。

二 管理启示

本书立足于中国互联网金融企业实践，围绕高管团队、顾客资产、竞争优势等关键议题开展商业模式创新研究，这些研究问题与企业管理实践紧密联系，使本书的相关结论能够为中国互联网金融企业的管理实践提供启示。

（一）商业模式创新形成机制方面的启示

高管团队在驱动企业商业模式创新过程中扮演重要角色，因而需要从高管团队异质性和认知能力两方面加强创业团队或高管团队建设。首先，高管团队异质性是推动商业模式创新的重要组织条件。企业应该从专业异质性和经验异质性两方面合理搭建高管团队，为企业创新活动奠定行动基础。其次，高管团队专业异质性与机会感知和风险识别两类能力密切相关，表明其在培育高管团队认知能力方面的重要程度高于经验异质性。因此，实现高管团队异质性的路径应该是先强调高管团队成员专业异质性，再追求经验异质性。最后，探索式与开发式商业模式创新需要不同的认知能力进行匹配。实施开发式商业模式创新的企业，培养机会识别能力及绩效性风险感知能力尤为重要，而市场机会识别能力与合法性风险感知能力的培育则有助于探索式商业模式创新活动的开展。

（二）商业模式创新作用机制方面的启示

顾客资产在商业模式创新发挥效用过程中具有重要价值。一方面，顾客资产由价值、关系和品牌多种关键要素构成，不同要素受到探索式与开发式商业模式创新的影响也存在差异。除了价值资产受到两类商业模式创新活动的影响外，关系资产构建更需要开发式商业模式创新，即更强调对现有服务产品的价值补充和功能延伸，从而为现有服务产品发掘新的顾客群体等；而品牌资产累积更依赖探索式商业模式创新，即更加聚焦对新顾客价值主张的发掘，以及新服务产品的设计与开发等。另一方面，企业竞争优势构建的目标不同，对顾客资产各关键维度的关注也存在差异。立足于塑造低成本优势的互联网金融企业，应该聚焦价值资产和关系资产的累积；而致力于获取差异化优势的企业，价值资产和品牌资产的构建则显得尤为重要。尤其需要注意的是，无论选择何种商业模式创新，或构造何种竞争优势，价值资产都在其中扮演关键角色。聚焦顾客价值应当是互联网金融企业实施商业模式创新，构建竞争优势最关键的环节。

第三节　研究局限及展望

本书在互联网金融企业商业模式创新领域进行了探索，并取得一定成果，虽然将商业模式创新研究与具体行业及企业类型相结合的研究才刚刚起步，但已经呈现快速发展的趋势。未来研究可以从新的分析角度和理论基础强化对互联网金融企业商业模式创新的形成及效用机制研究。

一　研究局限

尽管本书在中国互联网金融的管理情境下，对商业模式创新的内涵及测度，形成机制及作用机制等内容进行了较系统的研究，并取得一些突破性理论成果。但是，作为商业模式创新宏大研究范畴中的微小部分，本书的研究内容仍存在一定局限性，主要表现在以下方面。

（一）理论架构的局限性

在理论架构方面，一方面为了实现对研究问题探讨的聚焦与深入，本书基于高管团队异质性与认知能力视角，构建互联网金融企业商业模式创新驱动机制的理论模型，但是并没有对高管团队其他特质，如企业家精神、团队导向、高管任期、团队相容性等方面进行综合考察。另一方面，本书对商业模式创新影响竞争优势机制的探讨，主要聚焦顾客资产的中介效应；而其他重要变量，如顾客满意、顾客导向、市场战略等本书未涉及，它们在商业模式创新的效用机制方面可能也扮演重要角色，需要在后续研究中探讨。

（二）样本数据的局限性

在数据来源方面，由于互联网金融属于新兴商业形态，该类企业的整体数量还比较少，质量也参差不齐，再加之研究时间、精力及经费限制，因此本书的实证数据均来自成渝地区。样本企业数量虽满足实证分析要求但仍比较有限，有可能对分析结论的有效性和普适性产生影响；在调研及访谈过程中我们发现，社会对互联网金融的认识还存在诸多误区，诸如将互联网金融与网络借贷简单地画上等号，导致一些企业对参与学术研究及调查存有顾虑，从而增加了样本企业的数据收集难度；在案例研究中，应案例企业要求，研究更多使用公开资料进行论证，导致案例分析和理论框架的匹配度方面存在不足。

（三）研究方法的局限性

在研究方法方面，研究总体上运用了"定性＋定量"的混合研究方法，但是在实证分析过程中，主要采用大样本分析方法，例如因子分析、回归分析、结构模型分析以及典型案例分析等。混合研究方法及分析工具虽能够较充分地展现特定类型企业的整体状况，但缺乏对某一特定现象的深入分析；虽能够对互联网金融及商业模式创新的相关理论验证和深化做出一定贡献，但对"挑战"和"构建"相关理论缺乏实质性贡献。考虑到互联网金融业务形态的多样性，对马上金融（消费金融领域）典型案例的探讨，不能够比较系统和全面地反映互联网金融行业的全貌，毕竟消费金融与第三方支付、众筹、P2P信贷、互联网理财等业务形态还存在较多差异。

二　研究展望

随着人工智能和大数据技术的发展，以及用户（普通个体和中小企业）金融服务需求的多元化和丰富化，互联网金融行业必将在不断规范和完善的政策、法律环境下持续发展。因而，理论界对互联网金融行业及企业的研究必将不断深化。根据本书所取得的阶段性成果以及研究不足，未来有关互联网金融企业商业模式创新的研究应该在以下几个方面推进。

（一）拓展理论分析框架

在前置因素方面，根据现有的研究观点，驱动互联网金融企业商业模式创新的引入因素涵盖内部和外部两大方面。除了本书所探讨的高管团队，即高阶理论视角，还存在诸如资源基础观、知识基础观、能力基础观等"内部"理论视角，也有制度理论、创新范式及机会窗口理论、产业经济学理论等"外部"理论视角。上述内外部理论视角能够为研究互联网金融企业商业模式创新的前置因素提供诸多分析切入点和理论基础，进而能够丰富互联网金融行业及企业的相关研究。

在绩效结果方面，创新行为提升经营绩效或塑造竞争优势的路径多种多样，依据不同的理论及分析框架可以设计不同的理论路径。例如，互联网金融企业商业模式创新可能带来市场战略的改变，进而影响经营绩效或竞争优势。此外，互联网金融企业面临着高度的市场监管和动荡的政策环境，如何通过有效的商业模式创新获取合法性地位也是互联网金融企业需要面对的重要理论和现实问题。

（二）增加样本企业规模

通过扩大范围的数据收集，增加样本企业的数量及代表性，为分类分区分层研究提供数据基础。通过获取更大范围和代表性的研究数据，既可以增加样本企业数量，又可以提高研究结论的普适性。当样本企业数量达到一定规模时，便可以考虑中国互联网金融行业发展的区域（如东部、中部和西部地区）不平等性问题，不同业务类型（如第三方支付、P2P信贷、众筹、互联网理财及信息咨询等）的互联网金融企业发展水平的差异性等重要议题。通过对研究样本的分类、分区和分层研究，能够得到更细致深入和更具指导性的研究结论。

（三）丰富研究及分析方法

综合运用多种分析方法，充分利用不同研究方法的优势，弥补单一方法的不足，以增强研究结论的相互验证水平。互联网金融行业内不同企业之间的差异巨大，在研究方法的使用方面，除了进一步强化和规范大样本数据分析方法的使用外，还需运用多案例研究方法，考虑第三方支付、众筹、P2P 信贷、互联网理财等业务形态的典型案例企业，在对比分析、归纳分析中总结出互联网金融企业的共性与个性问题。此外有效整合大样本与案例分析的定性比较分析（QCA）方法可以被广泛应用于互联网金融企业商业模式创新研究的不同领域和特定议题中，例如，通过组织因素（组织文化、结构，管理者认知、精神等因素）与环境因素（政策、技术、市场等因素）的组态分析，探讨互联网金融企业商业模式创新的形成机制与效用机制。

附　录

调查问卷 I

尊敬的先生/女士：

　　您好！我们是重庆理工大学课题组，正在进行一项有关互联网金融企业商业模式创新的学术研究。我们真诚地希望您能参与我们的研究，为共同推动我国互联网金融行业健康发展尽一份力！

　　我们郑重地向您声明：本次问卷调查不会收集任何有关您个人及公司经营活动的信息和数据，也不涉及任何个人隐私和商业机密；所收集到的全部资料仅供学术研究使用，绝无任何商业用途；我们将对相关资料严格保密。恳请您大力支持，据实填写问卷。谢谢您的支持！祝愿您的事业蒸蒸日上！

"互联网金融企业商业模式创新"研究团队

2015 年 12 月

Ⅰ. 企业基本情况

1. 贵公司的名称是＿＿＿＿＿＿＿＿＿＿＿＿＿＿＿＿＿＿（仅用于辨别同一数据源）。

2. 贵公司成立于＿＿＿＿年（请填写四位数的自然年，如2015）。

3. 截至目前，贵公司的正式员工人数为＿＿＿＿＿＿＿＿＿（请填写具体人数）。

□ 50 人以下　　□ 50 - 99 人　　□ 100 - 149 人　　□ 150 人及以上

4. 您在公司属于（单项选择，请在正确答案前画"√"）：

□ 高层管理者　　□ 中层管理者　　□ 基层管理者

5. 您的主要职能领域是（单项选择，请在正确答案前画"√"）：

□ 公司战略　　□ 财务管理　　□ 技术管理　　□ 营销及市场管理

□ 运营及风险管理　　□ 人力资源管理　　□ 其他

Ⅱ. 企业经营及管理活动评价

以下各项是对企业经营及管理活动的详细描述，请根据您公司（即"我们"）的实际情况逐一进行对比评价。"1"表示完全不同意（即完全不符合您公司的实际情况），"3"表示不确定，"5"表示完全同意（即完全符合您公司的实际情况）；"1"至"5"之间表示您对本问项认同程度由低到高的变化，请您在认可的数字下面画"√"。

序号	题项	完全不同意	基本不同意	不确定	基本同意	完全同意
1	我们公司的高管团队成员具有不同的教育背景（不同区域、不同层次的大学）	1	2	3	4	5

序号	题项	完全不同意	基本不同意	不确定	基本同意	完全同意
2	我们公司的高管团队成员具有不同的专业背景（技术、经济、管理等）	1	2	3	4	5
3	我们公司的高管团队成员具有不同的学历水平（专科、本科和研究生）	1	2	3	4	5
4	我们公司的高管团队成员在不同管理岗位上（研发、财务、营销、人力等）担任过重要职务	1	2	3	4	5
5	我们公司的高管团队成员具备在不同产业/行业中工作的经验	1	2	3	4	5
6	我们公司的高管团队成员在本行业相关领域的工作时间较长	1	2	3	4	5
7	我们公司的高管团队成员均有在技术和管理岗位的工作经历	1	2	3	4	5
8	我们公司的高管团队成员具有不同的文化背景（在国内不同地区/海外学习、生活和工作过）	1	2	3	4	5
9	我们公司的高管团队成员具有在不同性质公司（外资、民营、国有）工作的经历	1	2	3	4	5
10	我们公司的高管团队成员，大多数情况下能够从政府政策及产业发展规划中发现商业机会	1	2	3	4	5
11	我们公司的高管团队成员，大多数情况下能够从政府政策及法规的变化中发现商业机会	1	2	3	4	5
12	我们公司的高管团队成员，大多数情况下能够在与顾客的互动过程中发现商业机会	1	2	3	4	5
13	我们公司的高管团队成员，大多数情况下能够在与合作伙伴的互动过程中发现商业机会	1	2	3	4	5
14	我们公司的高管团队成员，大多数情况下能够在与竞争对手的互动过程中发现商业机会	1	2	3	4	5
15	我们公司的高管团队成员，大多数情况下能够认识影响业绩的各种内外部不确定因素	1	2	3	4	5
16	我们公司的高管团队成员，大多数情况下能够把握经营决策会出现的各种后果	1	2	3	4	5
17	我们公司的高管团队成员，大多数情况下能够明确经营决策出现某种可能性结果的概率	1	2	3	4	5

序号	题项	完全不同意	基本不同意	不确定	基本同意	完全同意
18	我们公司的高管团队成员，大多数情况下能够洞悉影响公司业务合法性获取的各类因素	1	2	3	4	5
19	我们公司的高管团队成员，大多数情况下能够明确与公司业务相关的各项法律规定	1	2	3	4	5
20	我们公司的高管团队成员，大多数情况下能够明确客户及社会对本公司发展的期待	1	2	3	4	5
21	为应对竞争及满足市场需求，我们会推出全新的金融服务产品	1	2	3	4	5
22	为应对竞争及满足市场需求，我们会开发全新的顾客价值	1	2	3	4	5
23	为应对竞争及满足市场需求，我们会面向全新的顾客群体开发服务产品	1	2	3	4	5
24	为应对竞争及满足市场需求，我们会寻求缺乏竞争对手的新兴市场领域	1	2	3	4	5
25	为应对竞争及满足市场需求，我们会引入补贴等费用，刺激需求	1	2	3	4	5
26	为应对竞争及满足市场需求，我们会构建与现有金融服务产品互补的附加服务	1	2	3	4	5
27	为应对竞争及满足市场需求，我们会在当前基础上增加顾客价值	1	2	3	4	5
28	为应对竞争及满足市场需求，我们会降低顾客交易成本，提升交易效率	1	2	3	4	5

您已经完成了本问卷，再次感谢您的帮助！

调查问卷 Ⅱ

尊敬的先生/女士：

您好！我们是重庆理工大学课题组，正在进行一项有关互联网金融企业商业模式创新的学术研究。我们真诚地希望您能参与我们的研究，为共同推动我国互联网金融行业健康发展尽一份力！

我们郑重地向您声明：本次问卷调查不会收集任何有关您个人及公司经营活动的信息和数据，也不涉及任何个人隐私和商业机密；所收集到的全部资料仅供学术研究使用，绝无任何商业用途；我们将对相关资料严格保密。恳请您大力支持，据实填写问卷。谢谢您的支持！祝愿您的事业蒸蒸日上！

"互联网金融企业商业模式创新" 研究团队

2016 年 9 月

1. 企业填写部分

Ⅰ. 基本情况

1. 贵公司的名称是＿＿＿＿＿＿＿＿＿＿＿＿＿＿ （仅用于辨别同一数据源）。

2. 贵公司成立于＿＿＿＿年 （请填写四位数的自然年，如 2015）。

3. 截至目前，贵公司的正式员工人数为＿＿＿＿＿＿＿＿ （请填写具体人数）。

□50 人以下　□50 – 99 人　□100 – 149 人　□150 人及以上

4. 您在公司属于 （单项选择，请在正确答案前画 "√"）：

□高层管理者　□中层管理者　□基层管理者

5. 您的主要职能领域是 （单项选择，请在正确答案前画 "√"）：

□公司战略　□财务管理　□技术管理　□营销及市场管理

□运营及风险管理　□人力资源管理　□其他

Ⅱ．企业经营及管理活动评价

以下各项是对企业经营及管理活动的详细描述，请根据您公司（即"我们"）的实际情况逐一进行对比评价。"1"表示完全不同意（即完全不符合您公司的实际情况），"3"表示不确定，"5"表示完全同意（即完全符合您公司的实际情况）；"1"至"5"之间表示您对本问项认同程度由低到高的变化，请您在认可的数字下面画"√"。

序号	题项	完全不同意	基本不同意	不确定	基本同意	完全同意
1	为应对竞争及满足市场需求，我们会推出全新的金融服务产品	1	2	3	4	5
2	为应对竞争及满足市场需求，我们会开发全新的顾客价值	1	2	3	4	5
3	为应对竞争及满足市场需求，我们会面向全新的顾客群体开发服务产品	1	2	3	4	5
4	为应对竞争及满足市场需求，我们会寻求缺乏竞争对手的新兴市场领域	1	2	3	4	5
5	为应对竞争及满足市场需求，我们会引入补贴等费用，刺激需求	1	2	3	4	5
6	为应对竞争及满足市场需求，我们会构建与现有金融服务产品互补的附加服务	1	2	3	4	5
7	为应对竞争及满足市场需求，我们会在当前基础上增加顾客价值	1	2	3	4	5
8	为应对竞争及满足市场需求，我们会降低顾客交易成本，提升交易效率	1	2	3	4	5
9	公司服务设计开发成本低于主要竞争对手	1	2	3	4	5
10	公司服务质量控制成本低于主要竞争对手	1	2	3	4	5
11	公司服务营销管理成本低于主要竞争对手	1	2	3	4	5
12	公司服务定价水平低于主要竞争对手	1	2	3	4	5
13	公司品牌在顾客心中的影响力高于主要竞争对手	1	2	3	4	5
14	公司品牌个性比主要竞争对手更鲜明	1	2	3	4	5
15	公司服务的技术水平优于主要竞争对手	1	2	3	4	5

续表

序号	题项	完全不同意	基本不同意	不确定	基本同意	完全同意
16	公司服务的技术支持和售后服务优于主要竞争对手	1	2	3	4	5
17	公司服务的响应速度和可靠性优于主要竞争对手	1	2	3	4	5

2. 用户填写部分

Ⅰ. 基本情况

1. 您的年龄是（单项选择，请在正确答案前画"√"）：

□18 岁以下 □18～30 岁 □31～45 岁 □46～60 岁

□60 岁以上

2. 您的受教育程度是（单项选择，请在正确答案前画"√"）：

□高中及以下学历 □大学专科学历 □大学本科学历

□研究生学历

3. 您的家庭年收入是（单项选择，请在正确答案前画"√"）：

□12 万元以下 □12～24 万元 □25～50 万元

□51～100 万元 □100 万元以上

4. 您成为××公司用户的时间是_____年（请填写四位数的自然年，如 2015）。

5. 您对××公司服务的整体评价是（单项选择，请在正确答案前画"√"）：

□非常差 □较差 □一般 □较好 □非常好

Ⅱ. 对企业服务的评价

以下各项是对××公司金融服务的详细描述，请您根据实际情况逐一进行对比评价。"1"表示完全不同意（即完全不符合实际情况），"3"表示不确定，"5"表示完全同意（即完全符合实际情况）；"1"至"5"之间表示您对本问项认同程度由低到高的变化，请您在认可的数字下面画"√"。

序号	题项	完全不同意	基本不同意	不确定	基本同意	完全同意
1	××公司的服务非常具有吸引力	1	2	3	4	5
2	选择××公司的服务是一种身份和地位的象征	1	2	3	4	5
3	××公司的服务性价比非常高	1	2	3	4	5
4	××公司的服务能够满足我的需求	1	2	3	4	5
5	××公司的服务非常具有创新性	1	2	3	4	5
6	当参与老顾客回馈活动时，××公司向我提供比一般顾客更多的服务	1	2	3	4	5
7	我对××公司提供的服务及相应质量非常熟悉	1	2	3	4	5
8	我非常高兴在各类活动中结识××公司的其他顾客	1	2	3	4	5
9	××公司对我的需求比较了解	1	2	3	4	5
10	我非常信任××公司	1	2	3	4	5
11	××公司是一个强势的品牌	1	2	3	4	5
12	××公司是一个独特的品牌	1	2	3	4	5
13	××公司是一个有吸引力的品牌	1	2	3	4	5
14	××公司是一个讨人喜欢的品牌	1	2	3	4	5

您已经完成了本问卷，再次感谢您的帮助！

主要参考文献

1. 〔美〕阿巴斯·塔沙克里、查尔斯·特德莱:《混合方法论:定性方法和定量方法的结合》,唐海华译,重庆大学出版社,2010。

2. 陈一稀:《互联网金融的概念、现状与发展建议》,《金融发展评论》2013 年第 12 期。

3. 崔晓杨、闫冰倩、乔晗等:《基于"微笑曲线"的全产业链商业模式创新:万达商业地产案例》,《管理评论》2016 年第 11 期。

4. 董保宝、李白杨:《新创企业学习导向、动态能力与竞争优势关系研究》,《管理学报》2014 年第 3 期。

5. 董昀、李鑫:《互联网金融的发展:基于文献的探究》,《金融评论》2014 年第 5 期。

6. 傅为忠、曹新蓉:《互联网金融企业经营风险探微:基于改进的 CRITIC – GRAP 模型》,《财会月刊》2017 年第 32 期。

7. 葛玉辉、陈倩:《高层管理团队认知能力二维组合模型研究》,《科技进步与对策》2011 年第 8 期。

8. 郭京京、陈琦:《电子商务商业模式设计对企业绩效的影响机制研究》,《管理工程学报》2014 年第 3 期。

9. 郭品、沈悦:《互联网金融对商业银行风险承担的影响:理论解读与实证检验》,《财贸经济》2015 年第 10 期。

10. 〔美〕哈里斯·库珀:《如何做综述性研究》,刘洋译,重庆大学出版社,2010。

11. 贺小刚、连燕玲、吕斐斐:《期望差距与企业家的风险决策偏好:基于中国家族上市公司的数据分析》,《管理科学学报》2016 年第 8 期。

12. 胡勇、乔元波:《诸种商业模式与创新驱动的关联度》,《改革》2016 年第 6 期。

13. 〔美〕加里·哈梅尔、C. K. 普拉哈拉德:《竞争大未来:企业发展战略》,王振西译,昆仑出版社,1998。

14. 蒋少颜、颜晓燕:《P2P 互联网金融企业审计监管模式构建》,《企业经济》2017 年第 5 期。

15. 黎宁:《大数据在互联网金融企业风险控制中应用研究》,硕士学位论文,广西大学,2018,第 17 ~ 54 页。

16. 李飞等:《中国百货商店如何进行服务创新——基于北京当代商城的案例研究》,《管理世界》2010 年第 2 期。

17. 李克穆:《互联网金融的创新与风险》,《管理世界》2016 年第 2 期。

18. 李巍、代智豪、丁超:《企业家社会资本影响经营绩效的机制研究——商业模式创新的视角》,《华东经济管理》2018 年第 2 期。

19. 李巍、丁超:《商业模式创新驱动市场效能的机制研究:营销动态能力的调节效应》,《商业经济与管理》2017 年第 4 期。

20. 李巍:《中小企业创新均衡对竞争优势的影响机理研究:营销动态能力的调节效应》,《研究与发展管理》2015 年第 6 期。

21. 李悦雷、郭阳、张维:《中国 P2P 小额贷款市场借贷成功率影响因素分析》，《金融研究》2013 年第 7 期。

22. 刘泓辰、王兴元、杨娟：《大学生创客团队异质性与团队绩效研究——协作状态的调节作用》，《开放教育研究》2017 年第 5 期。

23. 刘晔、杨培祥、谢富生：《我国互联网金融与银行之间的风险溢出研究》，《华东经济管理》2018 年第 8 期。

24. 刘忠璐：《互联网金融对商业银行风险承担的影响研究》，《财贸经济》2016 年第 4 期。

25. 陆亚东、孙金云：《复合基础观的动因及其对竞争优势的影响研究》，《管理世界》2014 年第 7 期。

26. 〔美〕罗伯特·K. 殷：《案例研究：设计与方法（第 3 版）》，周海涛等译，重庆大学出版社，2004。

27. 罗珉、李亮宇：《互联网时代的商业模式创新：价值创造视角》，《中国工业经济》2015 年第 1 期。

28. 欧阳日辉、郭大刚、刘怡、柏亮：《中国互联网金融创新与治理发展报告（2018）》，社会科学文献出版社，2018。

29. 庞长伟、李垣、段光：《整合能力与企业绩效：商业模式创新的中介作用》，《管理科学》2015 年第 5 期。

30. 彭正龙、陶然：《基于团队认知能力的知识转移影响机制研究》，《管理工程学报》2009 年第 3 期。

31. 乔均：《互联网金融企业品牌形象度量研究》，《南京社会科学》2016 年第 10 期。

32. 唐宁玉、王重鸣：《虚拟团队学习效能研究：社会认知因素的影响》，《心理科学》2007 年第 1 期。

33. 田庆锋、张银银、杨清：《商业模式创新：理论研究进展与实证研究综述》，《管理现代化》2018 年第 1 期。

34. 王海燕、郑秀梅：《创新驱动发展的理论基础、内涵与评价》，《中国软科学》2017 年第 1 期。

35. 王菊仙、翟进步、李培馨、盛雅彬：《互联网金融企业税负分析及预测》，《税务研究》2016 年第 3 期。

36. 王美文：《持牌消费金融 9 年鏖战，万亿级角斗场，谁能稳坐"王"位？》，https://www.iyiou.com/p/101642.html。

37. 王千：《互联网企业平台生态圈及其金融生态圈研究：基于共同价值的视角》，《国际金融研究》2014 年第 11 期。

38. 王雪冬、董大海：《商业模式创新概念研究述评与展望》，《外国经济与管理》2013 年第 11 期。

39. 卫武、易志伟：《高管团队异质性、断层线与创新战略：注意力配置的调节作用》，《技术经济》2017 年第 1 期。

40. 吴明隆：《结构方程模型——AMOS 的操作与应用》，重庆大学出版社，2009。

41. 吴晓波、赵子溢：《商业模式创新的前因问题：研究综述与展望》，《外国经济与管理》2017 年第 1 期。

42. 谢德荪：《源创新：转型期的中国企业创新之道》，五洲传播出版社，2012，第 47 页。

43. 谢卫红、王永健、蓝海林等：《产品模块化对企业竞争优势的影响机理研究》，《管理学报》2014 年第 4 期。

44. 邢会强：《相对安全理念下规范互联网金融的法律模式与路径》，《法学》2017 年第 12 期。

45. 熊莉媛：《互联网金融企业的发展历程及类型研究》，《金融经济》2017 年第 8 期。

46. 许晖、李巍：《员工导向与客户关系管理的整合机制研究——基于华泰证券的案例分析》,《科学学与科学技术管理》2011 年第 8 期。

47. 杨俊、田莉、张玉利、王伟毅:《创新还是模仿:创业团队经验异质性与冲突特征的角色》,《管理世界》2010 年第 3 期。

48. 〔美〕约翰·W. 克雷斯威尔:《研究设计与写作指导:定性、定量与混合研究的路径》,崔延强译,重庆大学出版社,2007。

49. 岳中刚、周勤、杨小军:《众筹融资、信息甄别与市场效率——基于人人贷的实证研究》,《经济学动态》2016 年第 11 期。

50. 张斌:《互联网金融规制反思与建议——基于信息不对称视角》,《经济与管理》2017 年第 5 期。

51. 张国军、陈传明:《顾客资产研究的关系视角》,《中国工业经济》2006 年第 7 期。

52. 张艳、张建琦:《社会网络和高层管理团队异质性对民营企业家机会搜寻能力的影响研究》,《管理学报》2016 年第 12 期。

53. 赵丙艳、葛玉辉、刘喜怀:《TMT 认知、断裂带对创新绩效的影响:战略柔性的调节作用》,《科学学与科学技术管理》2016 年第 6 期。

54. 赵红、丁茹:《互联网金融企业用户流失预测特征提取方式对比研究》,《预测》2018 年第 6 期。

55. 赵旭升:《互联网金融商业模式演进及商业银行的应对策略》,《金融论坛》2014 年第 10 期。

56. 郑联盛:《中国互联网金融:模式、影响、本质与风险》,《国际经济评论》2014 年第 5 期。

57. 中国人民银行金融消费权益保护局:《中国普惠金融指标分析报告（2018）》, http://finance. sina. com. cn/money/bank/bank_hydt/2019 - 10 - 21/doc-iicezuev3745583. shtml。

58. 周建、李小青：《董事会认知异质性对企业创新战略影响的实证研究》，《管理科学》2012 年第 6 期。

59. 邹静、王洪卫：《互联网金融对中国商业银行系统性风险的影响：基于 SVAR 模型的实证研究》，《财经理论与实践》2017 年第 1 期。

60. Amit, R. & Zott, C. , "Value Creation in E-business", *Strategic Management Journal* 22 （2001）：pp. 493 – 520.

62. Amit, R. , "Business Model Design：An Activity System Perspective", *Long Range Planning* 43 （2010）：pp. 216 – 226.

63. An, W. , Zhao, X. , Cao, Z. , Zhang, J. et al. , "How Bricolage Drives Corporate Entrepreneurship：The Roles of Opportunity Identification and Learning Orientation", *Journal of Product Innovation Management* 35 （2018）：pp. 49 – 65.

64. Anderson, C. & Gerbing, W. , "Structural Equation Modeling in Practice：A Review and Recommended Two-step Approach", *Psychological Bulletin* 103 （1988）：pp. 411 – 423.

65. Ashill, N. & Jobber, D. , "Measuring State, Effect, and Response Uncertainty：Theoretical Construct Development and Empirical Validation", *Journal of Management* 36 （2009）：pp. 1278 – 1308.

66. Aspara, J. , Hietanen, J. & Tikkanen, H. , "Business Model Innovation vs Replication：Financial Performance Implications of Strategic Emphases", *Journal of Strategic Marketing* 18 （2010）：pp. 39 – 56.

67. Augier, M. & Teece, D. , "Dynamic Capabilities and the Role of Managers in Business Strategy and Economic Performance", *Organization Science* 20 （2009）：pp. 410 – 421.

68. Baden-Fuller, C. & Haefliger, S. , "Business Models and Technological

Innovation", *Long Range Planning* 46（2013）：pp. 419 – 426.

69. Bagozzi, P. , Baumgartner, J. & Yi, Y. , "An Investigation into the Role of Intentions as Mediators of the Attitude-behavior Relationship", *Journal of Economic Psychology* 10（1989）：pp. 35 – 62.

70. Barney, J. , "Firm Resource and Sustainable Competitive Advantage", *Journal of Management* 17（1991）：pp. 99 – 120.

71. Baron, A. & Ensley, D. , "Opportunity Recognition as the Detection of Meaningful Patterns：Evidence from Comparisons of Novice and Experienced Entrepreneurs", *Management Science* 52（2006）：pp. 1331 – 1344.

72. Baron, R. & Kenny, D. , "The Moderator-mediator Variable Distinction in Social Psychological Research：Conceptual, Strategic, and Statistical Considerations", *Journal of Personality and Social Psychology* 51（1986）：pp. 1173 – 1182.

73. Berman, B. , "How to Compete Effectively Against Low-cost Competitors", *Business Horizons* 58（2015）：pp. 87 – 97.

74. Bhagat, S. , Stevenson, K. & Segovis, C. , "International and Cultural Variations in Employee Assistance Programmes：Implications for Managerial Health and Effectiveness", *Journal of Management Studies* 44（2007）：pp. 222 – 242.

75. Bjornali, E. , Knockaert, M. & Erikson, T. , "The Impact of Top Management Team Characteristics and Board Service Involvement on Team Effectiveness in High-Tech Start-ups", *Long Range Planning* 49（2016）：pp. 447 – 463.

76. Blattberg, R. & Deighton, J. , "Manage Marketing by the Customer Eq-

uity Test", *Harvard Business Review* 74 （1996）： pp. 136 – 144.

77. Blattberg, R. Getz, G. & Jacquelyn, S. , "Customer Equity： Building and Managing Relationship as Valuable Assets", *Long Range Planning* 35 （2002）： pp. 657 – 661.

78. Bock, A. & Gerard, G. , "Business Model Innovation and Strategic Flexibility： A Study of the Effects of Informal and Formal Organization", *Journal of Chemical Physics* 57 （2010）： pp. 5257 – 5265.

79. Brown, L. & Osborne, S. , "Risk and Innovation： Towards a Framework for Risk Governance in Public Services", *Public Management Review* 15 （2013）： pp. 186 – 208.

80. Campion, C. , Medsker, G. & Higgs, A. , "Relations Between Work Group Characteristics and Effectiveness： Implications for Designing Effective Work Groups", *Personnel Psychology* 46 （1993）： pp. 823 – 855.

81. Carpenter, M. , Geletkanycz, A. & Sanders, W. , "Upper Echelons Research Revisited： Antecedents, Elements, and Consequences of Top Management Team Composition", *Journal of Management* 30 （2004）： pp. 749 – 778.

82. Casadesus-Masanell, R. & Ricart, J. , "How to Design a Winning Business Model", *Harvard Business Review* 89 （2011）： pp. 1 – 9.

83. Casadesus-Masanell, R. & Zhu, F. , "Business Model Innovation and Competitive Imitation： The Case of Sponsor-based Business Models", *Strategic Management Journal* 34 （2013）： pp. 464 – 482.

84. Chatzipanagiotou, K. , Veloutsou, C. & Christodoulides, G. , "Decoding the Eomplexity of the Consumer-based Brand Equity Process",

Journal of Business Research 69 （2016）： pp. 5479 – 5486.

85. Chesbrough, H. , "Business Model Innovation： Opportunities and Barriers", *Long Range Planning* 43 （2010）： pp. 354 – 363.

86. Churchill, G. , "A Paradigm for Developing Better Measures of Marketing Constructs", *Journal of Marketing Research* 16 （1979）： pp. 64 – 73.

87. Churchill, Gilbert, A. , Jr. , "A Paradigm for Developing Better Measures of Marketing Constructs", *Journal of Marketing Research* 16 （1979）： pp. 64 – 73.

88. Clauss T. , "Measuring Business Model Innovation： Conceptualization, Scale Development and Proof of Performance", *R&D Management* 47 （2017）： pp. 385 – 403.

89. Cucculelli, M. & Peruzzi, V. , "Post-crisis Firm Survival, Business Model Changes, and Learning： Evidence from the Italian Manufacturing Industry", *Small Business Economics* 23 （2018）： pp. 1 – 16.

90. Day, G. , "The Capabilities of Market-driven Organizations", *Journal of Marketing* 58 （1994）： pp. 37 – 52.

91. Demil, B. & Lecocq, X. , "Business Model Evolution： In Search of Dynamic Consistency", *Long Range Planning* 43 （2010）： pp. 230 – 246.

92. Ding, L. , Velicer, W. & Harlow, L. , "Effects of Estimation Methods, Number of Indicators Per Factor, and Improper Solutions on Structural Equation Modeling Fit Indices", *Structural equation modeling： A Multidisciplinary Journal* 2 （1995）： pp. 119 – 143.

93. Doorn, S. , Heyden, M. & Volberda, H. , "Enhancing Entrepreneurial Orientation in Dynamic Environments： The Interplay Between top Management team Advice-seeking and Absorptive Capacity", *Long Range*

Planning 50 (2017): pp. 134 – 144.

94. Dorsch, M. & Carlson, L., "A Transaction Approach to Understanding and Managing Customer Equity", *Journal of Business Research* 35 (2015): pp. 253 – 264.

95. Downing, S., "The Social Construction of Entrepreneurship: Narrative and Dramatic Processes in the Coproduction of Organizations and Identities", *Entrepreneurship: Theory & Practice* 29 (2005): pp. 185 – 204.

96. Doz, L. & Kosonen, M., "Embedding Strategic Agility: a Leadership Agenda for Accelerating Business Model Renewal", *Long Range Planning* 43 (2010): pp. 370 – 382.

97. Dyer, G. & Wilkins, L., "Better Stories, Not Better Constructs, to Generate Better Theory: A Rejoinder to Eisenhardt", *Academy of Management Review* 16 (1991): pp. 613 – 619.

98. Eggers, J. P., Kaplan, S., "Cognition and Renewal: Comparing CEO and Organizational Effects on Incumbent Adaptation to Technical Change", *Organization Science* 20 (2009): pp. 461 – 477.

99. Eisenhardt, K., Graebner, M., "Theory Building from Cases: Opportunities and Challenges", *Academy of Management Journal* 50 (2007): pp. 25 – 32.

100. Eisenmann, T., Parker, G. & Van Alstyne, W., "Strategies for Two Sided Markets", *Social Science Electronic Publishing* 84 (2014): pp. 92 – 101.

101. Evans, S., Vladimirova, D., Holgado, M. et al., "Business Model Innovation for Sustainability: Towards a Unified Perspective for Creation of Sustainable Business Models", *Business Strategy & the Environ-*

ment 26（2017）：pp. 273 – 295.

102. Fomell, L. , "Evaluating Structural Equation Models with Unobservable Variables and Measurement Error", *Journal of Marketing Research* 18（1981）：pp. 39 – 50.

103. Foss, N. & Saebi, T. , "Fifteen Years of Research on Business Model Innovation：How Far Have We Come, and Where Should We Go?", *Journal of Management* 43（2017）：pp. 200 – 227.

104. Ghaziani, A. & Ventresca, M. , "Keywords and Cultural Change：Frame Analysis of Busieess Model Public Talk, 1975 – 2000", *Sociological Forum* 29（2005）：pp. 523 – 559.

105. Giesen, E. , Berman, J. , Bell, R. & Blitz, A. , "Three Ways to Successfully Innovate Your Business Model", *Strategy and Leadership* 35（2007）：pp. 27 – 33.

106. Guo, H. , Tang, J. , Su, Z. & Martins L. & Katz J. , "Opportunity Recognition and SME Performance：The Mediating Effect of Business Model Innovation", *R&D Management* 47（2017）：pp. 431 – 442.

107. Gupta, R. , Hammoudeh, S. , Modise, P. et al. , "Can Economic Uncertainty, Financial Stress and Consumer Sentiments Predict U. S. Equity Premium?" *Journal of International Financial Markets Institutions & Money* 33（2014）：pp. 367 – 378.

108. Gupta, S. , Hanssens, D. , Hardie, B. et al. , "Modeling Customer Lifetime Value", *Journal of Service Research* 9（2006）：pp. 139 – 155.

109. Hamel, G. & Trudel, D. , "Leading the Revolution", *Journal of Product Innovation Management* 18（2001）：pp. 212 – 213.

110. He, Z. & Wong, P. , "Exploration vs. Exploitation：An Empirical Test

of the Ambidexterity Hypothesis", *Organization Science* 15 (2004):
pp. 481 – 494.

111. Helfat, C. & Peteraf, M., "Managerial Cognitive Capabilities and the
Microfoundations of Dynamic Capabilities", *Strategic Management
Journal* 36 (2015): pp. 831 – 850.

112. Homberg, F. & Bui, H., "Top Management Team Diversity: A Sys-
tematic Review", *Group & Organization Management* 38 (2013):
pp. 455 – 479.

113. Hoskisson, R. & Hitt, M., "Theory and Research in Strategic Manage-
ment: Swings of a Pendulum", *Journal of Management* 25 (1999):
pp. 131 – 141.

114. Hunter, J., "Cognitive Ability, Cognitive Aptitude, Job Knowledge,
and Job Performance", *Journal of Vocational Behavior* 29 (1986):
pp. 340 – 362.

115. Jansen, J., Van, F. & Volberda, H., "Exploratory Innovation, Ex-
ploitative Innovation, and Performance: Effects of Organizational Ante-
cedents and Environmental Moderators", *Management Science* 52
(2006): pp. 1661 – 1674.

116. Jaw, Y. & Lin, W., "Corporate Elite Characteristics and Firm's Inter-
nationalization: CEO-level and TMT-level roles", *The International
Journal of Human Resource Management* 20 (2009): pp. 220 – 233.

117. Jehn, K., Northcraft, G. & Neale, M., "Why Differences Make a
Difference: A Field Study of Diversity, Conflict, and Performance in
Workgroups", *Administrative Science Quarterly* 44 (1999): pp. 741 –
763.

118. Jin, L. , Madison, K. , Kraiczy, N. et al. , " Entrepreneurial Team Composition Characteristics and New Venture Performance: A Meta-Analysis", *Entrepreneurship Theory and Practice* 41 (2017): pp. 743 – 771.

119. Kaiser, H. , " An Index of Factorial Simplicity", *Psychometrika* 39 (1974): pp. 31 – 36.

120. Karimi, J. & Walter, Z. , " Corporate Entrepreneurship, Disruptive Business Model Innovation Adoption, and its Performance: The Case of the Newspaper inDustry", *Long Range Planning* 49 (2016): pp. 342 – 360.

121. Katrin, T. , Sören, S. & Katja, R. , " How Top Management Team Diversity Affects Innovativeness and Performance via the Strategic Choice to Focus on Innovation Fields", *Research Policy* 39 (2010): pp. 907 – 918.

122. Kim, Y. , Boo, S. & Qu, H. , "Calculating Tourists´ Customer Equity and Maximizing the Hotel's ROI", *Tourism Management* 69 (2018): pp. 408 – 421.

123. Knockaert, M. , Bjornali, E. & Erikson, T. , " Joining Forces: Top Management Team and Board Chair Characteristics as Antecedents of Board Service Involvement", *Journal of Business Venturing* 30 (2015): pp. 420 – 435.

124. Kogut, B. & Zander, U. , " Knowledge of the Firm, Combinative Capabilities, and the Replication of Technology.", *Organization Science* 3 (1992): pp. 383 – 397.

125. Lavie, D. , Stettner, U. & Tushman, M. , "Exploration and Exploita-

tion Within and Across Organizations", *The Academy of Management Annals* 4 (2010): pp. 109 – 155.

126. Lee, H. & Park, J., "Top Team Diversity, Internationalization and the Mediating Effect of International Alliances", *British Journal of Management* 17 (2006): pp. 195 – 213.

127. Lemon, K., Rust, R. & Zeithaml, V., "What Drives Customer Equity?" *Marketing Management* 10 (2001): pp. 20 – 25.

128. Lewis, K., "Measuring Transactive Memory Systems in the Field: Scale Development and Validation", *Journal of Applied Psychology* 88 (2003): pp. 587 – 604.

129. Linder, J. & Cantrell, S., "Changing Business Models: Surveying the Landscape", *Business* 34 (2000): pp. 1 – 15.

130. Lindgardt, Z., Reeves, M. & Stalk, G., "Business Model Innovation: When the Games Get through, Change the Game", *Strategy and Leadership* 35 (2009): pp. 27 – 33.

131. Lo, Y. & Fu, H., "The Interaction of Chief Executive Officer and Top Management Team on Organization Performance", *Journal of Business Research* 69 (2016): pp. 2182 – 2186.

132. Mahr, D., Lievens, A. & Blazevic, V., "The Value of Customer Co-created Knowledge During the Innovation Process", *Journal of Product Innovation Management* 31 (2014): pp. 599 – 615.

133. March, J., "Exploration and Exploitation in Organizational Learning", *Organization Science* 2 (1991): pp. 71 – 87.

134. Markides, C. & Sosa, L., "Pioneering and First Mover Advantages: The Importance of Business Models", *Long Range Planning* 46

（2013）: pp. 325 – 334.

135. Markides, C. , "Business Model Innovation: What Can the Ambidexterity Literature Teach US?" *Academy of Management Executive* 27 （2017）: pp. 313 – 323.

136. Markides, C. , "Disruptive Innovation: In Need of Better Theory", *Journal of Product Innovation Management* 23 （2006）: pp. 19 – 25.

137. Martins, L. & Rindova, V. , "Unlocking the Hidden Value of Concepts: A Cognitive Approach to Business Model Innovation", *Strategic Entrepreneurship Journal* 9 （2015）: pp. 99 – 117.

138. Mitchell, D. , "The Ultimate Competitive Advantage of Continuing Business Model Innovation", *Journal of Business Strategy* 24 （2003）: pp. 15 – 21.

139. Morgan, N. , Kaleka, A. & Katsikeas, C. , "Antecedents of Export Venture Performance: A Theoretical Model and Empirical Assessment", Journal of Marketing 68 （2004）: pp. 90 – 108.

140. Naranjo-Gil, D. , "Management Information Systems and Strategic Performances: The Role of Top Team Composition", *International Journal of Information Management* 29 （2009）: pp. 104 – 110.

141. Neisser, U. , *Cognitive Psychology* （New York: Appleton Century Crofts, 1967）, p. 37.

142. Nielsen, S. & Huse, M. , "Women Directors' Contribution to Board Decision-making and Strategic Involvement: The Role of Equality Perception", *European Management Review* 7 （2010）: pp. 16 – 29.

143. O'Donnell, A. , Gilmore, A. & Carson, D. , "Competitive Advantage in Small to Medium-sized Enterprises", *Journal of Strategic Marketing*

10（2002）: pp. 205 – 223.

144. Øiestad, S. & Bugge, M. , "Digitisation of Publishing: Exploration Based on Existing Business Models", *Technological Forecasting and Social Change* 83（2014）: pp. 54 – 65.

145. Osiyevskyy, O. & Dewald, J. , "Explorative Versus Exploitative Business Model Change: The Cognitive Antecedents of Firm-level Responses to Disruptive Innovation", *Strategic Entrepreneurship Journal* 9 （2015）: pp. 58 – 78.

146. Osterwalder, A. & Pigneur, Y. , *Business Model Generation: A Handbook for Visionaries, Game Changers, and Challengers*（NJ: John Wiley & Sons, 2010）, p. 127.

147. Osterwalder, A. , Pigneur, Y. & Tucci, L. , "Clarifying Business Models: Origins, Present and Future of the Concept", *Communications of the Association for Information Science* 16（2005）: pp. 1 – 25.

148. Ou, Y. , Verhoef, P. & Wiesel, T. , "The Effects of Customer Equity Drivers on Loyalty Across Services Industries and Firms", *Journal of the Academy of Marketing Science* 45（2017）: pp. 336 – 356.

149. Ozgen, E. & Baron, A. , "Social Sources of Information in Opportunity Recognition: Effects of Mentors, Industry Networks, and Professional Forums", *Journal of Business Venturing* 22（2007）: pp. 180 – 192.

150. Peteraf, M. , "The Cornerstones of Competitive Advantage: A Resource-based View", *Strategic Management Journal* 14（1993）: pp. 179 – 191.

151. Pigneur, Y. & Clark, T. , *Business Model Innovation*（NY: John Wiley & Sons Inc, 2009）, p. 97.

152. Porter, M. , "Industry Structure and Competitive Strategy: Keys to Profitability", *Financial Analysts Journal* 36 (1980): pp. 30 – 41.

153. Porter, M. , "New global Strategies for Competitive Advantage", *Planning Review* 18 (2013) : pp. 4 – 14.

154. Porter, M. , *Competitive Advantage* (New York: Free Press, 1985), p. 11.

155. Powell, T. C. , "Competitive Advantage: Logical and Philosophical Considerations", *Strategic Management Journal* 22 (2001): pp. 875 – 888.

156. Reinartz, W. , Krafft, M. & Hoyer, D. , "The Customer Relationship Management Process: Its Measurement and Impact on Performance", *Journal of Marketing Research* 41 (2004): pp. 293 – 305.

157. Renton, M. , Daellenbach, U. , Davenport, S. et al. , "Small but Sophisticated: Entrepreneurial Marketing and SME Approaches to Brand Management", *Journal of Research in Marketing and Entrepreneurship* 17 (2015): pp. 149 – 164.

158. Robertson, S. , "Business Model Innovation: A Marketing Ecosystem View", *Ams Review* 7 (2017): pp. 1 – 11.

159. Rust, R. , Lemon, K. & Zeithaml, V. , "Return on Marketing: Using Customer Equity to Focus Marketing Strategy", *Journal of Marketing* 68 (2004): pp. 109 – 127.

160. Rust, R. , Lemon, K. & Zeithaml, V. , *Driving Customer Equity: How Customer Lifetime Value is Reshaping Corporate Strategy* (New York: Free Press, 2000), p. 129.

161. Rust, R. , Zeithaml, V. & Lemon, K. , *Driving Customer Equity, How*

Customer Lifetime Value is Reshaping Corporate Strategy（New York：The Free Press，2000），p. 292.

162. Sawhney，M. & Zabin，J.，"Managing and Measuring Relational Equity in The network Economy"，*Journal of the Academy of Marketing Science* 30（2002）：pp. 313 – 332.

163. Schilke，O.，Reimann，M. & Thomas，S.，"When Does International Marketing Standardization Matter to Firm Performance?" *Journal of International Marketing* 17（2009）：pp. 24 – 46.

164. Schlegelmilch，B.，Diamantopoulos，A. & Kreuz P.，"Strategic Innovation：The Construct，its Drivers and its Strategic Outcomes"，*Journal of Strategic Marketing* 11（2003）：pp. 117 – 132.

165. Schmitt，A.，Rosing，K.，Zhang，S. & Leatherbee，M.，"A Dynamic Model of Entrepreneurial Uncertainty and Business Opportunity Identification：Exploration as a Mediator and Entrepreneurial Self-Efficacy as a Moderator"，*Entrepreneurship Theory and Practice* 42（2018）：pp. 1520 – 1540.

166. Schulte，M.，*The Effect of International Corporate Strategies and Information and Communication Technologies on Competitive Advantage and Firm Performance：An Exploratory Study of the International Engineering，Procurement and Construction Industry*（Ph. D. diss，George Washington University，1999），p. 101.

167. Schumpeter，J.，*The Theory of Economic Development：An Inquiry into Profits，Capital，Credit，Interest，and the Business Cycle*（Boston：Harvard University Press，1934），p. 137.

168. Shane，S.，"Prior Knowledge and the Discovery of Entrepreneurial Op-

portunities", *Organization Science* 11 (2000): pp. 448 – 469.

169. Simons, T., Pelled, L. & Smith, K., "Making Use of Difference: Diversity, Debate, and Decision Comprehensiveness in Top Management Teams", *Academy of Management Journal* 42 (1999): pp. 662 – 673.

170. Skålén, P., Gummerus, J., Koskull, C. et al., "Exploring Value Propositions and Service Innovation: A Service-dominant Logic Study", *Journal of the Academy of Marketing Science* 43 (2015): pp. 137 – 158.

171. Sok, P. & O'Cass, A., "Achieving Service Quality through Service Innovation Exploration-exploitation: The Critical Role of Employee Empowerment and Slack Resources", *Journal of Services Marketing* 29 (2015): pp. 137 – 149.

172. Sosna, M., Trevinyo Rodriguez, R. & Velamuri, S., "Busiesee Model Innovation through Trial and Error Learning: The Naturhouse Case", *Long Rang Planning* 43 (2010): pp. 383 – 407.

173. Spicer, J., *Making Sense of Multivariate Data Analysis* (Newyork: Sage Publications, Inc, 2005), p. 158.

174. Staw, B., Sandelands, L. & Dutton, J., "Threat rigidity Effects in Organizational Behavior: A Multilevel Analysis", *Administrative Science Quarterly* 26 (1981): pp. 501 – 524.

175. Talke, K., Salomo, S. & Rost, K., "How Top Management Team Diversity Affects Innovativeness and Performance Via the Strategic Choice to Focus on Innovation Fields", *Research Policy* 39 (2010): pp. 907 – 918.

176. Teachman, D., "Analysis of Population Diversity: Measures of Qualitative Variation", *Sociological Methods and Research* 8 (1980):

pp. 341 – 362.

177. Teece, D. , "Business Models, Business Strategy and Innovation", *Long Range Planning* 43 (2010): pp. 172 – 194.

178. Tidd, J. & Bessant, J. , *Managing Innovation: Integrating Technological, Market and Organizational Change* (Chichester: John Wiley & Sons Ltd, 2009), p. 149.

179. Tuggle, C. , Schnatterly, K. & Johnson, R. , "Attention Patterns in the Boardroom: How Broad Composition and Process Affect Discussion of Entrepreneurial Issues", *Academy of Management Journal* 53 (2010): pp. 550 – 571.

180. Tzokas, N. , Kim, Y. , Akbar, H. et al. , "Absorptive Capacity and Performance: The Role of Customer Relationship and Technological Capabilities in High-tech SMEs", *Industrial Marketing Management* 47 (2015): pp. 134 – 142.

181. Uzzi, B. & Lancaster, R. , "Relational Embeddedness and Learning: The Case of Bank Loan Managers and Their Clients", *Management Science* 49 (2003): pp. 383 – 399.

182. Velu, C. , "Business Model Innovation and Third-party Alliance on the Survival of New Firms," *Technovation* 35 (2015): pp. 1 – 11.

184. Vogel, V. , Evanschitzky, H. , Ramaseshan, B. , "Customer Equity Drivers and Future Sales", *Journal of Marketing* 72 (2008): pp. 98 – 108.

185. Vorhies, D. , Morgan, R. & Autry, C. , "Product-market Strategy and the Marketing Capabilities of the Firm: Impact on Market Effectiveness and Cash Flow Performance", *Strategic Management Journal* 30

（2009）：pp. 1310 – 1334.

186. Walley, K. & Thwaites, D. , "A Review, Synthesis and Interpretation of the Literature on Competitive Advantage", *Journal of Strategic Marketing* 4（1996）：pp. 163 – 179.

187. Wang, C. & Ahmed, P. , "Dynamic Capabilities: A Review and Research Agenda", International Journal of Management Reviews 9（2007）：pp. 31 – 51.

188. Wang, Y. , Ellinger, D. & Wu, J. , "Entrepreneurial Opportunity Recognition: an Empirical Study of R&D Personnel", *Management Decision* 51（2013）：pp. 248 – 266.

189. Wang, Yu-Lin. , Ellinger, A. & Wu Yen-Chun, "Entrepreneurial Opportunity Recognition: An Empirical Study of R&D Personnel", *Management Decision* 51（2013）：pp. 248 – 266.

190. Widaman, F. , "Common Factor Analysis Versus Principal Component Analysis: Differential Bias in Representing Model Parameters", *Multivariate Behavioral Research* 28（1993）：pp. 263 – 311.

191. Williams, S. & Voon, W. , "The Effects of Mood on Managerial Risk Perceptions: Exploring Affect and the Dimensions of Risk", *The Journal of Social Psychology* 139（1999）：pp. 268 – 287.

192. Williams, S. , Zainuba, M. & Jackson, R. , "Affective Influences on Risk Perceptions and Risk Intention", *Journal of Managerial Psychology* 8（2003）：pp. 127 – 137.

193. Wirtz, B. , Pistoia, A. , Ullrich, S. et al. , "Business Models: Origin, Development and Future Research Perspectives", *Long Range Planning* 49（2016）：pp. 36 – 54.

194. Yamoah，F.，"Sources of Competitive Advantage：Differential and Catalytic Dimensions"，*Journal of American Academy of Business Cambridge* 27（2004）：pp. 223 – 227.

195. Yang，L. & Wang，D.，"The Impacts of Top Management Team Characteristics on Entrepreneurial Strategic Orientation：The Moderating Effects of Industrial Environment and Corporate Ownership"，*Management Decision* 52（2014）：pp. 378 – 409.

196. Yang，X.，"The Role of Photographs in Online Peer to Peer Lending Behavior"，*Social Behavior & Personality an International Journal* 42（2014）：pp. 445 – 452.

197. Yoo Kanawattanachai，"Development of Transactive Memory Systems and Collective Mind in Virtual Teams"，*The International Journal of Organizational Analysis* 27（2001）：pp. 187 – 208.

198. Zaichkowsky，J.，"Measuring the Involvement Construct"，*Journal of Consumer Research* 12（1985）：pp. 341 – 352.

199. Zhang，H.，Ko，E. & Lee，E.，"Moderating Effects of Nationality and Product Category on the Relationship Between Innovation and Customer Equity in Korea and China"，*Journal of Product Innovation Management* 30（2013）：pp. 110 – 122.

200. Zott，C. & Amit，R.，"Business Model Design and the Performance of Entrepreneurial Firms"，*Organization Science* 18（2007）：pp. 181 – 199.

201. Zott，C. & Amit，R.，"The Business Model：A Theoretically Anchored Robust Construct for Strategic Analysis"，*Strategic Organization* 11（2013）：pp. 403 – 411.

202. Zott，C. & Amit，R. ，"The Fit Between Product Market Strategy and Business Model：Implications for Firm Performance"，*Strategic Management Journal* 29 （2008）：pp. 1 – 26.

203. Zott，C. ，Amit，R. & Massa，L. ，"The Business Model：Recent Developments and Future Research"，*Journal of Management* 37 （2011）：pp. 1019 – 1042.

后　记

本研究始于我 2014 年承担的重庆市社会科学规划青年项目（2014QNGL46）。在研究过程中，接触了互联网金融行业及企业的大量理论文献和管理实践，让我对这个行业产生了浓厚的研究兴趣，因而拓展了原有的研究计划，从理论和实践两方面对中国互联网金融行业及企业的发展进行深入探究。

新生事物的成长总会伴随着一些"争议"甚至是"非议"，互联网金融也不例外，特别是在社交媒体上充斥的有关 P2P 爆雷、平台老板跑路，以及大学生网贷、暴力催收等负面新闻，使大众对互联网金融的认识或多或少存在一些偏见，甚至是误解。事实上，本书对互联网金融企业商业模式创新的探讨，既不打算为这种新生商业现象"唱赞歌"，也不试图"评判"何种模式更有效，仅是从我觉得有价值且擅长的理论角度，对中国互联网金融这一新兴现象进行研究。

博士虽毕业已逾七年，但博士生导师许晖教授一直给予我殷切的期望、不懈的鞭策和无私的支持，让我在研究道路上不敢有丝毫的懈怠，对此深感庆幸并满怀感恩。在重庆理工大学工作近八年时间里，也深受学院领导和同事的关心和爱护；感谢重庆理工大学管理学院院长徐刚教授、党委书记周娜教授对我工作的理解与帮助。此外，特别感谢英国华威大学（the University of Warwick）商学院 Qing Wang 教授在我研究生涯给予的支持和提携。虽我们萍水相逢，但仍然给予我无私的帮助，不仅成为我所承担的国家自然科学基金项目组成员，还提名我申请华威大学高等研究所（Institute of Advanced Studies）国际访问学者计划，并顺利获得资助成为华威大学访问学者。

无论是曾经在加拿大的专业研修，还是如今在英国的学术访问，日常生活必须带零钞、数硬币的经历总是让我感慨万千。每当我在日常生活中受困于识记不同面值的硬币时，中国在互联网时代所取得的技术进步与商业成就，便让我倍感骄傲；互联网金融领域的先行者们在推动中国经济高质量发展中的卓越实践，更让我心生敬佩。因此，我特别要感谢马上金融创始人及 CEO 赵国庆先生，以及公司品牌部总监王钊先生，品牌营销经理吴若雪女士，他们让我有机会近距离接触和深入了解马上金融，并将其作为案例研究对象。马上金融的赵国庆先生、王钊先生与我同为南开学子，在他们身上，我不仅看到中国创业者们坚韧、乐观、担当的可贵品质，还感受到南开人的务实、勤奋和创新的事业态度，以及"文以兴邦，商以富国"的家国情怀。以马上金融为代表的中国互联网金融企业在希冀、质疑和迷雾中砥砺前行，为追逐互联网金融时代的中国梦而贡献独特力量。

在漫长且孤独的研究生涯中，团队给予的温暖和帮助，让我充满前进的力量。我的硕士研究生冯珠珠、谈丽艳、孙可可、明荷汶等同学在文献资料收集、翻译和整理，以及书稿校勘方面付出辛勤工作；我的 MBA 学生胡建华、赵盼、朱双等同学在企业联络和调研协调方面付出良多；我的合作伙伴重庆理工大学管理学院副教授黄磊博士在研究道路上给予扶持和鼓励；作为我曾经的学生，南开大学商学院博士生丁超同学、重庆大学经济与工商管理学院博士生宋建敏同学对本研究亦有积极贡献，对此我满怀感激。

感谢社会科学文献出版社编辑高雁女士的辛勤工作与付出，使本书得以顺利出版。本书系国家自然科学基金面上项目（71872024）、教育部人文社会科学基金青年项目（17YJC630066）、重庆市教委科学技术研究青年项目（KJQN201901119）、重庆市教委人文社科研究一般项目（19SKGH137）的阶段研究成果；同时，本书出版也得到重庆理工大学工商管理省部级重点学科"双一流"建设基金支持，在此一并致以谢意！

最后，也是最重要的，我要感谢家人对我事业的无私支持。每次出差参加各类学术会议，抑或出境进行各种学术交流，我都从未事先与家人"商量"，但仍能得到理解和支持。这种充分"自由"的境遇让我能够全身心投入自己热爱的研究工作，我是幸运的，并且充满感恩之情。

正如 2019 年最后一天我在朋友圈写下的那段话：从博士毕业生到大学教授，我走过 7 年；从微博的巴渝掌故到重庆的巴渝学者，我走过 10 年。我没有过人的天赋、厚实的基础和年少的青春，只有用矢志不移的雄心、持之以恒的付出和锲而不舍的坚守去努力奔跑、追逐梦想。

以梦为马，不负韶华！

李 巍

2020 年 2 月

于英国华威大学 Cryfield Grange

图书在版编目（CIP）数据

互联网金融企业商业模式创新研究／李巍著． -- 北
京：社会科学文献出版社，2020.4
　ISBN 978 - 7 - 5201 - 6391 - 0

Ⅰ.①互…　Ⅱ.①李…　Ⅲ.①互联网络 - 应用 - 金融
企业 - 商业模式 - 研究 - 中国　Ⅳ.①F832 - 39

中国版本图书馆 CIP 数据核字（2020）第 041051 号

互联网金融企业商业模式创新研究

著　　者／李　巍

出 版 人／谢寿光
责任编辑／高　雁
文稿编辑／李晨光

出　　版／社会科学文献出版社·经济与管理分社（010）59367226
　　　　　地址：北京市北三环中路甲 29 号院华龙大厦　邮编：100029
　　　　　网址：www. ssap. com. cn
发　　行／市场营销中心（010）59367081　59367083
印　　装／三河市龙林印务有限公司

规　　格／开　本：787mm × 1092mm　1/16
　　　　　印　张：17　字　数：212 千字
版　　次／2020 年 4 月第 1 版　2020 年 4 月第 1 次印刷
书　　号／ISBN 978 - 7 - 5201 - 6391 - 0
定　　价／148.00 元

本书如有印装质量问题，请与读者服务中心（010 - 59367028）联系